中国社会科学院创新工程学术出版资助项目

再造城民

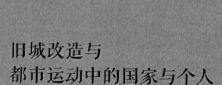

旧城改造与
都市运动中的国家与个人

BECOMING CITIZENS

State and Individual in Inner City Renewal
and Urban Social Movements

施芸卿 著

社会科学文献出版社
SOCIAL SCIENCES ACADEMIC PRESS (CHINA)

总序
推进中国社会学的新成长

　　中国社会学正处于快速发展和更新换代的阶段。改革开放后第一批上大学的社会学人，已经陆续到了花甲之年。中国空前巨大的社会变迁所赋予社会学研究的使命，迫切需要推动社会学界新一代学人的快速成长。

　　"文化大革命"结束后，百废待兴，各行各业都面临拨乱反正。1979年3月30日，邓小平同志在党的理论工作务虚会上，以紧迫的语气提出，"实现四个现代化是一项复杂繁重的任务，思想理论工作者当然不能限于讨论它的一些基本原则。……政治学、法学、社会学以及世界政治的研究，我们过去多年忽视了，现在也需要赶快补课。……我们已经承认自然科学比外国落后了，现在也应该承认社会科学的研究工作（就可比的方面说）比外国落后了"。所以必须急起直追，深入实际，调查研究，力戒空谈，"四个现代化靠空谈是化不出来的"。此后，中国社会学进入了一个通过恢复、重建而走向蓬勃发展和逐步规范、成熟的全新时期。

　　社会学在其恢复和重建的初期，老一辈社会学家发挥了传帮带的作用，并继承了社会学擅长的社会调查的优良传统。费孝通先生是我所在的中国社会科学院社会学研究所第一任所长，他带领的课题组，对实行家庭联产承包责任制后的农村进行了深入的调查，发现小城镇的发展对乡村社区的繁荣具有十分重要的意义。费孝通先生在20世纪80年代初期发表的《小城镇　大问题》和提出的乡镇企业发展的苏南模式、温州模式等议题，产生广泛的影响，并受到当时中央领导的高度重视，发展小城镇和乡镇企业也随之成为中央的一个"战略性"的"大政策"。社会学研究所第三任所长陆学艺先生主持的"中国百县市经济社会调查"，形成了100多卷调查著作，已建立了60多个县（市）的基础问卷调查资料数据库，现正在组织进行"百村调查"。中国社会科学院社会学研究所的研究人员在20世纪90年代初期集体撰写了第一本《中国社会发展报告》，提出中国社会变迁的一个重要特征，就是在从计划经济走向社会主义市场经济的体制转轨的同时，也处于从农业社会向工业社会、从乡村社会向城市社会、从礼俗社会向法理社会的社会结构转型时期。在社会学所的主持下，从1992年开始出版的《中国社会形势分析与预测》年度"社会蓝皮书"，至今已出版20本，在社会上产生较大影响，并受到有关决策部门的关注和重视。我主持的从2006年开始的全国大规模社会综合状况社会调查，也已经进行了三次，建立起庞大的社会变迁数据库。

2004年党的十六届四中全会提出构建社会主义和谐社会的新理念，这标志着一个新的发展时期的开始，也意味着中国社会学发展的重大机遇。2005年2月21日，我和我的前任景天魁研究员为中央政治局第二十次集体学习作"努力构建社会主义和谐社会"的讲解后，胡锦涛总书记对我们说："社会学过去我们重视不够，现在提出建设和谐社会，是社会学发展的一个很好的时机，也可以说是社会学的春天吧！你们应当更加深入地进行对社会结构和利益关系的调查研究，加强对社会建设和社会管理思想的研究。"2008年，一些专家学者给中央领导写信，建议加大对社会学建设发展的扶持力度，受到中央领导的高度重视。胡锦涛总书记批示："专家们来信提出的问题，须深入研究。要从人才培养入手，逐步扩大社会学研究队伍，推动社会学发展，为构建社会主义和谐社会服务。"

目前，在恢复和重建30多年后，中国社会学已进入了蓬勃发展和日渐成熟的时期。中国社会学的一些重要研究成果，不仅受到国内其他学科的广泛重视，也引起国际学术界的关注。现在，对中国社会发展中的一些重大经济社会问题的跨学科研究，都有社会学家的参与。中国社会学已基本建立起有自身特色的研究体系。

回顾和反思 30 多年来走过的研究历程，社会学的研究中也还存在不少不利于学术发展的问题。

一是缺乏创新意识，造成低水平重复。现在社会学的"研究成果"不可谓不多，但有一部分"成果"，研究之前缺乏基本的理论准备，不进行已有的研究成果的综述，不找准自己在学科知识系统中的位置，没有必要的问题意识，也不确定明确的研究假设，缺少必需的方法论证，自认为只要相关的问题缺乏研究就是"开创性的""填补空白的"，因此研究的成果既没有学术积累的意义，也没有社会实践和社会政策的意义。造成的结果是，低水平重复的现象比较普遍，这是学术研究的大忌，也是目前很多研究的通病。

二是缺乏长远眼光，研究工作急功近利。由于科研总体上资金短缺，很多人的研究被经费牵着鼻子走。为了评职称，急于求成，原来几年才能完成的研究计划，粗制滥造几个月就可以出"成果"。在市场经济大潮的冲击下，有的人产生浮躁情绪，跟潮流、赶时髦，满足于个人上电视、见报纸、打社会知名度。在这种情况下，一些人不顾个人的知识背景和学科训练，不尊重他人的研究成果，不愿做艰苦细致的调查研究工作，也不考虑基本的理论和方法要求，对于课题也是以"圈"到钱为主旨，偏好于短期的见效快的课题，缺乏对中长期重大问题的深入研究。

三是背离学术发展方向，缺乏研究的专家和大家。有些学者没有自己的专门研究方向和专业学术领域，却经常对所有的问题都发表"专家"意见，"研究"跟着媒体跑，打一枪换一个地方。在这种情况下，发表的政策意见，往往离现实很远，不具有操作性或参考性；而发表的学术意见，往往连学术的边也没沾上，仅仅是用学术语言重复了一些常识而已。这些都背离了科学研究出成果、出人才的方向，没有能产生出一大批专家，更遑论大家了。

这次由中国社会科学院社会学研究所学术委员会组织的"当代中国社

会变迁研究文库"，主要由社会学研究所研究人员的成果构成，但其主旨是反映、揭示、解释我国快速而巨大的社会变迁，推动社会学研究的创新，特别是推进新一代社会学人的成长。

李培林

2011 年 10 月 20 日于北京

序　一

据统计，中国已经有一半以上的人居住在城市里。城市究竟是什么呢？美国学者芒福德在《城市发展史》的序言中说：

> 城市，象征地看，就是一个世界……这个世界，从许多实际内容来看，已变为一座城市。

在《城市文化》中他还说过：

> 城市——如人们从历史上所观察到的那样——就是人类社会权力和历史文化所形成的一种最大限度的汇聚体。在城市这种地方，人类社会生活散射出来的一条条互不相同的光束，以及它所焕发出来的光彩，都会在这里汇集聚焦，最终形成人类社会的效能和实际意义。

人类创造出聚集在一起生活的方式，提高了生产的效率，在城市这个舞台上，上演人类的政治、文化的精彩剧目，创造了灿烂的城市文明。可是，城市化是一个怎样的进程？特别是在当下的中国，这个"化"字背后的现实过程是怎样的？这个"化"字改变了什么？要回答这些问题不是一件容易的事情。

施芸卿是我指导的第一位博士生。她从小生活在大都市里，对都市生活有着自己的体察。通过硕士阶段的学习，她将都市运动中的拆迁维权事件作为理解社会的切入点，通过将自己"浸泡"在各种收集到的资料中，把这些资料烂熟于心，抽丝剥茧，终于找到了解释的头绪。她尝试把这个"化"字背后的某些故事讲出来，讲清楚。这部分故事，如果不在当事人那里，可能就被遮蔽或用"随着时间的流逝"这样的句子一风吹掉了。而施芸卿执着地将这部分故事锻造成打开"化"字大门的一把钥匙，从接触案例到写成专著，差不多历经了十年。

施芸卿的学术训练主要是社会学，她比较习惯观察社会结构、社会权力关系，我则是拥有社会心理学和华人本土心理学的训练背景。因此，我们就城市拆迁中的抗争事件的讨论有了"把人放入结构和关系之中"来考察的问题意识。"既见结构又见人"，这是费孝通先生意识到自己一生即将"谢幕"后特别提醒社会学家注意的视角（费孝通，1994：18）。有了人，结构就有了被理解、被诠释的内容，就变得鲜活多样起来。但是，如何做到这一点呢？

施芸卿采用了质性研究方法，特别将所接触到的案例按照"事件—过程"暗含的多条逻辑线索进行梳理，从国家、市场、社会和个人四者间的互动与互构的角度给读者解读一幕一幕称得上惊心动魄，又经常令人熟视无睹的、即将被一风吹走的城市化之"化"的过程。

这个"化"的过程，不仅是多方利益主体之间的博弈拉扯，也不仅是行动者在情理法上的分寸拿捏，它还让我们看到一些基本的理念在现实中的"运动演化"过程。例如公平，在感到公平的天平失衡、公平正义的信念被践踏后，现实中的人们如何反应，这些反应如何可能，这些可能如何呈现，这些呈现如何坚持，这些坚持如何产生后果，这些后果如何回调人和制度/结构，从而让我们看到人在制度/结构中，与制度/结构在人的观念、意义感、决策、情绪中的种种真实的样貌和演变印记。

这本书是施芸卿的处女作，读者可以看到她驾驭资料的能力和扎实的理论训练。更为可贵的是，书中体现出一位学者的现实关怀和学术勇气。我相信读者可以在很多地方与她产生共鸣，或者透过她的文字了解到中国城市化具体过程的一些侧面。

　　为施芸卿的专著写序，是我第一次为专著写序，也特别体会到学生可以带领老师走入新的境界这样一件事。

杨宜音

二〇一五年元月十日

文献来源

　　〔美〕刘易斯·芒福德著、〔美〕唐纳德·L.米勒编《刘易斯芒福德著作精萃》，宋俊岭、宋一然译，中国建筑工业出版社，2010。

　　〔美〕刘易斯·芒福德著《城市发展史——起源、演变和前景》，宋俊岭、倪文彦译，中国建筑工业出版社，2005。

　　费孝通：《个人、群体、社会：一生学术历程的思考》，《香港社会科学学报》第3期春季卷，1994，第1~22页。

序 二

施芸卿致力于都市草根运动的研究，对卷入其中的各类人群进行了长期的观察和访谈，积累了大批数据资料并加以细密的分析。眼下出版的这部著作，正是汇集了施芸卿多年研究的心得之作。

自 20 世纪 90 年代以来，地方政府启动的"经营城市"的战略，引发了大规模、高速度的城市化进程。由政府主导的土地开发引起的大小规模都市运动层出不穷，延续至今。也正是自那时以来，都市运动逐步成为社会学研究的重要课题之一，迄今已积累了许多重要成果。但是，回过头来看，似乎有两个方面值得反思。一是多数研究集中在新建商品住宅小区的业主维权，对于其他类型的都市运动似触及不多；二是研究多半聚焦于探讨行动者的策略和运动本身的逻辑上，对于这些运动究竟留下了何种社会遗产重视不够。

在我看来，施芸卿的著作对这两个方面皆有一定补足。她所研究的主要人群，是都市中老城区的那些普通居民，他们与我们熟悉的那些新建商品住宅小区的业主群体有所不同。一般来说，他们多半处于社会底层，或属于近几十年来逐渐破败沉沦的城市家庭，而不像商品房小区的业主群体那样，是在改革开放后得到较大收益，位于上升期的新兴中产阶级；他们的原有住宅多半位于都市中的老旧街区，以平房院落为主，而在开发中被强拆，被占夺，转而用于各种商业目的；他们自己及其家庭也往往因此而被强行迁徙到城市中心之外。这样的一个群体具有何种社会特征，他们在这个体制下多年来形成的特有的生活经验和生活智慧如何塑造了他们的抗争行为和社会运动逻辑，都是值得加以认真研究的问题。在这方面，施芸卿的著作给予了细致的解读，将之构造为一个特定的都市运动类型。

维护自己住宅的产权以及相应的居住权，是此类都市运动的立足点。就此而论，此类都市运动与前述商品房住宅小区的业主维权运动具有共同性。但是，他们在运动中，形成了特定的"承认的政治"，即通过不间断的行动，包括"万人诉讼"这一类的公民法律行动，要求当局确认自己的产权和居住权，并给予相应的保护或赔偿。在此种运动中，他们不断厘清自己与国家的关系，界定自己的权利边界。他们也就在此种运动中逐步被锻造成为公民。都市运动的社会后果由此沉积下来，被纳入社会框架之中。他们的运动也表明，所谓产权绝不是如人们所设想的那样，单靠一纸法律文书就足以确保其不受侵犯。在我们的体制下，房屋的产权，甚至还包括普遍意义的财产权，乃至一般公民权属，都不是天然给定的东西，而是要通过当事人自己的运动和抗争才能得到确认、实现和保护。权利本质上是一个社会行动的领域。

我认为，施芸卿的著作在上述这两个方面都有其独特贡献。当然，值得商榷之处尚有很多，但是，沿着已经开辟的路径继续前行，就一定能够抵达光明的彼岸。

沈　原

2015 年 2 月 24 日

目　录

社会转型中的国家与个人

> 从积极意义上理解，行动者维权抗争的过程是一个由底层发起，重塑国家与个人关系，在顺应中推动转型的过程。这既符合渐进式改革的现状，又关联着中国社会传统的文化心理和延续的国家治理形态。

本书借平城①发生的都市运动，来考察中国社会转型的独特进程。全书分为两个部分：前半部以平城的旧城改造为例，讲述 20 世纪 90 年代以来中国出现的城市奇迹何以发生；后半部以一起因旧城拆迁而导致的集团诉讼为例，讲述当前频繁发生的都市运动如何锻造出现代公民。两者构成一个相互呼应的过程。从我的研究历程来说，本研究是以对平城被拆迁市民的维权抗争关注为缘起，并在后续研究中回溯到他们被侵权的经过。这看似截然不同的两个故事，在近 20 多年的城市化进程中互为表里，从中国转型的"渐进式"过程中恰可以找到同一条解释线索——转型引发的社会结构和社会心理结构之间（即本书所聚焦的国家—个人关系）的失调。这一失调，在目前讨论较多的社会结构的失衡之外，构成转型所引发的"第二重失衡"。这

---

① 平城为化名。凡本书涉及的人名、地名，皆按学术惯例，使用化名处理。

种双重失衡，赋予了地方政府在城市开发中极大的行动空间，也成为引发诸多市民维权行动的根源。因此，从本书视角来看，在过去 20 余年的快速城市化进程中大量出现的都市运动，从积极意义上来理解，正是由个人发起的重塑国家—个人关系的尝试。而化解这些社会冲突的关键，在于促使社会结构与社会心理结构之间重归平衡。

重塑国家—个人关系的关键在于具有主体性的个人，即现代意义的公民的生成。在此，本书将"社会学马克思主义"（Burawoy，2003）理论脉络下对"社会的生产"的关注（毕向阳，2006；沈原，2007），延伸到对"公民的生产"的关注。结合社会心理学的视角和分析工具，本书将公民主体性的生成理解为个人与国家之间关系的调整——从传统的、个人被国家吸纳并对其服从的状态，转变为更现代的、个人与国家独立平等的状态；换言之，从"吸纳型"国家—个人关系转变为"平等型"国家—个人关系。不过，需要指出的是，这个"公民的生产"过程在当下是举步维艰、充满内在张力的，其根本原因在于社会结构转型与社会心理结构转型之间步调的不一致。社会心理结构牵连着更为厚重、难以改变的一端，且并不会随国家主导的社会结构转型而主动跟进。因此，本书旨在强调，无论是"社会的生产"还是"公民的生产"，都是在既定的社会历史条件下的生产，前者涉及在中国历史上付诸阙如的社会如何在占据绝对主导的国家框架下从无到有，后者则涉及现代西方含义上的、试图对国家权力有所制约的公民理念如何在默认国家对个人的庇护和福祉的中国传统的国家—个人关系中生成。从这个意义上说，之所以提出"社会的生产"这一理论问题，正是因为看见了在中国的历史、文化和社会脉络下生产社会时的诸多困难。

这诸多困难恰恰凸显了都市运动在中国情境下的独特性，与西方社会运动相比，它不仅缺少长期以来训练有素的自组织机制和可调用的充足的社会资源，更不具备一个允许其自然从容地发生的制度环境。在关于城市发展的宏大叙事下，市民常处于失语的一端，无力将补偿愿望和动迁创伤转化成足以抗衡城市开发合理性的正义压力（陈映芳，2008）。因此，市民维权运动要破茧而出，必须首先克服中国背景下特有的"两难困境"——行动者必须同时生产出维权的"抗争空间"和"合法性"。从国家—个人关系来看，前者对国家权威构成一定程度上的挑战，后者则是对国家权威有意或无意的内化。这两者之间的张力，在本书的案例中体现为一个维权过程中处处可以观察到的悖论：行动者对具体国家（地方政府）的抽离，始终是以其对抽象国家（中央政府）的内化为前提的。这在书中被称为一种自我边界的"选择性固化"机制，意指行动者有意识、有策略地，在继承的前提下不断缩小传统吸纳型国家—个人关系的适用范围，并以建构的姿态不断拓展现代平等型国家—个人关系的适用范围，体现了个人由自我构念转型（自我边界由渗透转向紧实）而达成的对国家—个人关系的重塑。换言之，在当前都市运动中体现出国家与个人之间，始终并存着抽离和内化这两股相悖的力量，需要行动者在行动过程中对其加以精确的掌控和拿捏。

　　在本书中，行动者对这两股力量恰到好处的把握和建构，已经超越了简单的维权策略，而体现出社会转型的一种基本逻辑，向我们展现了一个当下正在发生的，向现代国家和公民迈进的过程。但值得强调的是，这一过程并非在一张白纸上构筑而成，它始终牵连到中国历史、文化、社会及现行体制中更为深刻、牢固、厚重的层面。因此，它始终是"嵌套"于当前更具有主导性的吸纳型国家—个人关系中，举步维艰地生长的。换言之，这个面向未来的、将个人从国家中抽离的过程，始终是在连接过去的、默认个人被国家吸纳的前提下，一步步推进的。这两股力量之间的拉扯，形塑了当前社会运动的独特形态，也诠释了中国转型的独特进程。

一　为何研究都市运动：社会转型的运动视角及独特进程

（一）社会转型的运动视角：从国家—社会关系到国家—个人关系

　　集体行动和社会运动，或以当前较为流行的说法所称的"抗争政治"（contentious politics）（Tilly，2004）方面的研究，成为近年来国内社会学研究的一个热点。不少研究或多或少地带有国家—社会关系的分析视角，形成社会运动研究一个可能的"中国范式"。国家—社会关系视角对中国情境下抗争政治的理解所能提供的独到之处在于，它将中西方社会运动所要面对的不同体制背景推至前台。尽管西方社会运动研究积累了大量的理论资源，但其应用于中国现实的局限已被广泛承认①。一方面是西方社会运动主要发生在民主政治的框架内，某些社会运动的类型是西方进入后工业社会的产物，因此社会运动在发生机制、发展逻辑等方面与中国有很大不同。另一方面，处在全球范围的现代国家建构、民族建构和资本主义发展等过程，发展中国家面临的压力更大，社会变化速率更快，且通常国家在本国经济中扮演着更为积极的角色，由此导致在国家主导的现代化进程中，涂尔干的后继者们所描绘的那种社会乱象比发达国家严重得多（赵鼎新，2005：200~201）。因此，以国家—社会关系视角，能充分重视国家及其制度环境对抗争政治的塑造。

不过，若仅仅考虑中国的强国家、弱社会的特点，只能说这仅仅关注到了国家—社会关系静态的层面，将其作为某种特定的政治机会结构或背景，观察其对社会运动发生发展的影响。实践社会学以"过程—事件分析"为基本方法，将这一视角更多地深入到国家—社会关系中动态的、实践的层面，以此超越国家—社会这种二元化的分野，以及两者之间零和博弈的思维定势，使更多正在进行之中的社会实践和过程被纳入分析的视野。在此脉络下，对中国社会运动的关注，实质上是一种对于社会转型的研究。也正因此，以对社会转型为深层关注的中国社会运动研究与西方主流社会运动理论的问题意识，产生了明确的区分。

着眼于国家—社会关系的实践过程，毕向阳提出社会转型的运动视角，以将其作为与分层视角并立的社会转型的研究路径，着重回答"谁的社会？从何而来？"的问题，通过对平城失地农民、被拆迁市民和商品房业主三类群体维权行动的研究，从权利认同、公民生产与社会重建的维度，整理出了

---

① 正如麦克亚当、麦卡锡、扎尔德等当代社会运动研究主要人物所指出的，虽然当前社会运动研究出现了欧美学者交流融合的趋势，然而这些研究都仅仅植根于欧美民主政体的国家，所关注的也只是当前的社会运动。因此，这些研究中就暗含了两个根本性的缺陷：一是没有把研究非西方国家社会运动的成果吸纳进来；二是社会运动研究缺乏历史的厚度，虽然近20年来历史学家对社会运动不断产生兴趣，但大部分研究社会运动的政治学家与社会学家却对历史学的研究成果并不太关心（Mcadam et al.，1996）。

一个都市运动的谱系（毕向阳，2006）。社会转型的运动视角基于"社会学的马克思主义"的立场，将"社会"重新带入分析视野，以位于国家与市场之间的社会动态为理论主题。应该说，之所以产生社会从何而来、如何生产的追问，正是因为看到中国在当前的大转型中，市场和权力在"社会"付诸阙如的条件下联袂登场，导致社会结构的全面失衡这一重大影响。而将公民权的生产作为社会生产的核心机制，其意义也在于，希望通过社会的生产，使"社会"得以驾驭国家和市场，回到经典马克思主义"社会至上"的本意（沈原，2007：299）。简言之，社会转型的运动视角，将中国独特的体制背景与转型进程中国家—社会关系的实践过程结合起来，将是否有公民权的生产，看作能否促成社会生产的关键。社会的生产最终是为了达到一种不同力量之间相互驾驭和制约的状态，并以此为转型的最终目标。

　　本书在总体上继承了这一理论脉络，不过，通过引入社会心理学视角，可以做出几点延伸和补充。首先，出于学科范式的限制，"个人"是社会学研究中常被忽视的分析维度，以"社会的生产"为理论关注下的一系列研究，并没有将解释延伸到具体的个人层面。借助本土心理学对中国人的"自我构念"的研究传统，以"自我边界"为主要的概念工具，本书对行动者的主体性加以不同分析水平上的充实，使"社会的生产"落实到更具体的"公民的生产"。其次，"自我边界"不仅是对于自我状态的一种静态描述，更有着动态的含义，关系到个人与群体之间心理关联形成的机制，在社会心理学中被称为"群己关系"[①]。当这个群体是社会群体时，这种心理关

[①]　个人与群体之间的关系，是在中国讨论"个体化"时一个重要的主题，已引起很多人类学学者的关注（如：阎云翔，2011，2012；李荣荣，2011）。"群己关系"是社会心理学的一个概念，较之更为常见的"群己权界"一词，尽管都注意到"群"和"己"之间的界限，但还是有比较大的区别。"群己关系"是社会心理学的一个分析水平，更强调的是个人与群体之间形成心理联系的机制，换言之，更多的是认同的问题。在中国语境下，具体来说，指位于中国传统差序格局下中心的"己"，是如何通过对自我边界的掌控，包容或排斥外部的"群"。而"群己权界"则出自严复对穆勒（今译密尔）的《论自由》的翻译，其基本含义为：公域讲权力，私域曰权利；公域讲民主，私域言自由。"群"者，群体、社会公域也；"己"者，自己、个人私域也，亦即公共领域和私人领域要区分清楚。因此，"群己权界"更强调"群""己"或曰"公""私"之间的界限以及相应的行为规范，而不是两者之间的转换过程。

联的机制决定了"社会的生产";而当这个群体是一个政治共同体时,这种心理关联机制影响到个人与国家的关系。因此,通过将社会学视角下关注的国家—社会关系进一步延伸到国家—个人关系①,不仅可以将对社会转型的关注从宏观的社会结构层面拓展到更为微观的个体层面,还可以将这两者贯穿,使都市运动的案例更清晰地呈现两者之间相互形塑的过程。这就在以行动社会学为立场,强调行动者以行动超越结构的论证之外,触及了更深层的约束,使行动不得不时刻回应于历史和现状。再次,从国家与个人这两端出发,对于当前转型所导致的失衡的理解,也可以再增加一个维度,即社会结构与社会心理结构之间的契合与呼应。由此,在转型终点所希望达成的"社会至上"的状态也可以有另一种表达,那就是自我边界固化、公民个体崛起,以及与此相伴的平等型国家—个人关系的生成。

(二) 中国转型的独特进程:"渐进式"改革下的双重失衡

对社会转型的理解是多种多样的,当不断有研究者提出转型和社会重建的问题时,我们有必要认真追问:转型是从一个什么样的社会转到另一个什么样的社会?重建的动力何在?机制如何?本书从国家—个人关系出发,可以为这些问题提供一些新的视角和解释。

首先,国家—个人关系提供了对"什么样的社会"这一问题新的理解。假定在一个非转型状态的社会中,特定的国家形态与特定的个人形态之间是相互匹配的。例如,未转型时,中国社会可以描述为大一统的国家②、缺失

---

① 本书中讨论的国家—个人关系主要包括三方面内容:(1) 国家的形态;(2) 个人的形态;(3) 国家与个人之间的动态因应机制。其中,尤其以最后一点最能体现两者之间相互形塑的过程,展现中国独特的转型逻辑。

② 关于转型前中国的国家形态,邹谠(1994)从国家(政治)与社会的关系角度,将这种"政治机构的权力可以随时无限制地侵入和控制社会每一个阶层和每一个领域的指导思想"的政体概括为"全能主义";孙立平、王汉生等(1994)则从社会结构的角度,将这种"社会的政治中心、意识形态中心、经济中心重合为一,国家与社会合为一体以及资源和权力的高度集中,使国家具有很强的动员与组织能力,但结构较为僵硬、凝滞"的社会形态概括为"总体性社会";此外,联系到历史上的中国,文化研究界更普遍使用"大一统"来描述此种国家形态(如孙隆基,2011)。由于试图寻找一种贯穿宏观和微观 (转下页注)

主体性的个人，以及使两者包容合一的"吸纳型"国家—个人关系；转型所希望的终点，则是另一套可称为现代的"平等型"的国家—个人关系，此时，国家分化出市场、社会的功能，成为一个各部分各司其职的现代国家，与之相应的个人形态则是具有主体性的公民。在此理解下，当前转型作为两种稳定平衡体系中间的一种过渡失衡状态，其实质在于社会结构（国家）的变迁与社会心理结构（个人）的变迁不同步，破坏了两者之间原有的因应统一。

其次，国家—个人关系也提供了对重建动力和机制的新的理解。实践社会学着眼于转型中正在进行的社会实践和过程，提出转型比较研究的核心问题是：转型前旧体制因素与要达到的转型目标的新体制两种因素在转型过程中的关系及其组合模式的理解。更具体地说，如果以权力代表旧体制，以市场代表新体制，就是权力与市场的关系及其组合模式（郭于华，2006）。在此，国家—个人关系的引入，让我们看到在这些新旧体制因素中，除连接宏观的社会结构之外，还有连接微观的社会心理结构的一级。因此，本书提出在已被广泛关注的现有结构性"断裂"与"失衡"（孙立平，2003，2004，2006；郭于华，2006）外的"第二重失衡"——即社会结构与社会心理结构之间的契合被打破。在本书，更具体地指国家与个人之间的因应机制被破坏，这一视角在当前转型研究中还鲜有论及。因此，在本书的理解中，社会转型的动力机制不仅来自于国家主导的社会结构变迁，还来自于由个人推动的社会心理结构转型。由此，转型被落实到最具

（接上页注②）两端的分析和解释，本书在对国家行为的阐述中这几个方面都有所涉及。不过，为了较为统一地呈现全书的论述，行文中涉及本书主要观点的部分主要采取第三种说法。"大一统的国家"在本书中有如下意涵：（1）从社会结构来说，"大一统"指计划经济时代那种只有政府，没有市场、没有社会、没有个人的情况，即四个因素被一个因素独立掌控、吞噬和覆盖的局面（杨宜音，2008），以此来对比转型中出现的程度不同的市场的独立性和社会的独立性，并在这个拉扯分化的过程中，讨论国家与个人关系的转变；（2）从国家—个人关系而言，"大一统"还强调一种基于差序格局的、动态的包容合一，既包括国家与个人之间的合一，又包括传统文化中强调的中央与地方之间的"和合"（孙隆基，2001：322~341），因此，"大一统"的国家形态事实上是与传统文化中"人我界限不明朗"的、不完全的个人相对应的。

体的承载者的层面，通过对维权策略中体现的自我构念的转型分析，展现个人直接或间接（以"市场"和"社会"为中介）地重塑国家—个人关系，以使心理结构重新与社会结构呼应、契合，在顺应中推动转型的过程。

如果说，中国改革以不同于苏东"休克式疗法"的"渐进式"特征，带来了政体和精英的延续，使中国市场转型具有独特的过程和逻辑。那么，在本书的视角下，"渐进式"改革还提供了一个徐徐变化①的漫长过程，使转型中关于新旧两种体制因素之间的拉扯和牵连、妥协和试探尤为彰显，呈现一种各方力量的交织、渗透及更为重叠混融的复杂局面，成为转型中各部分之间张力的来源。

1. 平衡：原有的包容合一

作为一个有五千年文化传承的国家，中国有着与西方社会截然不同的独特的个人与国家形态。孙隆基在《中国文化的深层结构》中指出，中国人人格的主要特征之一就是结构性的"人我界限不明朗"，这源于儒家思想中必须由"二人"去定义"一人"的文化，构成了中国人"个体化"不发达的深层根源（孙隆基，2001：352）。具体来说，"仁者，人也"，是中国人对"人"下的定义，"仁"是人字旁一个"二"字，亦即只有在"二人"的对应关系中，才能对任何一方面下定义。因此，中国传统文化中关于人的这种定义，正好是将明确的"自我"疆界铲除（孙隆基，2001：27）。费孝通则将这种"人我界限不明朗"的状况与安土重迁的乡土社会结构关联起来，以"差序格局"阐述人我之间形成的一个以"己"为中心，像石子投

---

① 这个尽可能在徐徐变化的过程中达到目的的理念契合中国传统文化中对于"变"的基本态度。《易经》便是一部论述中国传统文化观念中"变"的专著。它以一套符号系统来描述状态的变易，中心思想是以阴阳两种元素的一元论去描述世间万物的变化。"易"就是变易、变化的意思，指天下万物是常变的，思维反映存在，所以思维也应当是不断变化的，与时俱进的，即天人合一；但同时"易"又是"道"，是恒常的真理，所以即使事物随着时空变幻，恒常的道不变；充分体现出传统文化中以阴阳转化的"变"来保持平衡的"道"。这一理念也对后文提出的行动者采取"在顺应中推动转型"的应对提供了一定的解释。

入水面激起的涟漪一样，带有独特的伸缩性和相对性的网络。在这张网中，"每个人都是他社会影响所推出去的圈子的中心。被圈子的波纹所推及的就发生联系"（费孝通，1988：26）。

在这些文化与社会研究的基础上，本土心理学将"自我"视为一个专门的研究范畴，以"自我边界"为主要分析工具，对东方人，尤其是中国人的自我构念积累了大量的研究。其中比较有影响力的有桑普森（E. Sampon，1988）关于"自足性自我"和"包容性自我"的理论；马库斯和北山关于"独立性自我"和"互赖性自我"的理论（Markus & Kitayama，1991a，1991b）；杨中芳关于"个己"和"自己"的概念对比（杨中芳，1991a，1991b）；杨宜音关于"自己人"式的中国人自我—我们概念（杨宜音、张曙光，2008：36）。这些研究在不断地辩证推进中，总结出了中国人自我边界具有如下特征：自主性，以自我为中心判断包容或排斥；通透性，包容重要他人；伸缩性，因包容的重要他人的多少而变化范围；开合性，在一定情境下，将边界坚硬化、封闭化，以获得成员身份；道德性，在社会道德的引导下，从小我升华到大我，"我"与"我们"合而为一（杨宜音、张曙光，2008：37）。这些特征，在一定程度上，都能从"差序格局"的概念中找到原型。最新研究中，也将中国人的这种自我称为"边界渗透式"的自我（boundary-permeated self）（Yang et al.，2010），强调中国人在处理群己关系时特有的动态、以己为中心、充满推力和拉力、针对不同情境灵活适应的过程。

简言之，着眼于自我边界，中国人的自我主要可以归纳为两个方面，一是这种自我不独立、缺失主体性的状态，从自我边界上说，是伸缩通透、人我界限不明朗的，也因此，自我是由其与外界的关系而定义的。这种中国式的"人"的概念，"被赋予国家与社会对他进行无穷尽的教育与塑造的权力"（孙隆基，2001：249），这恰是与千年传承下，对个人具有绝对权力的大一统的国家互为表里、俯仰合一的。第二个特点是以"己"为中心自主掌控，通过对自我边界加以伸缩开合的调节，以使自我与外界或包容或排斥，这构成本书着眼的个人与国家之间动态因应机制的原理。

因此，从中国的国家—个人关系来说，在传统文化主导性的设计中，不仅个人形态和国家形态是相互呼应的，而且个人与国家之间，还存在着动态的心理关联，可以依据不同的情境，辅以国家的要求和个人的调适，达到包容合一的状态。

在本书中，这种国家与个人之间包容合一的状态被称为"吸纳型"国家—个人关系。在这套体系中，国家和个人之间能由两条路径发生联系：一个是自下而上、由内到外，即通过个人的道德修养提升，从修身，经过齐家，到治国平天下。当个人的胸襟变得越来越博大时，个人与国家甚至与天下之间就没有什么分别，一个"小我"就变成了"大我"。另一个途径则是自上而下、由外到内的，即通过国家对个人的道德要求，使个人服从国家的指令，忠实于帝王所代表的国家。正如《大学》中所言：古之欲明明德于天下者，先治其国，欲治其国者，先齐其家，欲齐其家者，先修其身……身修而后家齐，家齐而后国治，国治而后天下平。这样一推一拉两种力量，就使得个人与国家形成相互包容合一的关系（杨宜音，2008）。[①]

这种国家和个人之间发生关联的双重路径，生发于传统的乡土社会和儒家理念。事实上，这是一套国家权力实施和社会整合的机制，但在其运行的过程中，又被赋予强烈的道义色彩，且尤以对民众的教化，使其将国家利益内化以获得内在道德提升为重点，比如说"顾全大局""深明大义""天下兴亡，匹夫有责""位卑未敢忘忧国"；与此同时，对统治者则强调其对民众的庇护职责，如"体恤民心""爱民如子""当官不为民做主，不如回家卖红薯"。两者以"庇护—服从"为各自的行为规范，遥相呼应。必须指出的是，中国传统文化中所指的"国"，并非现代意义上的民主法治国家，

---

① 国家与个人之间包容合一的关系，从社会结构来说，表现为个人被国家吸纳、整合，只见国家，不见个人的状态。但是从社会心理学的理解来说，恰是反过来的，这种社会结构之所以可能，是因为个人通过将弹性通透的自我边界拉伸到国家层次从而将国家内化为自我的一部分，形成一种"国家我"而实现的，这是一种"将国家内化于个人之中"的状态。为了不至于引起读者的困惑，下文主要从更为直观的社会结构来表述，将其表达为一种"个人被吸纳于国家之中"的状态，与转型试图达成的"将个人从国家中抽离"的状态形成对比。

"国是皇帝之家，界线从来都是不清不楚的，不过是从自己这个中心里推出去的社会势力里的一圈而已"（费孝通，2008：30）。因此，对"国"的服从，事实上是对统治集团权力的服从。

随着封建帝制的没落，现代国家成立。1949年新中国成立之后的30年里，为了积聚资源，使国家在贫穷落后的情况下得到最大的发展，新中国以单位制的治理体系，实现了国家对资源的全面整合和对个人的全面控制。单位制系统虽然抽出了传统乡土社会中由士绅承担的中间环节，将原有的三层治理结构变成了国家直面个人的双层结构，但是对社会心理结构与社会结构之间的呼应并没有太大的破坏。从个人到国家、由国家至个人的路径依旧通畅，甚至可以说，在改革开放前通过各种政治运动发起的全民动员，使国家与个人之间呈现前所未有的亲近性。而现代名义的共和国，也在实际上延续了传统文化中"譬如北辰""众星拱之"的中央之"国"的角色。

有学者指出，这样一种以儒家文化为主导的中国传统文化对国家—个人关系的设计，缺少"社会"这一中间环节（杨宜音，2008）。由于中国的地理位置和国家天下观，国家几乎就等于天下。所以，由修身、齐家就直接跨越到治国、平天下，中间并没有太多层级。这就导致了传统文化中以"修身、齐家"所指的"私"之领域，与以"治国、平天下"所指的"公"之领域，其中有一道难以逾越的鸿沟（余英时，1993）。不过，这道鸿沟的存在，或曰"社会"的缺失，并未给改革前的中国社会带来太大的困扰。单位制治理体系下强大的动员能力恰是建立在对传统的个人形态和国家形态的延续的基础上。"家"是传统文化中最具伸缩性的概念，借助一系列以"家"为喻的口号，并衍生性地将个人之间视为彼此的兄弟姐妹，国家形成强大的动员能力，且将"顾全大局""以国为公""为了大家而牺牲小家"作为道德标准加以前所未有的强调，使国家有限的资源得到全面的整合和积累。换言之，转型前全能国家的建构并未触及中国传统的社会心理结构，反而可以说，正是中国文化传统、深层中的这种个体的不独立、自我边界的伸缩通透、需要由他人的关系来定义的这些特征，顺应并造就了国家的全能和强大。此时，缺失的个人主体性在国家的庇护下隐而不彰，被国家掌控的私人生活亦尚未受到资本力量的侵蚀。

然而，这种国家和个人关联机制中"社会"环节的缺失，呼应于"自组织的社会生活机制"在再分配经济体制下被极大地压抑（沈原，2007：274），致使改革全面深化推进之后，市场在诞生伊始便被权力裹挟，引发社会结构及社会心理结构之间的双重失衡。

2. 失衡：因应机制的破坏

1978 年，中国启动经济体制改革，新时代到来。十一届三中全会提出"以经济建设为中心"的发展方针；20 世纪 90 年代以后，改革进一步深化，"发展"与"稳定"成为意识形态的主导话语。由国家主导的社会结构转型加速，其以经济改革优先，对社会生活的影响全面加剧。[①]

自 20 世纪 90 年代始，举国上下推进的"造城运动"，正是国家主导下结构转型加速的集中展现。土地有偿使用制度的推行，结合外部资源的引入、住房制度改革，以及中央放权、分税制改革等因素，共同促成了持续至今的、以全面城市化带动经济增长的土地财政模式。以平城为例，城市化进程由针对内城的"旧城改造"启动，地方政府通过行政手段使居民大规模外迁，置换出内城的居住用地，再用"以地招商"的形式引入私有部门及民间资本，大规模兴建商业及市政基础设施，实现土地利益和空间效益的最大化。这最初的十年在平城城市建设的历史上被称为"开发带危改"阶段，以"危改"为名的旧城改造带有"开发"的实质，体现出房地产市场在国家主导下诞生的最初形态。这在肖林的研究中被总结为危改中的"政治性市场与政策性市场"（肖林，2009：105～107）。将"危改"与"开发"结合，破除了城市发展之初所面临的"无米之炊"的困局，也彻底改变了平城旧城面貌，铲平了古都肌理。

---

① 一些关于改革的较为总体性的判断，将改革以 20 世纪 80 年代末到 90 年代初为界，分为前后两个逻辑不同的阶段，突出表现在经济体制变革与社会结构变迁两个因素之间的顺序关系上。前一个阶段是改革的平等效应释放阶段，特点是体制变革推动结构变迁，即由于体制的变革，造就了新的社会力量和组合关系；后一个阶段则是资源重新聚集的阶段，体制变革中形成的社会力量及其组合关系逐步定型，它成为一种强有力的力量，开始左右体制变革的过程（孙立平，2005）。

此阶段中，在城市化、现代化、经济发展等旗号下，透过"市场"而得到呈现的经济与透过"国家"而得到呈现的政治互为表里、彼此促进，将土地和空间这些原本不属于市场的内容商品化，造就中国经济的"体制奇迹"（Burawoy，2000，2006；沈原，2007：282，353），而它们所共同指向的另一方是单位制逐步撤去后，在结构上已趋于原子化，却仍保留着由计划经济形塑而成的对国家依赖与服从的市民个体。单位制的解体、市场机制的引入导致曾经笼罩着他们的国家庇护和社会联系坍塌，他们只能冒着被冠以"刁民"的风险，做极为有限的个体化反抗。在此，上节所述的"社会"缺失的弊端显露出来，传统吸纳型国家—个人关系下的因应机制被破坏，社会结构转型带来的失衡局面被尚未转型的社会心理结构进一步放大，使转型中出现双重失衡。

这种因应机制的破坏，导致了旧城改造中的地方政府和市民处于力量对比悬殊的两极。一方面，经济体制改革催生了地方政府从"代理型政权经营者"向"谋利型政权经营者"的转化（杨善华、苏红，2004），或称之为"国家权力的地域化"（Hsing，2010），其本质是地方政府从原先大一统的国家框架中分化，成为独立的利益主体。但与此同时，在旧城改造所涉及的市民的一端，与不再履行庇护职责的国家相适应的现代公民却没有生成，个人仍保留渗透式边界，处于主体性缺失的状态，对国家利益的内化和对国家指令的服从仍被视为默认的道义要求和法律准则。正是这种自我边界的自如收缩与上下通透性，放大和加速了地方权力以国之名运作时的任意性和强制力。① 因此，由国家主导的先行转变的社会结构与尚未被相应地推动转变的

---

① 令人感慨的是，这个局面，在费老对"差序格局"的论述中似乎早有预见："这种差序格局的推浪形式，把群己的界限弄成了相对性，也可以说是模糊两可了。这和西洋把权利和义务分得清清楚楚的社会，大异其趣。……西洋，国家被看成一个超过一切小组织的团体，为了这个团体，上下双方都可以牺牲，但不能牺牲它来成全别种团体。这是现代的国家观念，乡土社会中是没有的。……在我们传统里群的极限是模糊不清的'天下'，国是皇帝之家，界线从来都是不清不楚的，不过是从自己这个中心里推出去的社会势力里的一圈而已。所以可以着手的，具体的只有己，克己也就成了社会生活中最重要的德行，他们不会去克群，使群不致侵略个人的权利。在这种差序格局中，是不会发生这个问题的。"（费孝通，1998：30）

社会心理结构之间，出现一种错位互嵌式的结合，成为造就中国"城市奇迹"的重要原因，但与此同时，也引发了一系列市民抗议。

3. 回归：一个重塑的过程

据《瞭望》杂志报道，从1992年起，有关平城城建问题的群众上访事件骤然增加。以1995年为例，1月至7月就有163批，3151人次，占这一时期各种上访批数的46.5%和人数的43.2%，其中多数涉及拆迁安置问题。① 这些以"依法/以法维权"为主要特征的公民维权运动的兴起，从积极意义上理解，是国家对社会的初步释放；也是由个人发起的对国家—个人关系的重塑，以使社会结构分化与社会心理结构转型重新相适。

这个通过国家—个人关系的重塑，推动平衡回归的实践，需要放置于整个转型的过程中来理解。从社会结构来说，在这个逐步向现代化的民主、法治国家迈进的转型过程中，计划经济时代那种国家大一统，只有政府没有市场、社会、个人，即四个因素被一个因素独立掌控、吞噬和覆盖的局面已不复存在，取而代之的是不同程度地出现市场的独立性和社会的独立性。简言之，这是一个各项功能从大一统的国家中剥离分化的过程。将"国家与个人"之间关系置于这样一个分化拉扯的过程中去理解，就使得这种关系，不仅不能离开国家与市场、国家与社会的关系来讨论，而且还必须透过市场和社会来讨论。换言之，市场与社会自身的独立程度，市场、社会与个人的关系，将影响个人与国家的关系。因为在国家与个人这一关系当中，市场提供了一种规则的模本，而社会提供了一个双方交涉的空间（杨宜音，2008）。

在这种理解下，本书将国家与个人的转型，置于平城旧城改造和由此引

---

① 发生在平城的城市化浪潮及其导致的抗议并非个例。据统计，全国城市化比率从1978年的5.5%上升到1998年的17.5%，直至2008年的45.7%；与此同时，城市人口从1978年的1.7亿上升到2000年的4.56亿，直至2009年的6亿（潘家华等，2009）。快速的城市化进程导致与旧城区拆迁有关的各类问题成为20世纪90年代以来的信访焦点。从全国的情况看，2004年上半年因征地拆迁而引发的向建设部的信访有4026批、18620人次。其中集体信访905批、13223人次，个体信访3121批、5397人次，半年就超过2003年3929批、18071人次的全年信访总量（牛凤瑞，2005）。

发的都市运动的案例中来理解，不仅可以考察国家—个人之间的直接互动，还可以透过旧城改造讨论国家经由市场对个人的形塑，并透过都市运动讨论个人经由社会对国家的回应，清晰地呈现这个纠缠牵扯的分化过程（图0-1）。

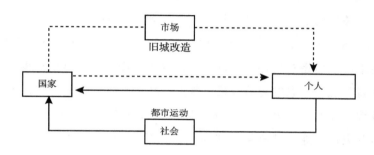

图0-1　国家与个人的转型：以旧城改造和都市运动为例

二　如何研究都市运动：公民的"中国式"生产

基于对社会转型的上述关注，本书从国家—个人关系的视角，将都市运动理解为个人在面对转型中的双重失衡而发起、重塑国家—个人关系的努力。这种重塑是以转型之前传统的"吸纳型"国家—个人关系为起点，迈向转型之后现代的"平等型"国家—个人关系的过程。这两种国家—个人关系之间的张力，贯穿本书对当前都市运动发生、发展逻辑的理解。

（一）对权威的内化还是挑战：都市运动的"两难困境"

在国家—社会关系或者本书加以延伸的国家—个人关系框架下理解处于中国情境的抗争性政治，一个基本的问题就是：这些社会抗争，尤其是当前各种以"合法抗争"（lawful resistance）为基本运作形态的维权行动，是否对国家权威构成了基础性的挑战？从诉求内容上看，这一问题可以具体化为：在当前抗争实践中普遍使用的法律及其衍生的权利话语①，看似给行动者们提供了维权的武器，但这种国家框架内法律话语的使用及在中国语境下对权利的理解，到底是挑战了还是悖论式地强化了国家的权威？

早期大多对于中国民众抗议的研究倾向前一种观点，认为从中国近期抗议活动中观察到的"权利"话语标志着自下而上对公民权的诉求以及对国家—社会关系的根本性突破，从而对政权构成潜在威胁（详见 Goldman，2005；O'Brien & Li，2006）。而裴宜理（2008c）则认为中国民众对社会经济公正诉求的本质是对生存权的诉求，这种道义经济式的诉求极少质疑中国共产党或者其意识形态的统治权威，因此，抗议在实质上是加强而不是侵蚀了政治系统。庄文嘉（2011）的研究以广州市业主抗争为例支持了这一观点。其研究发现，业主抗争从规则参与（反应性诉求）到规则制定（进取型诉求）的转化并不意味着业主在主观意识上从传统臣民向现代意义上的积极公民转化，因为他们仅以寻求国家主导的权利话语来建构自身诉求的合法性，而并没有在规则制定层面重塑国家权力与公民个人之间的契约关系，因此，他们的抗争诉求并没有跨越国家赋予的权利。

不过，本书的案例想指出的正是，这看似截然不同的两种答案未必一定

---

① 当前中国的民众抗争，因其对"权利话语"的普遍使用，而常常被称为"维权行动"。已有不少论者注意到，中国人的"权利"理念与西方基于"天赋人权"的权利理念有本质区别。简言之，在中国，权利往往被理解为是国家赋予的，旨在增进国家统一和繁荣的手段，而非是自然赋予的，旨在对抗国家干预的保护机制（裴宜理，2008a，2008b；阎云翔，2011；庄文嘉，2011）。具体来说，中国人的"权利"观念延续的是孟子、毛泽东的传统，而非洛克、杰弗逊的传统，总结起来体现为如下几个方面：（1）从内容上来说，中国政府积极在"生计"和"权利"这两个概念中建立联系，尤其强调生存权和发展权，因此，较之推进民主进程和扩大政治权利，中国领导人仿佛更注重努力追求社会经济的目标。（2）从权利来源上来说，中国人的权利往往被看成是源自国家中的公民权，而不是自然人天然地被赋予的人格（human personhood）。（3）从权利的功用来看，即使作为近代中国最具影响力的"权利自觉意识"的支持者，梁启超的"权利"概念隐含着追求集体之善的伦理义务，而并不是对于个人自由的保护；现代中国的政治权利一直被看成是与更大政治共同体的道德义务相一致的概念。以本书的视角来看，中西传统下对"权利"的不同理解正是源于背后不同的国家—个人关系的形塑，换言之，前者是以大一统的全能国家为起点，指向对不具备主体性的个人的庇护；后者则是以独立的公民个体为起点，指向对一个有限权力的国家的制约。因此，通过对维权实践中对"权利"话语的建构的观察，同样可以展现出行动者对国家—个人关系的理解和重塑过程。

是非此即彼的选择，而可能恰恰处于一种并存纠缠和充满张力的局面，分别构成行动者建构维权策略时对维权有效性和合法性的考量。例如刘子曦（2010）通过对业主维权所发展出的多样化轨迹的解读，发现法律呈现出"维权武器"和"制度瓶颈"的双重属性。这正映射了当前中国维权运动特有的两难困境——在营造维权"抗争空间"的同时，中国的维权行动者必须时刻不忘生产维权的"合法性"——前者对国家权威构成一定程度上的挑战，后者则是对国家权威有意或无意地内化。

已有不少研究者注意到了这个充满内在张力的两难困境，但只是将其作为一种在中国情境下出现的维权策略加以讨论，较有影响力的如大河移民上访故事里提出的"踩线而不越界"的问题化策略（应星、晋军，2000）。而正如本书试图展示的，行动者在"线"和"界"之间体现的远不止是一种充满生活智慧的维权策略，更构成社会转型在个人层面所体现的一种基本逻辑，其本质是行动者通过对渗透式自我边界的调整，依据具体情境对国家—个人关系进行选择性建构。将其置于转型过程中理解，正因为身处当下"双重失衡"的阶段中，因此，行动者的维权行动也必须同时回应业已转型的社会结构与尚未转型的社会心理结构。具体来说，行动者既需要将渗透式边界固化、生成主体性、宣称个人权利来应对业已转型的社会结构，抵御权力与资本的侵蚀，生产出抗争的空间；但同时又需要保持渗透边界下缺失主体性的状态，来呼应尚未转型的社会心理结构，以获得维权行动在现行体制框架下所必需的合法性。

在这条线索下，行动者对上述中国当前维权运动所面临的两难困境的应对体现出这样一种基本逻辑：传统的吸纳型国家—个人关系构成行动者借用国家"权"威（authority）、建构维权的"合法性"的资源库，而更具现代性的平等型国家—个人关系则构成行动者建构公民"权"利（rights）、营造维权的"抗争空间"的武器库。前者牵连着厚重的历史文化根基，后者则正处于片段化的萌生状态；前者是个人将国家内化，后者是个人将国家推离。维权行动本身成为试图厘清这两种力量相反的国家—个人关系的实践过程，行动者对此间分寸尺度的拿捏成为决定维权成败的关键。

（二）"主体性"的不同层次：公民的"中国式"生产

基于上述两难困境，行动者如何在面临具有种种不可能性的情况下得到赋权是首先需要被解答的。对此的一系列问题有：抗争空间何以在一个严密控制的制度环境内营造？公民何以在个体缺失主体性的传统下育成？作为"自组织机制"的社会又是如何在一个长久以来被压抑的环境下萌发？基于行动社会学立场，对此的基本回答是强调"行动者的主体性"对于制度限制的突破。但是，在强调行动对结构的重塑的同时，本书也将结构延伸到更宽泛的历史、文化、社会心理和制度环境的含义，指出更深层面的结构对行动的形塑仍是不容忽视的。两者共同结合，才能真正体现出公民生产的"中国式"逻辑和中国转型的独特进程。

1. 行动者的主体性

在欧陆传统传承之下，阿兰·图海纳（2008）以"历史质"、"社会性运动"和"主体"等概念，从行动者的角度对社会运动乃至社会学予以重构。在《行动者的归来》一书中，他将社会危机理解为现实中的行动者与社会不再完美对应，反而相互冲突时爆发的局面。在行动社会学的框架下，行动者不再是置于系统的不同位置中的个体，反之，情境才是依文化指向及其社会冲突而定位的行动者之间各种关系的结果。因此，以行动者为中心，社会性运动是一种重塑参与群体现有的处境位置，并且重塑当前社会的"历史质"的集体意志和集体行动的表现。

"历史质"和"主体"是被图海纳赋予新意的两个重要概念。历史质（historicity），原指社会现象的历史性质，但图海纳将其视为一套文化、认知、经济与伦理模式的组合。依此组合，一个集体可建立其与环境的关系；现实社会的统整不再是依其内在运作的规则，或其在漫长进化路途中的位置，而是根据其生产自身的能力而实现。也就是说，历史质并非一套稳固安置在社会核心里的价值；它代表一套措施（instruments）、一组文化取向，而社会实践也透过它得以落实。另外是制度，它在今日不再意味着何者被建制，而是意味着何者来建制——它是个机制（mechanism），文化取向正是透过此机制而转化成社会实践。在此种意义下，所有的制度都与政治有关（图海纳，2008：59～60）。图海纳所称的"主体"就是个人（或集体）成为行动者的建构过程，它透过参与由生命经验所充实、所认定、所重新解释的一种自由而形成；它更把看起来是文化传承或社会定规的种种既存注入了自由。职是之故，民主"必须以主体的政治——为定义"。民主生活的实现更必须以主体的日常生活民主实践为基础、为条件（转引自郭于华、沈原，2012：36）。因而，"主体化"是"挑战既有社会秩序的社会行动和精神行动"，兼具社会性（它讨伐压迫性的社会关系）和文化性（它扩展自由的价值和尊重个人存在）。这样一种社会性运动上升和发展的过程，就是作为个人的主体（personal subject）转化为历史的主体（historical subject）的过程，也就是一个"社会性行动由反抗权力的抗争进步为更合理的社会发生的过程"（丘延亮，2002）。

简言之，行动社会学的要旨出于对社会学研究中只见社会系统而不见个人的不满，强调行动超越结构的力量，以"行动者归来"呼唤将行动者作为分析起点和分析中心。从行动主义的社会学视角，不再是结构决定行动，而是行动重塑结构。在此基础上，本书将国家—个人视角纳入，一方面使其增添了一些分析的维度，使社会学的解释链条得以拓展；另一方面，也可以使分析跨越到一个动态的层面，显示出社会结构变迁过程中，新的于旧的之中被包裹着生长，实现突破的同时又被现实形塑的复杂现状。

2."主体性"的分析层次

社会心理学视角为社会学研究带来了更多的分析水平（个人、人际、群己、群体、群际、宏观这6个，详见杨宜音、张曙光，2008：9）。结合这些分析水平以及社会转型背景，本书中对"主体性"的阐述主要围绕个人水平和群己水平展开，并力图展现一个从"主体性缺失"到"主体性生成"的变迁过程。

其一，在个人的分析水平上，"主体性"向内体现为"自我边界的固化"，向外体现为"公民的生产"。如前文所述，中国人的人格、自我的重要特点之一就是具有界限不明朗的、伸缩通透的、可以自主调节的自我

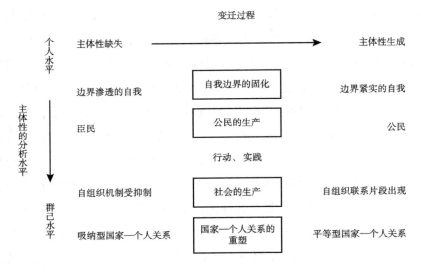

图 0 - 2　主体性的分析层次

边界，与西方传统中自我边界紧实、人格独立的自我对立，构成中国文化深层结构的一个方面。"主体性生成"在此体现为对自我边界的重构上，即行动者将自我边界从传统的渗透伸缩状态转化为更接近现代的封闭紧实状态。

与这一"自我边界的固化"过程相伴而生的，是具有主体性的独立个人的生成，亦即我们当下所讨论的"公民的生产"。必须注意的是，与权利的概念一样，中国文化中并没有西方意义上的"公民"：中国的"公民"一词——就字面而言是"公共性的个人"——隐含的意义是政治共同体中集体性的成员资格，而非一种相对于国家而言对个人的、不可剥夺的权利的诉求（裴宜理，2008c）。换言之，"公民"在中国的定义也是由千百年来传承的国家和个人形态所塑造的，它与传统文化中对"公"的理解关联在一起，以大一统的国家为先，含有缺失主体性的个人为了共同体的利益，对国家自下而上地臣服和呼应的意义。因此，我们在讨论"公民的生产"时，需要充分重视背后的语境。在此，主体性体现为从更契合中国传统文化的"臣民"向现代西方理念所指的"公民"不断转变的过程；"自我边界的固化"

是其中的一个关键环节。

其二，在群己的分析水平上，主体性体现为"社会的生产"，并由此带来国家—个人关系的重塑。不同于社会学解释"社会的生产"时所着眼的"公民权"路径，社会心理学将这一问题理解为"个人与政治共同体之间形成联系的过程"。这两种阐释都是面对中国当前的转型实践提出的，充分考虑了国家、市场、社会（个人）之间的关系。"公民权"路径从"公民权"的三个部分在中国历史上的缺失和不平衡的生产出发，提出市场转型期的三大阶级——农民、劳工和中产阶级在各自的抗争中对公民权片段、零碎地生产，以及最终希望达到的社会制约市场和国家的状态（沈原，2007：273～299）。社会心理学则致力于从转型分化的过程来探讨这个心理联系机制的形成，将这一过程置于与市场、社会的牵扯分化中来理解，区分出这个心理联系机制形成的"公共性"和"契约性"维度（杨宜音，2008）。结合本书的内容，契约性维度正是个人固化自我边界、获得平等身份、建构公民权的机制；而"公共性"则体现了在中国背景下公民和社会生产的独特性——在建构基于身份的平等权利、形成基于独立个体的"公民的联合"的同时，个人需要时刻在更大层面上回应对家国命运的关切，以动员传统文化中的道义资源，为公民和社会的生产创造合法性。

由群己层次再往宏观层面延伸，"主体性"就涉及国家—个人关系的重塑。本书既以国家对社会生活的全面覆盖和吸纳掌控为起点，就需要将主体性置于与国家相对的权力关系中来理解。因此，主体性的生成，归根结底是一种个人与国家之间的因应机制的改变——从个人被吸纳、服从于国家的状态（吸纳型），转变为个人敢于实现与国家平等、独立的状态（平等型）。

因此，本书所理解的社会转型，包含着一个"主体性"从缺失到生成的过程，而"主体性"的含义则从个人层面贯穿到群体和社会的层面。具体来说，这个以"社会行动和精神行动""挑战既有社会秩序"的主体化过程，通过抗争实践，在多个层面表现出来：自我边界从渗透转向紧实的固化过程，带来具有契约理念的、独立公民主体的生成，推动国家—个人关系从

"吸纳型"向"平等型"转变。多个层面使"行动者的主体性"呈现得更为立体,它不仅外在地重塑了结构,使个人主体转化为历史主体,达到了行动者和社会系统的重新对应;而且还内在地重塑了个人本身,即个人自我的层面,推动了社会心理结构与社会结构的再度契合。换言之,个人以行动重塑社会结构的过程,是伴随着内在对自我的重塑而完成的。各类都市运动的发生过程,便是行动者重构自我与集体处境,使之跟进社会变迁的过程。

从这个意义上理解,借由自我边界转变体现出来的自我构念转型,或者更宽泛地说,社会心理结构转型,是以个人为起点,对国家自下而上施加作用力的过程。在这里,个体不再是社会变迁单纯的承受者,而是体现出对社会变迁的草根式介入和公民式参与,使因转型的"双重失衡"带来的国家对个人的极度挤压,经由行动者对自我的重塑,重新回到个人对国家转型的进一步推动中。转型带来了社会结构的分化,也由此引发社会心理结构的转变,两者交织互动、盘旋上升,以期最后回归一种两相适应的均衡局面。

3. 在顺应中推动转型

从行动者的视角出发,我们看见了转型的另一重动力,看见了由国家主导的转型,是如何得到个人和社会层面的回应的。事实上,中国的转型过程非常复杂,这个将西方历史上的几百年浓缩于我们当下正在经历的几十年的进程,既扎根于中国传统社会/文化/历史脉络,根基深厚难以改变;又置身于土地和空间被商品化的第三次全球化浪潮下,受外来资本的驱动及西方主导的现代化理念的引领;同时,国家对这个"渐进式"变革的过程加以经济放开、政治控制的策略性塑造;这些交织、对立甚至冲突的力量为各部分的博弈提供了空间和资源,形塑着转型中正在发生的社会实践。

从都市运动的实践来说,这种复杂性还体现在:国家主导的社会结构转型引发了市民群体的行动,然而,这个以维权抗争为表现形式的应对过程,又不可避免地受到"双方共享的政治文化和权力机制"的形塑(应星,2002)。因此,对于行动者来说,要在中国特有的非常狭窄的制度空间和极为有限的行动资源下实现抗争，就必须对制度内资源加以充分利用并巧妙转化。在此，与应星展现的农民上访和国家摆平之间服膺着同一个权力运作的逻辑、更多地体现出抗争与体制的共谋有所差异的是，本书在认可"双方共享的政治文化和权力机制"更为主导和强大的同时，还试图展现底层/个人在这个回应过程中引入的一些改变和创造。换言之，行动者维权的过程既可以被共享的体制逻辑所左右，但同样，这个控制的过程也可以在一定程度上被转化为抗争所需的资源和机会。

这个两者之间相互形塑的过程，在本案例中，首要体现在行动者对法律的充分解读和创造性使用上。本案例中，行动者对于法律的使用呈现出一种立体的、全方位的建构，法律被拆分成象征意义和文本意义，并体现出充分的实践意义；集维权行动中的保护机制、赋权机制和动员机制于一体。在此基础上，行动者还发展出"实践式"公民理念，或曰，公民理念的实践形态，要旨在于将对"权利""公民"的定义和"学法、用法、守法"的"行动"相关联。因此，除去其他维权行动中也普遍采用的，将法律作为合法性来源，体现国家自上而下的形塑之外，本案例中，法律还更多地呈现出实践的、力的含义，成了为底层赋权，自下而上地推动社会心理结构变迁，使之与转型后的社会结构再度相适的动力。

这个两者之间相互形塑的过程，还体现在形成社会联结时无处不在的时机和灵活多变的形式上。例如，统一安置的拆迁措施、政府对于"信访日"或"接待日"的规定，以及法院公开审理的告知等，都成为扩展、激活行动者之间社会网络的机会（施芸卿，2007b）；并且，面对政府对"安定团结"的敏感，行动者还创造了多种形式的社会联结，例如尽管宣称是一个由万人组成的集体诉讼，但大多数时候只由诉讼代表代言，大多数原告以"签名"的形式到场；此外，若梳理运动近20年来采用过的诉求呈现形式，也体现出既营造于制度缝隙之中，却又同时处于受到制度形塑的抗争空间中的复杂状态（详见本书第六章）。

重新回到本书的主题——国家—个人关系，本书力图展现的是，在行动者的维权抗争过程中，无时无刻不交织着两股相反的力量：个人相对于国家的抽离或将国家内化，或曰对"吸纳型"国家—个人关系的继承和对"平等型"国家—个人关系的建构。尽管两股力量之间充满张力，但都可以在当下的维权行动与转型进程的紧密啮合中得到体现。应该说，这种两股力量并存、国家与个人之间相互形塑的状态，才是本书最终要强调的。不过，由于双方力量相差悬殊，这个由底层回应的过程举步维艰。

因此，在这个体现变迁过程的维权实践中，主体性的生成是"嵌套式"的：自我边界是在继承渗透式的前提下，经"选择性固化"而变得紧实；公民和社会的生产是片段性的，且以契约理念为基础的个人，是被置于对家国命运的关心下才得到联合的基础；而平等型国家—个人关系，也是在对吸纳型国家—个人关系的承认中生成。简言之，这是一个由底层、个人发起的，"在顺应中推动转型"的过程，这既符合"渐进式"改革的现状，又关联着中国社会传统的文化心理和延续的国家治理形态。

三　案例及方法

（一）案例概述

2000 年 2 月 22 日，以罗先生为首的 7 位诉讼代表将附有 10357 个被拆迁居民签名的行政诉讼状递交到平城第二中级人民法院，这便是轰动一时的"平城被拆迁居民万人行政诉讼"（简称"万人诉讼"）。不过，诉状递交本身只是"万人诉讼"这一维权运动的最高潮，并非完结。整个维权运动自 1995 年始持续至今，历时近 20 年，大致可以分为准备酝酿①（1995～1999

---

① 在准备酝酿阶段，诉讼代表初步确立以财产权的法律表述为主体的文化框构，并通过"普法小组"的方式进行社区内及社区间动员，以个人诉讼和分诉集团诉讼（以某一地块的拆迁证为界）方式维权。截至 1999 年万人诉讼前夕，共有 46 个分诉集团向法院递交诉状。

年）、启动实施①（1999～2001年）和举报维续②（2001年至今）三个阶段（详细过程参见：施芸卿，2007a；2007b）。在2001年之后的举报维续阶段，参与者一度涵盖失地农民及部分1998年后被拆迁的市民，最多时达22304人，最少时有5216人。

　　万人诉讼的参加主体为平城城市发展中"开发带危改"③阶段遭受拆迁的市民，拆迁时点被划分在1998年12月1日实施货币补偿之前。在2006年问卷调查④时（N=454），样本的平均年龄55.6岁；46.3%为男性；职业以退休人员最多（47.1%），工人其次（24.7%），下岗失业（15.0%）者居第三位；政治面貌中群众占46.7%，党员占7.3%；目前或退休之前所在的单位性质，国有企业最多（50.4%），集体企业（15.6%）和无单位（13.2%）其次，事业单位（7.3%）居后；原有房屋为私房的占28.9%，平均房屋与院落面积为110.9平方米，公房占69.2%，平均房屋面积为21.9平方米，少量公房拥有院落面积；

---

① 启动实施阶段以1999年2月"平城被拆迁居民"将一封9000余人署名的《特级举报信》呈送给当时的国家领导人、政府机构和主要媒体为序幕；随后，1999年12月27日，根据国务院《信访条例》第八条第二款、第三款规定，万人诉讼集团以信访程序向平城房管局提交了一份申请，"要求平城房屋土地管理局在土地批租中依法行政，履行保护公民财产的法定职责，停止侵权，纠正侵权"。在平城房管局逾期3日未就《申请书》做出答复的前提下，2000年2月22日，7位诉讼代表手持10357人的签名册，根据《行政诉讼法》第十一条第五款，以"行政不作为"为由对平城房管局正式提起诉讼。诉讼未得到法院的任何回应，之后诉讼集团于2000年10月向平城人大提交公开信，又于2001年9月和11月先后两次向平城人大常委会提交公开信。

② 这场聚集了10357人签名的诉讼本身只是这场都市运动的高潮，随后行动进入举报维续阶段，一直持续至今。该阶段的特点为：（1）根据《宪法》规定的权力相互制约的关系寻找诉求方，从而使举报呈现出清晰的制度脉络。（2）围绕着2000年至今中央的各项重要治理举措实时跟进举报内容，从而使举报呈现出清晰的政治脉络。

③ 据肖林（2009）的研究，平城自1990年以来主导城市开发的政策分为三个阶段：危旧房改造与开发相结合的"开发带危改"时期（20世纪90年代）；危旧房改造与住房制度改革的"房改带危改"时期（2000年以后）；以及危旧房改造与保持古都风貌相结合的第三阶段。

④ 在2006年7月至8月期间，清华课题组就万人诉讼的原告进行了一次问卷调查，以诉讼集团为单位进行，共回收有效问卷454份，涉及10个分诉集团以及部分散户。这是课题组第一次就都市运动的群体实施问卷调查的尝试。不同于别的研究，集体行动的成员流动性较大，且拆迁之后住址分散，致使我们难以用传统的抽样方法设定样本框，最终在讼诉代表的帮助下，采取整群与随机抽样相结合的方式。但意外的收获是，调查的方式激活了原有的作为动员和组织基本架构的普法小组的运作，使我们的调查更像是一场"社会学干预"的实验（施芸卿，2007b），给我们创造了参与观察的机会。

拆迁时在拆迁范围内，全家居住的户口平均为1.5户，人口为5~6人。

在维权情况上，12.6%的被访者被拆迁时曾经历被房管局裁决的这一行政程序，其中13.8%的被访者针对裁决提起过诉讼。97.4%的被访者认为对自己家的拆迁不符合法律规定。在被问及"在万人诉讼（2000年）之前采取过什么维权方式"时，66.4%的被访者有过上访的经历，26.2%的被访者有过个人诉讼的经历，99.3%的被访者有过参加分诉集团诉讼的经历。在被问及"经历拆迁后，最早您进行维权的初衷是什么"时，43.0%的被访者选择了"拆迁补偿不合理"，32.3%的被访者选择了"上访走不通，需要进行诉讼"。而在被问及"您觉得现在您进行维权是因为什么"时，29.1%的被访者选择了"依法享有的土地使用权被行政机关出让"，24.2%的被访者选择了"城镇拆迁费被他人非法占有"，17.8%的被访者选择了"拆迁补偿不合理"，14.2%的被访者选择了"择居权被剥夺"。此外，从对法律的理解和使用上，89.8%的被访者认为"法律是维护自己权利的唯一武器"，78.2%的被访者有过向其他人宣传法律的经历，82.5%的被访者认同"自己的权利必须自己主张，即使代表也不能代替"这句话，96.7%的被访者表示认同万人诉讼提出的"共同的主张"。

在层出不穷的个体或者集体、符号或者身体的维权行动中，万人诉讼的意义在于，这是第一个从财产权和公民权的高度来看以旧城区房屋土地为载体的私人领域被侵占的行动；其规模之大、时间之长，维权过程中对法律准则之恪守、对权利宣称之坚定，使其构成都市运动谱系（毕向阳，2006：634）中最为理性的一端，堪称"公民运动"（见图0-3）。从转型期出现的都市运动对于权利认同的培育、社会分化的推动的角度，该案例向我们展现了社会心理结构中自我构念的转型、公民的培育以及社会的生产得以萌芽之所在。

正是在上述意义上，本研究所选取的案例，既综合了国家、市场和社会三方力量，又能在其中清晰地看见个人和群体的具体行动。行动者维权策略充分地展现了个人与国家的互动，体现了其主体性的具体层次及变迁过程，成为探讨中国社会变迁过程中国家—个人关系转型的一个典型案例。

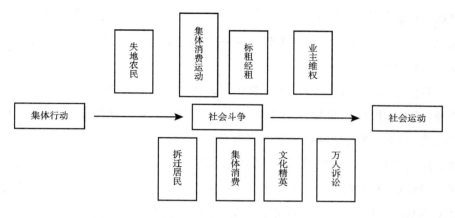

图 0 - 3　平城都市运动谱系（毕向阳，2006：634）

（二）研究方法

我自 2005 年开始接触万人诉讼的代表和部分成员，对此个案的研究历程大致可以分为两个阶段。前半阶段是在清华大学攻读硕士期间，在社会学系师长的带领下进行的研究工作。该阶段的调查在"城市化进程中的冲突与化解"的课题下进行，采取了半开放的公共论坛（共计 23 次）、田野调查和问卷调查多种研究方法，试图对平城多种都市运动类型（包括城郊失地农民维权、旧城拆迁市民维权以及商品房小区业主维权等）进行梳理。作为旧城区被拆迁市民维权的一个典型案例，我们 7 次邀请万人诉讼代表参与公共论坛，勾勒了该维权行动的大致轮廓和历史脉络。此后，我在代表的引荐下正式进入田野，实地了解被拆迁居民搬迁后的日常生活以及整个维权历程的细节和后续活动。在将近两年半的时间中，我以平文区分诉集团和平西区分诉集团为重点，兼顾其余几个新旧城区，对万人诉讼总集团代表和分诉集团代表进行了 26 次个案访谈；我还多次列席分片小组会议，以参与观察的方式了解维权的运作逻辑，并收集到大量以文本形式出现的"材料"（包括法律材料汇编、上访信、举报信、各个诉讼阶段的诉状以及相关的文字图片）。2006 年，我们在当地代表的协助下，针对万人诉讼的部分原告进行了问卷调查，问卷涉及十多个分诉集团和部分散户，问卷调查最终演变成再次动员的契机，充分展现了在中国当前背景下，都市运动发生和维持的复杂性（关于问卷内容和调查的过程详见施芸卿，2007b：附录 A 和 B），在此不详细展开。

后半个阶段是我作为一名专职研究人员独立开展的工作。在国家社科基金（08CSH022）和中国社会科学院国情调研的项目经费支持下，从2008 年至今，我持续对该个案，尤其是主要的代表开展追踪访谈，以保证及时跟进该都市运动成员构成和文化框构的变化，及其对政治时机的把握、行动资源的利用、与其他维权行动的联系等信息，并注意随时收集各种文本材料。同时，在 2009 年，我还对上海市的被拆迁市民进行了个案访谈和团体焦点组座谈，试图对两个城市有关房屋土地问题的维权行动做出一些比较。虽然具体成果未在本书中展现，但是通过与其他城市的比较，万人诉讼的行动者对平城独特的集中央政府和地方政府于一体的权力层级的敏感、对体制逻辑的理解，以及"在顺应中推动转型"的嵌套式策略有了更突出的显现。

此外，在第二章、第三章中有部分用于论证地方政府进行旧城改造、空间经营逻辑的材料，来源于我的同事肖林博士同期参与平文区发展与改革委员会委托的相关课题时所收集到的政府制定五年计划前期的调研报告。这部分恰与我在田野中从平文区被拆迁居民处得到的材料是相互印证的①，对完善、加深本书中对国家—个人双方相互形塑过程的理解提供了非常大的帮助。

另外，还需要说明的一点是，万人诉讼之所以引起巨大的社会影响，不仅在于土地议题的重大，还在于覆盖范围的全面。万人诉讼的 10357 名原告

---

① 严格说来，两份材料之间有 5 年的时间差，集团诉讼的居民大多是"九五"期间被拆迁的，正是"开发带危改"阶段，而平文区所提供的材料为"十五"和"十一五"规划前期调研报告。不过，之所以在本书中对应采信，用以论证城市开发的逻辑是因为：（1）"十五"报告中有多处对"九五"期间的总结，恰能与被拆迁市民的经历相互印证；（2）有关城建公司（危改开发商）的筹建、以地招商、经营城市的一些做法，在 20 世纪 90 年代的城市开发中就已经试行，"十五"报告只是以更清晰的话语将其表达出来，体现了地方政府在城市开发中延续的思路。

来自 26 个分诉集团，原居住地覆盖平城全部的旧城区。就其中的分诉集团而言，平西区和平文区是最主要的两个部分。平西区的拆迁启动得更早，万人诉讼最重要的代表罗先生就来自平西区，且平西区的分诉集团诉讼①是平城第一个因拆迁而引起的集团诉讼，并首次提出权利的诉求，成为后续分诉集团诉讼时仿效的范本。平文区的拆迁则略晚几年，但其分诉集团人数占据整个万人诉讼的比例最大，达 1/3 左右，且因为政府在安置时整体外迁的实施力度大，搬迁对居民内部社会关系网络的影响略小，使得运动的动员和维续都比较稳定且脉络清晰。本书在论述时力图对不同层次、不同城区的诉讼集团都有所涉及，但在展现国家与个人互动时，选择以平文区为主，主要基于如下方面考虑：第一，平文区是平城中心城区之一，较之其他城区，该区的土地面积小、空间开发限制多、基础设施差、危旧房比例高，在计划经济时代就处于各项资源分配的劣势地位，引入市场机制以来差距更有加大的趋势，致使地方政府对发展经济有非常强烈的渴望。第二，出于平城历史上形成的居住分层，平文区的居民更有社会底层的特征，因危改引发的矛盾更为突出。第三，平文大街的改造以"一街带八片"的模式结合了市政重点工程建设与房地产开发，是平城"开发带危改"阶段的标志性范本。第四，围绕着平文大街的改造以及政府与香港新时代集团的合作开发，我和肖林从两个渠道得到的田野材料恰能衔接对应，更能客观地展现这一阶段政府、开发商和市民之间的复杂互动。

　　最后，从两个学科的研究方法来说，社会心理学研究常被社会学质疑的一点是实验情境的理想性，出于对变量控制的需要，实验情境往往与真实的社会互动场景相距甚远。从这个意义上来说，本研究以社会学的研究方法为主做前期积累，好比将行动者放置于一个真实社会的实验室中，提供了在社会心理学领域较为独特的视角。

---

① 1995 年 6 月，在罗先生的带领下，平西区被诉迁居民首次发起了涉及原告 700 余人的集团诉讼，诉讼的案由是房管局的评估违反《房地产管理法》。这不仅是"拆迁里头，平城的头一个集团诉讼"，而且"以前都说补偿，说安置，没有一个从法律上、从权利上考虑这个问题，绝对没有"（材料来源：LT20050123）。

四　国家与个人的相互形塑

通过将"个人"带入国家、市场、社会的宏大分析框架，本书试图对单纯的社会学分析范式，做出一些社会心理学的延伸。在此，"个人"的引入并不完全等同于行动社会学所强调的行动者的回归，而是希望通过社会心理学的分析工具对其加以丰满，并贯穿国家和个人两个层面，使都市运动的案例更清晰地呈现出两者之间相互形塑的过程。在此，当前正在发生的都市运动的实践与中国独特的转型进程关联起来，定义为由行动者发起的对国家—个人关系的调整，以推动尚未变化的社会心理结构与业已分化的社会结构之间重新契合相适的过程。这一过程是以行动和实践为载体，经由行动者的主体性的生成而实现。结合社会心理学的分析水平和对社会转型的关注，本书将"行动者的主体性"生成的讨论拓宽至几个不同的分析层次——自我边界的固化、公民的生产、社会的生产以及国家—个人关系的重塑。这几个层面在逻辑上是清晰的，可以从自我构念的转型顺次推理而出，但是在实践过程中，却呈现出一种交织融合、牵扯分化、盘旋上升的状态，充分展现了当前都市运动中的复杂状况。也是在这个意义上，本研究弥补了现有社会心理学研究过多依赖于实验方法的不足。实验法导致社会心理学的研究普遍关注个人及人际，至多拓展到最简群体、小群体研究，而很难做到对大群体的观察和分析，更难以将群体放在复杂、真实的社会情境中，讨论其与宏大的社会背景的关联。因此，作为一项汲取了两种视角养分的研究，本书也希望可以在两者之间架起一条通路，共同面对转型的关键议题。

全书分为两个部分，前半部分讲述中国 20 世纪 90 年代以来出现的城市奇迹何以发生，后半部分讲述公民的生产何以在因拆迁导致的集体维权行动中发生，两者构成一个相互呼应的过程。

全书的导论部分围绕为何研究都市运动和如何研究都市运动两个问题，阐述了本书的研究背景、问题意识、分析框架及主要概念。本书秉承"社会转型的运动视角"，借助都市运动的案例，实则研究中国独特的转型进程，以区别于西方主流社会运动理论所源起的问题意识。在此基础上，引入社会心理学视角，使本书对转型的关注，除通常的宏观社会结构变迁之外，还涉及微观的社会心理结构（自我构念）。因此，转型引发的失衡在本文中具备了第二重含义——社会结构与社会心理结构之间不再契合，或曰，国家—个人之间原有的因应机制被破坏。国家—个人关系作为本书的核心分析概念，包含国家形态、个人形态和两者之间的因应机制这三层内容。以这一概念为切入点，本书正是致力于打通社会转型的这两个层面，在对"城市奇迹何以发生"和"公民何以生产"这两个具体问题的回答中，展现国家与个人在转型过程中的相互形塑。

在本书的理解中，社会转型的动力机制不仅来自于国家主导的社会结构变迁，还来自于由个人推动的社会心理结构转型。这种自下而上的推动是底层对转型带来的"双重失衡"的回应，其实质是对国家—个人关系从传统的"吸纳型"到现代的"平等型"的重塑。这个重塑过程以当前各种民众抗争和都市运动为表现形式，经由行动者的主体性在实践中的生成而实现。因此，本书所理解的社会转型，还包含着一个"主体性"从缺失到生成的过程。将社会心理学范式的分析水平引入，本书将"主体性"的生成具体化为"自我边界的固化"、"公民的生产"和"社会的生产"，这几个层面最终在国家—个人关系的重塑中得到统一。

此外，本书还强调，转型的起点和终点所连接的这两套国家—个人关系体系之间存在内在张力，且国家与个人力量对比悬殊。因此，主体性的生成，亦即"公民的生产"，体现为一种新的于旧的之中被包裹着、艰难地生长的"嵌套式"结构。这是一个"在顺应中推动转型"的过程，既回应了都市运动当前面临的"两难困境"，又符合当下"渐进式"改革的现状，且关联着中国人深厚的文化传统和延续的治理形态。

第一章至第六章为本书的主体部分。第一章以一个诉讼代表的个人维权历程为线索，从个人诉讼、分诉集团诉讼、万人集团诉讼及后续举报几个层面，展现了城市化背景下，围绕房屋拆迁中的土地问题所引发的社会冲突的具体形态及其实践过程。透过这一个案描述，本章试图对国家构造房地产市场之初，个人是如何受到来自国家与市场双重力量的挤压，随后又是如何应对，以及应对过程使个人产生了什么变化，社会的力量是如何被引入等，给出一幅直观的画面，对此的分析解释将贯穿全书。

第二章和第三章将讨论的焦点汇聚到社会结构转型中占据先机和主导的一方——国家。第二章"城市的政治"，以历史的视角，分析了从新中国成立至今，在城市住房领域体现出来的大一统的国家从合一到分化的过程，及相应的社会结构与深层的社会心理结构之间从相适到失调的过程。

第三章"土地的奥秘"以旧城改造冲突最为尖锐的土地问题为着眼点，力图比较全面、完整地展现地方政府经营城市（即空间和土地）的逻辑，以作为原本相适的社会结构与社会心理结构之间在转型之初出现失调的一个例证。为资本而生的城市开发嵌入大一统的国家的制度、文化和权力框架中运作，为我们勾勒出市场诞生之初的轮廓。

第四章到第六章将讨论的焦点重新拉回我们更为关注的个人，或曰行动者，试图辨析在这样一种社会结构变化——国家引入市场机制、分化经济职能——之后，底层如何推动相应的社会心理结构转型。通过辨析法律层级，建构权利话语，并以行动为自我赋权的实践，行动者在区分国家情境、辨析市场边界、形成社会联结的维权行动中，不断致力于对国家—个人关系的重塑——将其从传统的"吸纳型"向更为现代的"平等型"转化。

第四章"国家的拆分"是全书中的一个转折章节，将视角从"城市奇迹"的铸就者，即地方政府切换至在维权行动中被逐步锻造的公民，展现出双方在应对社会结构与社会心理结构之间失衡时的不同逻辑。面对业已分化的社会结构，地方政府强大的执行力和持续的增长效率来自其对"吸纳型"国家—个人关系的继承，是一种维续"合一"的逻辑；而面对由此导致的权力与资本的双重挤压，行动者发起的维权抗争，则在于引入一种"分化"的逻辑，体现出向"平等型"国家—个人关系的迈进。

第五章"公民的锻造"，借用社会心理学中"自我边界"概念作为分析工具，更详细地展现了新兴的"平等型"国家—个人关系是如何在处处受制于历史和现实的情况下，经由行动者对分寸尺度的精确拿捏而被小心翼翼地构筑的。这一过程被称为"自我边界的'选择性固化'机制"。行动者们以法律为武器，建构出"实践式"公民理念，将每一次维权都转化为对自身公民资格和权利的宣称，才得以从被默认的自上而下的全面权力中找到自下而上自我赋权的可能，以对自我边界的逐步固化推动国家—个人关系不断从吸纳、服从转变为独立、平等。

第六章"社会的生产"再度把分析层次拉回到较为宏观的层面，讨论经上述自我边界的"选择性固化"带来的公民，如何独特地形塑了当前的社会（自组织机制）形态以及维权的抗争逻辑。两套国家—个人形态之间的张力贯穿始终：一种是不断挑战既有制度、建构抗争空间的力量，基于公民主体性的生成和社会联结的形成；另一种是不断被既有制度形塑，为维权行动提供合法性的力量，基于传统的主体性缺失的个人对国家的内化和呼应。行动者在这两种力量之间的精确拿捏，既展现了当下都市运动在实践中的复杂局面，也体现了由底层发起的"在顺应中推动转型"的举步维艰。

结论部分"再造城与民"是对全书的一个总结。在对中西方不同变迁历史的概述下，重申了本书借都市运动以研究社会转型的基本立场，并回顾了引入社会心理学视角以后凸显的"第二重失衡"，提出面对转型过程的国家—个人关系分析框架。此外，结论部分还将行动者在本案例中对法在象征、文本和实践三重意义上的全面拓展做了总结。法律在此体现出一种实践的、力的概念，成为连接转型起点和终点这两套不同的国家—个人关系的过程。最后，总结了本书存在的局限和今后可能的努力方向。

第一章
————

权利的抗争

如果一个人有财产，被人剥夺的话，是非常悲惨的。因为如果没有财产，在市场上以合法手段谋取财产，可以再继续发展。如果一个社会不能保证公民财产的合法权利，有多少就都被别人抢走，那么他永远处于悲惨的地位，时刻有被人奴役的可能。

——被访者贝先生，2005 年 11 月 24 日

一　一个私有小院的前世今生

（一）产权来源

贝先生原住平文区茶事胡同 44 号院，祖上是买卖人，在平城开有尚德堂。原院落由祖辈于光绪二十五年正月从崔梁氏手中买入。贝先生从平城档案局调阅的原始登记材料显示，贝家完整院落于民国三十一年（1942）进行过"所有权保存注册"。经当时地政局复核，确定贝家坐落于外一区平文门外茶事胡同门牌七十四/五号的院落属于私宅，东西至均铺户，南北至胡同与住户，房屋共计二十八间（带廊瓦房八间半、瓦房十四间、平台七间、简棚三间半），评估房价一万零一百九十三元、地价三千一百六十八元，房地总价共计一万三千三百六十一元。其中验契情形记载："贝姓有光绪二十五年正月买契一套（尚德堂贝有）民国十九年十一月建筑契一套上手 ×

（字迹不清）契四套注销。"

随后，祖宅由兄弟二人继承，贝先生的父亲继承其中七十四号院，一份地政局土地所有权申请书对此院的土地的地号、坐落、四至及房屋和面积做了详细记载：这间小院地号为"地三七四一"，面积六分五厘四毫，共房十六间——带廊瓦房五间（二等）、瓦房九间半（二等）、简房一间半（二等），属于宅地、自住。

新中国成立之后，"为确定本市城区公私房地产权，完成地籍整理及有利于都市建设"和"为保障本市城区房地产权，加强地籍整理，并便于都市建设"，平城人民政府根据1950年4月30日公布的《平城城区房地产权登记暂行规则》和1951年10月20日公布的《修正平城城区房地产权登记暂行规则》（地登字第5485号），进行平城城区房地产权登记，民间简称"总登记"。经登记核准的房屋土地产权以"房地产登记公告"的形式，由平城人民政府地政局刊登于1949年8月1日至1950年12月30日的《人民日报》、1951年1月5日至1952年3月27日的《平城新民报日刊》和1952年4月3日至7月15日的《新民报》①。贝家院落同样经过了总登记，随后，每年去税务局交纳房地产税。

1958年前后，政府对出租房屋进行社会主义改造，把城市里的私有房产分为自住房和出租房，住房在15间以上的，即由政府经租。由于贝家院落刚好15间，由全家人居住，因此没有经历经租和标租。后因父母过世，贝家7位兄弟做了析产。其后，贝先生以个人名义拥有私产房2间，其房地产所有权证登记的土地面积为40平方米。

1967年11月4日《国家房产管理局、财政部税务总局答复关于城镇土地国有化请示提纲的记录》中规定："对于中共中央转批中央书记处二办文件中：'一切私人占有的城市空地、街基等地产，经过适当办法一律收归国

---

① 根据旧城保护人士华新民女士提供的资料，总登记及房地产证的签发从20世纪49年8月持续到20世纪66年"文革"开始，但报纸公告却止于1952年7月，另外大量经平城人民政府登记的私宅等没有在公告上显示出来，相关登记资料及产权证存于各区房管局的档案室（访谈材料：LT20050529）。

有'，其中街基等地产应包括在城镇上建有房屋的私有宅基地。""收归国有"的具体实施办法为规定各私宅院落的房地契必须上交国家。贝家院落也不例外。与此同时，因部分子女参军、知青下乡或者支边出城，该院落有三四间房空出，被外人占用，直至20世纪80年代末期，由贝先生在落实私房政策以后，以个人方式使其腾退（详见第二章）。

1980年9月18日，平城市委发布《关于处理机关部队挤占私房进一步落实私房政策的通知》（平发〔1980〕140号）中提到："十年浩劫中收缴的私人房屋，根据宪法规定，应一律确认原房主的所有权，把房产归还给房主。对于自住房和出租房，应分别不同情况，采取不同处理方法，根据国家财力、物力的可能逐步解决。"该政策在坊间简称为"私房返还"，落实过程持续数年，以重新颁发的《房屋所有权证》取代"文革"期间上交的房地契，原房地契至今仍存于各区房管局的档案室。《房屋所有权证》由平城房屋土地管理局颁发，扉页上写道："根据《中华人民共和国宪法》规定，为保护房屋所有权人的合法权益，对所有权人申请登记的本证所列房屋，经审查属实，特发此证。"该证由所有权人、所有权性质、共有人、房屋坐落、地号、房屋状况、共有权执照摘要、契税摘要、设定他项权利摘要、使用国有土地摘要（空白）、房地平面图以及平城房屋登记表（平房）几项构成。据贝先生回忆，他于1983年收到他家的《房屋所有权证》，其中的一个蹊跷之处在于，此证在"使用国有土地摘要"一栏是空白。不过，在"房地平面图"中保留了原始的地号，并在后附的"平城房屋登记表"中也有明确的产别、地号及楼、平房基占地总面积，所以便未加深究。1986年，贝先生最后一次前往税务局交纳房地产税，据他回忆，共计86块钱，并开有发票。①

---

① 这段历史较为复杂，不易查证，此"蹊跷之处"的深意在后续城市发展中逐渐明朗。事实上，尽管贝先生回忆他家的《房屋所有权证》是在20世纪80年代收到的，但是我在调查中收集到的多份其他被访者的《房屋所有权证》上都标明在20世纪90年代后期颁发的，且和他们被拆迁的时间紧密相关。如图1-1的原件就是1998年颁发的，其提供者是与贝先生同时被拆迁的张先生。结合本书后续内容，此处"使用国有土地摘要"一栏的空白，与本案例中市民们提出的平城在土地国有化后对私房的土地使用权确权程序的缺失直接相关。正是这一栏当时大家都未留意的空白，为平城后续的危改埋下了极深的隐患。在万人（转下页注）

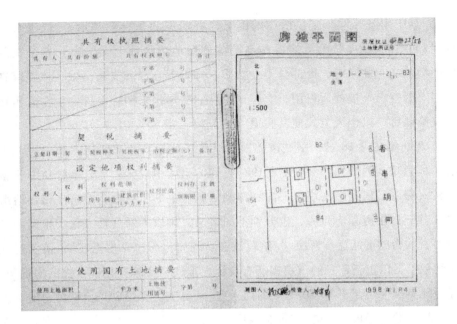

图 1-1　《房屋产权证》示例：国有土地使用状况及房地平面图

资料来源：被访者提供，摄于 2005 年 8 月 21 日。

与落实私房政策几乎同步进行的是 1982 年《中华人民共和国宪法》的确立，与 1954 年《中华人民共和国宪法》的一个最大的变化是在第十条明确规定了"城市的土地属于国家所有"。

（二）遭遇拆迁

1990 年始，中国进入了一个以快速城市化拉动经济增长的时代，至今

（接上页注①）诉讼提起之后，确权程序在 2001～2002 年左右有过一次补做，据《中国经济时报》报道，平城有关部门曾通过媒体宣布，本市私房的土地使用权调查公示工作将在 2002 年完成，私房的土地使用权证件将随后发放。但是，此证迟迟未到市民手中，仅有极个别人拿到，且"使用权类型"中写的是"划拨"。而且，居民们反映，他们被要求填写的私房土地使用权证申请登记表上也有"使用权类型"一栏，被有关部门的工作人员告知应在此填写"划拨"两字，在"填表说明"中也有这样的提示："使用权类型"指国有土地使用权，填写划拨、出让、入股或租赁。但就是没有像"自然享有"等表述公民私人所有的内容（谢光飞，2003a）。

方兴未艾。据《平城房地产年鉴》相关年份统计，1991～2000年间，共搬迁居民28.12万户、87.86万人，拆除房屋64.78万间，拆除建筑面积915.53万平方米（平城建设委员会等编，2004：76）。此阶段以"开发带危改"为主要模式：既包括以外资开发商为主体（必须与政府下属危改开发商合作）、以房地产开发为目的的商业开发；也包括将市政重点工程与危改相结合，以政府下属的危改开发商为主体、以"公共利益"为名的开发，旨在改善投资环境，吸引潜在资本。

贝家院落于这一阶段遭遇拆迁，拆迁名目为"平文大街2号地危改一期工程"。该地块与1号地、5号地并称为"平文大街1、2、5号地危改工程"，占地43.8公顷，拆迁居民9300户，列平文区所有危改项目第二。平文大街改造首开了平城利用外资进行大市政建设改造的先河，其中"中外合作、外商投资、路房结合"的运作模式成为平城危旧房改造的一个范例。该项目由平城文城·新时代房地产发展有限公司（中外合作）、平城文裕房产开发有限公司（中外合作）、平城兴盛置业有限公司（股份制）三家单位实施，为平文区四大工程之一（肖林，2009：132）。

因双方无法就私房院落的土地使用权是否得到承认达成一致，贝家拒绝与拆迁人员协商安置补偿问题。经平城文裕房产开发有限公司申请（1998.7），平文区房屋土地管理局对其一家四口下达了《平城平文区房屋土地管理局城市房屋拆迁纠纷裁决书》（1999.7.5），其中有以下内容。

贝某在平文区茶事胡同44号有私产房2间，建筑面积40平方米。因产权人不让实地丈量，居住面积不能确认（"文革"期间记租面积25.3平方米）。现址四口人居住，在平南区南园×区×楼×门×号安置三居室一套，给付拆除房屋及附属物补偿费25074元。给付各项补助费18400元。……本局认为：平城文裕房产开发有限公司经国家行政管理部门批准，合法取得在平文区茶事胡同等地段实施拆迁的资格。申请人根据拆迁法规有关规定和被申请人的实际情况依法对被申请人进行了安置，给予了补偿补助。要求被申请人搬迁腾房，符合拆迁法规的有关规定，本局应予支持。被申请人至今尚未完成搬迁，其行为不妥，本局不予支持。

裁决书下达 5 天之后，平文区政府下达《责令限期拆迁决定书》（文令决字〔1999〕第 23 号）。

贝某等同志：

在平文区 2 号地危改建设中，关于你与拆迁人平城文裕房产开发有限公司的拆迁安置问题，经平文区房地产管理局审理，并以房地裁字〔1999〕第 07 号文件进行了裁决：限期搬迁。现限期已过，仍拒不搬迁，严重影响了工程建设。根据《城市房屋拆迁管理条例》第十四条、第十五条规定，责令你于 1999 年 7 月 13 日以前搬至平南区×××安置房内居住，并将原住房腾空交给拆迁人。如在规定的期限内仍拒不搬迁，即按照"条例"有关规定强制拆迁。

平文区人民政府

1999 年 7 月 10 日

两天后，平文区政府下达《强制执行通知书》。

贝某等同志：

平文区人民政府依据文令决字〔1999〕第 23 号责令限期拆迁决定书，决定于 1999 年 7 月 14 日依法对你户进行强制拆迁，请你们于 1999 年 7 月 14 日早 8 时在家等候，如不在家，出现的一切后果自负。

平文区人民政府

1999 年 7 月 12 日

在这两份文件的程序下，1999 年 7 月 14 日，贝家被强制拆迁，搬至位于平南区南园的安置住房，居住至今。其居住旧址，现为"新时代中心"高档公寓和写字楼。

二　从个人维权到区内动员

从1998年初贴出茶事胡同地块的拆迁公告开始，贝先生便开始围绕私有院落的土地权属思考旧城拆迁中的问题。困惑与矛盾来源于拆迁办人员在拆迁时告知，依据1982年《中华人民共和国宪法》，"土地是国家的"，因此拆迁中只对房屋等"地上物"做折旧补偿，市民们形象地称之为"砖头瓦块钱"。但不少人记得当时祖辈置办院落时曾经买过土地，有些手里还留着当时买卖四合院时的买契，其中房屋间数和土地四至清晰（示例可见后文图3-5），不免疑惑：为什么我的地就不值钱了呢？

彼时，其他城区的拆迁也在轰轰烈烈地进行，推土机推平了古都的肌理，打破了胡同中日常生活的平静，也引发了被拆迁居民与上述茶事胡同中居民同样的困惑与思考。1998年6月18日，贝先生在地铁上买到一张《中国改革报》，版面醒目处刊登了一则《平城114户私房主状告房管局》的报道，副标题为"法院三年不受理是何道理"。在文章第一部分"拆迁拆没了'财产'"中，有同样遭遇的罗先生提出了同样的问题。

> 1994年，平城平西区银行街一带实施拆迁，居住此地长达半个世纪之久的罗某一家遇到了问题。罗家是1943年买的私房，300多平方米，16间平房，一旦拆迁，只给房屋作价，土地使用权没有丝毫补偿，罗家一时糊涂了，"市场上像我们这个院子能卖一两百万，一拆迁就剩二三万，安置房远在平南区，产权还不是自己的，我们的财产哪儿去了？"

文章的后续部分以"两度集团诉讼两度法院不受理""申诉至最高院后杳无音信""明白的官司为什么打不起来？"为小标题，报道了平西区114户私房主、594人集体向平城第一中级人民法院行政起诉平西区房管局，要求房管局依《城市房地产管理法》对于原告房屋进行评估的经过。有关的讨论以《百姓与学者对话（一）：私房土地使用权该不该补偿》和《百姓与学者对话（二）：私房土地使用权该如何补偿》分两次刊登，引发了当时关于私房土地使用权大规模的讨论。

在看到这篇报道后，贝先生认为，"罗先生相当有见地，敢于维权，这种胆识令人佩服。我们就联系上了，就分析这个事。不在于财富的多少，在于其他的人不能处分别人的财产，这是一个问题"（访谈材料：LT20041212）。从此，他们开始了持续至今近 20 年的以法律为主要武器、以诉讼为主要方式、以财产权为主要诉求的维权历程。

（一）个人维权

1. "告裁决"

在被下达强制执行书后第二天，贝家一家四口便以个人名义向法院提交了一份行政诉讼状，起诉平文区房管局对其家下达的《拆迁纠纷裁决书》违法，要求予以撤销。在诉状中，贝先生开篇便以"鞋底鞋帮"的比喻阐明了私有院落中房屋和土地的关系，并进而阐述了国家作为土地所有者的权利边界。

> 建设部建房〔1993〕739 号文件和建房市字〔1989〕第 77 号文件都明确提出："解放以来，我国一贯坚持房屋所有权与土地使用权主体一致的原则"，房依地存，地随房走，房地是鞋底和鞋帮的关系。
> 国家通过出让或划拨，把所有权职能中的使用权分离出来，让予土地使用者，是国家作为土地所有者，处分自己的财产的方式。土地的使用权一经确立就受到法律的保护。原告自然享有的土地使用权已经从原属于自己的所有权中分离出来，形成了一种特殊的民事权利而存在。原国土局《确定土地所有权和使用权的若干规定》已经确立了原告的土地使用权，原告的房屋所有权和所占范围内的国有土地使用权是一个完整的房地产财产。在拆迁过程中应当通过依法评估后，以宪法、民法的准则进行等价有偿的转让，以调整双方的财产关系。被告对原告房地产

财产不尊重，只对房屋及附属物作价是没有法律依据的。

继之，诉状论述了原告自身私有产权的合法性、权利的内容和边界，以及被侵犯的缘由。

　　原告的上述房屋所有权和所占范围内的土地使用权是原告合法继承的财产，有人民政府颁发的产权证书，依法登记的房屋所有权和土地使用权是受法律保护的。

　　原告在平文区茶事胡同44号院内拥有的合法财产是通过继承所得，对房屋所有权和所占范围内的土地使用权享有使用、占有、收益和处分的权益，其他任何人无权干涉，更无权处分。所占范围内的土地使用权，依据宪法可以根据法律的规定转让。被告未经原告知晓处分了原告的房地产财产，是严重违反宪法的侵权行为。

由于贝家所涉及的"平文大街危改"笼统来说还是市政重点工程项目，诉状中再一次强调，即使是"为了公共利益的需要"，国家的权力也是有边界的。

　　国家为了公共利益的需要，可以重新调整土地的用途，原告遵守《规划法》，支持城市规划，但是不能在拆迁过程中，灭失了财产。国家保护公民的财产，宪法保护公民的财产。

　　人民政府处分国家的财产时，必须依法，但无权处分公民的财产，被告的所作所为严重地违反了宪法和基本法律。被告违法行政，做出"文房地裁字〔1999〕第07号"裁定书，是违法的具体行政行为，严重侵犯了原告的财产权。

通过上诉论述，诉状最后写道："根据《中华人民共和国行政诉讼法》第十一条，第五十四条的规定，向平文区人民法院提起诉讼，请求人民法院公开审理，依法做出公正的判决，保护原告的人身权、财产权，以维护法律的尊严和原告的合法权益。"

一个月后，一审法院做出行政判决：维持原裁决中第一项、第三项；撤销原裁决中第二项。① 贝家随之向第二中级人民法院递交了上诉状，认为一审判决存在如下问题："一，原审法院认定事实不清；二，一审法院［1999］文行初字第 41 号判决书认定的事实的主要证据不足；三，一审法院严重违反审判程序和行政案件的审判原则。"

上诉状再次阐述了房屋所有权和土地使用权主体一致的原则，并且更加明确地指出，国家只是四种房地产权利人之一，作为特殊的民事主体，与合法拥有房地产财产的公民是平等的民事关系，调整财产关系时应遵循"平等自愿、等价有偿、诚实信用"的原则。

> 依据我国基本法律和《城市房地产管理法》，房地产权利人有四种，即国家（特殊民事主体）、集体、外商和公民，都有各自的房地产财产，都是平等的民事主体。合法权益都受法律保护，都享有"占有、使用、收益、处分"的权利。"占有"就有排他性，即你占有，我不能占有，我占有，你不能占有，排除任何个人或单位占有，也包括行政机关或国家。
>
> 国家只有以特殊的民事主体的身份与私房产权人依照《中华人民共和国民法通则》"平等自愿、等价有偿、诚实信用"的原则调整房地产财产关系，依法变更私房产权利人的房屋和所占范围内的国有土地使

---

① 原裁决中各项为："一、房屋所有权人贝某若要求所有权房屋与西昭寺楼房产权调换或回迁安置，可在接到裁决书之日内三日起到平城文裕房产开发有限公司办理产权调换或回迁手续。逾期不办理，自逾期之日起二日内贝某一家四人搬入平南区南园×区×楼×门×号三居室楼房内居住，同时领取一次性异地安置补助费 2000 元，安置补助费 16000 元，搬家补助费 400 元，由申请人出车搬家的，不予补助搬家补助费。原住房腾空交申请人。自行拆除自建房。二、被申请人贝某直接到裁决书之日起五日内到平城和荣房屋拆迁事务所领取拆除房屋及附属物补偿费 250074 元整。三、贝某等七人共同所有的本院东侧二间房屋及二间门道，申请人到公证处办理证据保全公证后，双方当事人共同协商，另行解决。"

用权，并进行权属登记后，国家才依法取得了私房产权人的房地产财产。同时才享有了对原属私房产权人的房屋和国有土地使用权这一完整的财产的占有、使用、收益、处分的权利。

此外，上诉状还对平城文裕房地产开发有限公司（原审第三人，二审被上诉人）的拆迁主体资格提出了质疑：认为其在没有《立项批准书》的情况下取得的《建设用地规划许可证》是无效的；没有以出让和受让的方式取得国家占有的土地使用权和以转让方式取得公民的土地使用权，因此《国有土地使用证》是违法无效的；在无效的《建设用地规划许可证》和缺失的土地出让合同的情况下取得的《房屋拆迁许可证》是无效的，因此，"第三人不具备拆迁的主体资格，实施中的拆迁是非法的，申请裁决的主张也是不合法的"。因此，"上诉人要求二审法院公开审理，必须全面审查一审法院认定的事实是否清楚，适用的法律、法规是否正确，有无违反法定程序，根据《行政诉讼法》的规定做出公正的判决"。

上诉状被二审法院驳回，由于我国《行政诉讼法》规定行政案件的二审终审制，这个已是最终判决。随后，贝家依照法定程序，向第二中级人民法院递交了再审申请，被法院再次驳回后，贝家向平城高级人民法院递交了申诉状。

申诉状首先重申了申诉人私有院落的合法来源、1988年《中华人民共和国宪法修正案》的确权规定确立的"土地使用权可以作为一种特殊的民事财产权独立存在"、公民（房地产权利人）对土地使用权的自然享有以及国家对公民合法财产的保护。继而，申诉人指出：房屋拆迁是被告（平文区房管局）与第三人（平城文裕房产开发有限公司）以最大限度共同谋取商业经济利益的行为。

1998年初，房地产开发商平城文裕房产开发有限公司在包含了申诉人的房地产并被其称为"钻石地段"的地块，以"危房改造"的名义进行房地产开发，建造"新时代"系列高档商品房住宅楼、写字楼，

实施房屋拆迁。并以"致拆迁居民一封信"的方式通知被拆迁居民被
迁居的地点、如何租赁分配的住房及补偿的办法和所依据的地方政府的
政策和相关的规章，并重点说明这是经由地方政府批准的，被告为此张
贴公告，限定了拆迁的范围和期限。

对此申诉人认为，被告做出行政许可，支持第三人从事这种房地产
开发、实施房屋拆迁的目的，是拆除房屋重新进行商品房住宅楼的建
设，与第三人以最大限度共同谋取商业经济利益。

申诉人认为，根据《城市房地产管理法》第二条，"无论什么人以什么
名义，进行基础设施或房屋建设即进行房地产开发，首先必须是依法取得土
地使用权以后，这是进行房地产开发的先决条件"。国家和公民同为房地产
权利人，相互之间是平等而非隶属关系；在此基础上，在土地使用权需要合
法变更时，两者再分别与使用土地的开发商（第三方）发生关系："当房屋
的主人是国家时，新的土地使用者，要以出让或者划拨的方式取得国家占有
的土地使用权；当房屋的主人是公民时，新的土地使用者，要按照国家法律
规定，以转让的方式取得公民占有的土地使用权。"由此，申诉人界定了国
家在房地产交易市场中的权力边界。

在房地产交易市场中，人民政府房屋土地管理部门的职责应当是依
据宪法和国家法律、法规，对交易活动实施监督与管理。保护双方当事
人的合法权益不受侵害。而不是介入房地产交易，以自己的强制力强迫
交易，要求一方必须服从另一方。

同时，申诉人进一步补充辨析了在"公共利益"和"商业开发"两种
不同模式下，对国家和公民各自的权利和义务的理解。

国家虽是土地的所有权人，但不享有公民（房地产权利人）依法
占有的土地使用权。如确属国防、外交及城市公益事业的建设项目所必

需，人民政府代表国家依据《城市规划法》可以做出重新调整土地用途的决定，这种决定一经做出，房地产权利人都应当服从，经等价有偿地调整房地产财产关系以后，履行搬迁的义务。为了上述建设项目的需要，人民政府有决定土地用途的权利，但没有限制、处分公民的财产和剥夺公民财产权的权利。

而对于以营利为目的的商业性质房地产开发，公民则没有必要服从房地产开发商，为其营利做出奉献的义务。

申诉人认为，在实际发生的房地产开发、房屋拆迁行为中，"第三人从未就房地产的转让买卖，调整房地产财产关系的问题征求过申诉人的意愿，更从未与申诉人进行过任何协商，而是以补偿、安置租房代替调整房地产财产关系"，与此同时，"被告不依法行政，不履行保护公民财产权的法定职责"，做出"文房地裁字〔1999〕第07号房屋拆迁纠纷裁决"，以"剥夺申诉人的财产权，将申诉人自然享有的土地使用权无偿裁决给第三人去做房地产开发经营的资本，并强迫申诉人领取地上房屋补偿款迁至其指定地点租房居住"。

随后，申诉人进一步论述了审判中的违法行为，认为一审判决中存在如下错误：（1）对裁决的法定程序不审查认定；（2）对裁决的行政主体资格不审查认定；（3）对证据的完整性、合法性不审查认定；（4）对裁决应当使用的法律、法规不审查认定；（5）对第三人是否依法取得申诉人享有的土地使用权没有依法审查认定；（6）对将申诉人自然享有的土地使用权无偿裁决给第三人占有的法律依据没有审查认定；（7）对被告强迫申诉人到第三人指定的地点居住的法律依据没有审查认定。而二审法院"同样违反审判程序，不依据宪法和国家法律、行政法规对'裁决'是否合法不进行审查，同样只依据被其称之为'法规'和'拆迁法'的平城地方政府规章《拆迁细则》审理本案"，直接认定第三人拆迁合法、"裁决"合法且维持原判。最后，申诉人"请求人民法院依照审批监督程序，对本案依法审查，撤销'驳回请求再审的通知'，按照《行政诉讼法》规定的原则和程序，依据宪法和国家基本法律及国务院《城市房屋拆迁管理条例》第八条：'拆迁房屋需要变更土地使用权的，必须依法取得土地使用权'的规定，重新审理本案，依法撤销二审'〔1999〕二中行终字第134号行政判决'，以维护宪法和国家法律的尊严；维护申诉人的合法权益"。

申诉状递交之后便再无音讯，2009年9月，贝先生与其他9位以相似过程递交个人诉讼的市民去平城高院询问，却得知此案已在他们不知情的情况下被结案。

> 2003年，那会儿平城高院还在台吉厂门口，十份个人的（诉状），送过去了，一直也没个信儿。咱不说半年你给我回信，（但也不能）一年也不给我回信。后来找去了，搬家了，搬到火车站去了。这是我们第二次了，第一次送的是二中院，九几年，被驳回了，第二次送高院了。去年"十一"我们又去了，六年了。说咱得问问去啊。他们说早完了，结案了。我说怎么就结案了？……我说结案了，那你得给我东西啊。没给我东西，您说结案就结案啦？您得给我一个立案通知书或者驳回通知书。说给你们邮去了。我说邮去，你得有邮局快递那个啊，我能收到啊。再说，我们都在那上面写着，结果自取。他说这样，你们不信你们上档案室查一查。我说行，上档案室了。走到立案厅那个门，出来一个小姑娘，我跟她说，她说郑您等一会儿。说叫什么什么名字，过了一会儿，说您所有的关于诉讼的官司里头是空的，什么都没有。我说噢。她说我们这儿不会弄丢了，哪怕邮政快递的回执我们都装那口袋里头。那口袋是空的，没东西，就只有一份案子，告政府强拆的那个。我说我们这是告政府裁决那个，说没有那个。一张纸都没有，回去找去了。找到最后，法官说你等一会儿啊，就找那个接状子的人去了。说那东西给丢了，都赖她。（访谈材料：TY20100406）

面对这种出乎意料的状况，市民们决定，重新再递交一份当时的诉状，并在其上陈述案宗丢失经过。

我说您别说了。……你也承认你给弄丢了，具体办案人员调走了，你说怎么办呢？他自个儿说，那你们再递一份？我说行，说一千道一万，你把她找回来枪毙了也没用了。就这么着吧。完了以后呢，我们就想这里面有什么花招，六年后你再递去啊？太遥远了，他更有的说了。我们就还用从前那个状子，没有重写。本来说重写，后来没有重写，还用从前那个老东西。十个人各自的，递了十份了。说要身份证复印件。我说还用老的，那会儿还没有新的呢。给我们换新的时候，老的没收走。我说还得给它写上两句话，把这个事情在前面说明一下，和前面衔接上。由于那个事情，才导致了今天这个事情，写了简单几句话：本诉状曾于 2003 年 2 月，呈送最高人民法院审判庭，之后，多次询问结果，回答均为回家等候，2009 年 × 月 × 日，再次询问结果时，被告知，该诉讼材料已被具体办案人员丢失。现按照最高法院审判庭的要求，我们再次递送本诉讼状，结果请给我们打电话，自取。申诉人。就完了。他看了，这东西你们都留着呢？那底儿，他以为没这底儿了呢。都留着呢。还写一个这个来。然后收了就走了。又一年了，这一年还没去呢。

没有回应可不就得再给他递吗？后来有人说，咱们给（全国）最高法院再递一回。我说不能递，递就等于你自己耐不住性子了，这程序就不对了。没那个程序。……我说咱们把东西都搁上去，甭管他看不看，表示老百姓不满意。其实何止代表咱们一家啊，表示千千万万咱们这样的老百姓，人不满意，人不干。（访谈材料：TY20100406）

2. "告强拆"

在针对房管局裁决所提起的行政诉讼经过诉讼、上诉、申请再审，走到申诉的最终流程后，贝家提起了第二个行政诉讼，起诉平文区政府依据平城《〈城市房屋拆迁管理条例〉实施细则》发出的《责令限期拆迁决定书》的具体行政行为，违反宪法和国家基本法律及法定程序，侵犯了原告的财产权。

诉状除去以相似逻辑论述原告所合法享有的房地产财产的来源、权利内容、依法变更的手续外，特别强调了行政机关在房地产开发中的法定职责，并且区分了不作为和滥用职权这两种违法行为。

> 行政机关履行保护公民的财产权是法定职责，谁合法取得财产，谁的财产权就应当受到保护。……
>
> 依据宪法，行政机关有权根据法律和行政法规做出不与宪法和法律相抵触的决定和发布命令。但是我国现行法律没有一条规定授权行政机关可以参与房地产开发经营活动，可以在没有任何法律程序的情况下，处分原告的房地产财产，强制剥夺原告的财产权，可以决定原告的居住地点，并且强迫原告接受。……
>
> 宪法和法律规定行政机关必须履行的职责，而行政机关没有履行的；宪法和法律没有规定行政机关可以做的事情，而行政机关做了，都属于违法行为。前者是不履行法定职责的不作为行为，后者是超越职权和滥用职权的行为。……

而区政府"责令限期拆迁"这一具体行政行为，在原告看来，正是"滥用职权，处分原告的财产，强制剥夺原告的财产权"的行为，违反宪法和国家基本法律。因此，"为了使宪法和国家基本法律能够在平城平文区得以实施，使党中央国务院制定的'依法治国'方略能够在平城平文区得以贯彻，使行政机关在房地产开发土地批租过程中的违法行为得以规范，使个别人在房地产开发拆迁活动中的违法犯罪行为得以制裁，以维护社会的稳定"，原告提起行政诉讼，"请求人民法院依照行政案件的审判原则依法做出公正的判决，以维护法律的尊严和保护原告的财产权、人身权"。

半个月之后，平文区法院认为该起诉"不符合法定条件"，"依照《中华人民共和国行政诉讼法》第四十一条"，裁定驳回起诉。随后，贝家再次递交上诉状，专门就《行政诉讼法》第四十一条所规定的提起行政诉讼应当符合的条件做出辨析，认为上诉人（原告）根据法律法规所提起的行政诉讼"有明确的被告、有具体的诉讼请求和事实根据，属于人民法院受案范围和受诉人民法院管辖"。而之所以被裁定为不予立案，是出于平城高级人民法院的内部文件《平城高法发〔1995〕106号文件》的规定。诉状后附106号文件全文，第一条受案范围第二点规定如下。

> 因下列拆迁事由引起的诉讼，人民法院不予受理：（1）对人民政府发布的有关区域性建设决定不服，提起诉讼的；（2）对人民政府因被拆迁人无正当理由拒绝在裁决确定的拆迁期限内拆迁做出的责令被拆迁人限期拆迁和责成有关部门实施强制拆迁决定不服提起诉讼的。

据此，原告认为，这是"以内部文件规定受案范围代替《行政诉讼法》，对抗宪法和《行政诉讼法》，是典型的司法腐败"。

上诉同样无功而返，二中院的裁定书中写道："原审人民法院认定该起诉不符合法定条件是正确的，原审人民法院亦有权对该起诉进行审查并做出裁定，故原审裁定适用法律并无不当，应予以维持。……驳回上诉，维持原裁定。"

在表1-1中，梳理了贝家1999～2000年的诉讼历程。

表1-1　贝家个人诉讼历程

时间	诉状	内容	法院判决	内容
1999.7.13	行政诉讼状	贝家四口诉讼"文房地裁字〔1999〕第07号《拆迁纠纷裁决书》"		
1999.8.25			平城平文区人民法院〔1999〕文行初字第41号《行政判决书》	一审判决维持原裁决中第一项、第三项；撤销原裁决中第二项
1999.9.8	上诉状	贝家四口上诉"文房地裁字〔1999〕第07号《拆迁纠纷裁决书》"、"平城平文区人民法院〔1999〕文行初字第41号《行政判决书》"		

时间	诉状	内容	法院判决	内容
时间不详			平城第二中级人民法院〔1999〕二中行终字第 134 号《行政判决书》	二审判决驳回上诉,维持原判决
时间不详	再审申请			
时间不详			平城第二中级人民法院〔2000〕二中行监字第 15 号《驳回再审申请通知》	驳回再审申请
时间不详	申诉状	贝家夫妻二人申诉"平城第二中级人民法院〔1999〕二中行终字第 134 号《行政判决书》""〔2000〕二中行监字第 15 号《驳回再审申请通知》"		
2000.4.5	行政诉讼状	贝家四口诉讼"文令决字〔1999〕第 23 号《责令限期拆迁央定书》		
2000.4.19			平城平文区人民法院〔2000〕文行初字第 16 号《行政裁定书》	一审裁定驳回起诉
2000	上诉状	贝家四口要求依法撤销"平城平文区人民法院〔2000〕文行初字第 16 号《行政裁定书》"		
2000.6.20			平城第二中级人民法院〔2000〕二中行终字第 59 号《行政裁定书》	二审裁定驳回上诉,维持原裁定

（二）区内动员

在"开发带危改"阶段，拆迁以实物补偿、定向安置为主要形式，由地方政府下属危改开发商建设统一的外迁小区，贝家被安置的南园小区便是一例。肖林（2009：157~158）的调查证实，兴盛房地产公司和平文区城建开发公司是平文区的区属开发企业，两者提供了15万平方米的经济适用房房源，所开发的南园、禾怡小区是平文大街危改被拆迁居民的主要搬迁去向。

1. 集中外迁

实物安置的一个结果是，居民的选择非常有限。以平文大街5号危改区一期拆迁为例，据拆迁办《致居民同志的一封信》（1997年12月），被拆迁人可以选择"平文区内回迁（周转期为3年）和异地安置回迁地点平文区中石里小区，异地安置地点平南区禾怡、南园小区，鼓励安置地区九宫地区"。另据《平城平文大街5号危改区一期拆迁安置办法》（1997年11月12日）中第三款第五条对住宅安置办法作了进一步明确。

（1）要求回迁的居民就近回迁安置到平文区中石里小区。实行先自行周转并按1997年房改成本价格（每平方米1450元）购房安置办法，周转期为三年（有特殊困难的，由拆迁单位提供周转房）。……购房款按新建安置房屋的建筑面积，每平方米1450元。购房款须在签订拆迁协议时交付95%，其余5%待房屋交付使用时一次付清（周转期内如政府调整房改购房标准，本标准不做调整）。所购房屋给以办理产权。

（2）不愿回迁购房的居民安置到禾怡、南园小区直接上楼，按《细则》规定标准予以安置，并按安置人口每人补助4000元。

（3）鼓励居民自愿到九宫地区直接上楼安置，在安置标准的基础上，每户可增加一个自然间或补助2.5万元，并按安置人口每人补助1000元。

（4）凡不愿被安置到禾怡、南园小区居住并自愿放弃安置房的居民给予一次性补偿。补偿标准为：一居室10万元人民币，二居室13万元人民币，三居室16万元人民币，并不再给予其他任何补助。

而在《平文区政府、平南区政府、市房管局关于拆迁有关事宜的答复》中，第二条"关于回迁问题"进一步明确了回迁的不可能："考虑到被拆迁户的实际情况，有关主管部门曾要求危改项目根据规划要求和资金平衡情况，确定回迁政策，如果是住宅项目，应有一定比例的回迁；如果是其他项目，则没有要求。平文大街建设改造工程是平城市政道路建设重点工程，因此没有回迁。"

如上三份文件对回迁的限制逐份严苛，居民可以有的选项极为有限。并且，据一份署名为"平文大街迁往平辛红星供销社集贤四队宿舍楼的拆迁居民"的上访信（1999）中所述，还存在"三个月之内必须签字，否则强迁"的"规定"。在此高压下，大部分居民不得不签订协议，"自愿"搬进了位于平城东南四环与五环之间的外迁安置小区。

2. 区内普法动员

定向集中安置的另一个结果是，搬迁并没有破坏原先的邻里关系，居民相互之间依旧熟悉并且联系紧密，为之后集体维权的动员提供了潜在的基础。与此同时，罗先生和贝先生等先期觉察到从法律上厘清土地使用权和城镇拆迁费才是拆迁本质问题的市民，感到势单力薄，生发出要联合更多人的念头。

> 贝：必须得让大家知道自己受侵害了。但是老百姓又不愿意学习，所以得掌握住他们的心理，吃亏了，要有人挑头干这事儿，诉讼也好，游行也好，上访也好，必须有人挑头。罗先生就和我说，咱要干这事儿，必须联合很多的人，一块办这事儿，不要怕劳累，这就有思想准备了。（访谈材料：TY20050925）

这样，从1998年到2000年，平文区被拆迁居民在贝先生及其他几位代表的带领下共同学习法律，更早些开始研究这个问题的罗先生则不定期地前来帮助讲解。由于当时搬迁正在进行，居民被分散在几处，他们自发分成小组，设立组长，自称为"普法小组"。

贝：我们一块搬走的，可能分散几个地方，我们就把大家伙分成几块，分头找联系人。这样我们平文区代表，诉讼群体共有十个，每到礼拜五，我们借人家一间房子，在那儿学习，学习我们的诉状。

张（小组长）：下班以后，每天晚上，最早到 11 点，大伙儿凑在一块儿，都不用说，吃完饭就到我们家院里来了。材料都是自己找去，什么都没有。

徐（基本原告）：在这个讲当中，每一个特别小的问题，都能讲三个晚上。就一个特别小的问题，怎么回事怎么回事，就接着二次三次（地讲）。三次还不明白的，过几天又提一个小问题，接着又讲，特别有时候重复了，过了几天又提第一个问题，就又重复，就这样重复一遍一遍地讲。上东里西里（地名），大冬天大夏天的。（访谈材料：TY20051116）

张（分诉集团代表）：经常是他们里边在开会，我就告诉他们，你们要是不明白，你就明天到里面，哪儿哪儿，你去旁听去，他们在讲这事儿，打破这个小片小片的。有的咱们这儿讨论，有的别的片来听，比如说老杜也好，邢大妈也好，可能讲不出来，晚上几个人讨论讨论，卡壳了，就给老贝打个电话，你看这个问题怎么对照法律解释啊？或者说过两天我到你们这儿给你们讲讲，这是个反复的过程，也不是一学就通，到现在，大家水平也还是不一样，但组合起来就是个力量。（访谈材料：TY20051117）

普法小组除普及相关法律外，还在当前控制严密的制度背景下，有效地发挥了动员功能。通过普法学习，诉讼代表们有意识地整合了公房和私房、强迁（未签协议）和顺迁（签协议）以及主张诉讼和倾向上访的同一片被拆迁地块的居民。

张（分诉集团代表）：因为行政机关侵权了，对我们的公房户，是剥夺了我们（以城镇拆迁费为表现）的财产权，对私房户，等于是侵

犯了他们的土地使用权。因为我们的主张都一样，所以在一块儿提起这个诉讼。（访谈材料：TY20050821）

张（分诉集团代表）：后来我们也经常和老贝通电话，他是在这边（城里），没拆迁过去，我是过去了。我说，我们这些签了字（顺迁）的想打官司，但是还有不明白的。老贝告诉我，你们这个能打，我们强拆的能打，你顺迁的也能打。为什么？因为有三个方面违法：第一是拆迁违法；第二是开发商违法；第三是我跟着违法了。就因为三方面都违法签了协议，所以协议是无效的，你可以起诉。最后贝师傅给打电话说，咱们准备集团起诉，你看看你们那儿有什么人愿意参加的，主张一样的，你给联系联系，要是有就到邢大妈那儿商量、填表，然后咱们才能行政诉讼。后来我问了问我们那儿有几户，主要是南园三区，到邢大妈那儿把这些事都办了，选举了7位诉讼代表，提起行政诉讼（2号地分诉集团诉讼）。（访谈材料：TY20050821）

贝：我说这（游行）不行，别胡闹。闹成这样容易给坏人钻空子，你知道走的这些人里面有什么人？你们都认识吗？再有，我说过那个老刘，游行，尤其是岁数大的，半道上发病了，你负得了责任吗？被抓起一个来，你负得了这个责任吗？他不听，后来发生过这样的事情，有人挨了打了。这样，也就算是走投无路的情况下，返回来，到咱们这边商量事儿来（诉讼）。后来，他就来找我来说这事情，我说，你那儿召集一下，那会儿还有很多房子是空的，我说找个地方咱跟大伙儿说说，征求一下大家的意见。结果我们就开了几次会，当时谁也不认识谁。（访谈材料：TY20051108）

经历了接近两年的积累，1999年6月，有相同主张的被拆迁居民达到182户。为了使程序无懈可击，代表们印制了《推举诉讼代表证明书》，内容为："为诉被告平城房屋土地管理局批发'平政房地字〔98〕第00120号《建设用地批准书》'这一具体的行政行为侵害了我的财产权，因此依据中华人民共和国有关法律的规定，我推举×××（7人）等为我的诉讼代表人，依法全权代表本人行使诉讼权利（包括起诉、法庭辩论、决定是否更改诉讼请求、上诉或撤诉、申诉直至本案圆满结束）。"在上述文字后，附有推举人（原告）签字，登记的内容有性别、年龄、民族、身份证号、拆迁前后的住址。

> 贝：1999年6月份，我们这一片有182户。因为这得准备的，给大家说这些法律，也费了很长的时间，我们得具体运作这些事情。咱们要好好起草一个内容、事由，然后给每家一张，你看了这个，在底下签字，我不怕你写草，你写得草，别人认不出来，也没关系，按上红手印。后来我们在开会的时候，其他地方也仿效我们。我说，这是一个形式，你一定要弄清楚了。写字潦草的，人家看不清楚的，按手印，没有身份证的，有户口本，必须证明你的身份。这样才能到法院，当然法院没有规定打官司还要出示这个，但是咱们为了减少阻力，必须这么办。（访谈材料：LT20060108）

3. 2号地集团行政诉讼

1999年6月24日，"平文大街2号地被拆迁居民182户542人"在7名诉讼代表的代表下，以平政房地字〔98〕第00120号《建设用地批准书》违法无效为案由，向平城第二中级人民法院提起诉讼，起诉被告平城房屋土地管理局侵害原告的财产权。贝先生正是代表之一。

诉状开篇便从环境和产权切入，对比了居民在搬迁前后的生活状况。

> 原告是平文区平文大街2号危改区的被拆迁居民。其中有租住国管公房的，也有经过几代人相传下来的私有房地产权利人，花钱置了房，又置了地，凝聚了几代人的血汗，房契、地契都可查到。我们生活在地处市中心的洁净、安宁、便利的环境中。
>
> 但是，第三人（平城文裕房产开发有限公司）看中了这里，于

1998 年 1 月 9 日张贴公告，把我们这里定为 2 号危改区，要求所有居民按照规定的期限、迁居点、一次性补助及私有房屋低廉的作价款为补偿，履行搬迁的义务。尽管原告有诸多困难，但是第三人打着"政府行为，受政府委托"的旗号，并且威胁"不搬就强迁"，在这种欺骗、恐吓胁迫下，大部分原告只能按指定的迁居点，搬迁到平辛县禾怡、南园、九宫等几处远郊区县住集资兴建的农民房去了。

被告和第三人指定的迁居点远离市区，环境脏、乱、差，没有市政设施，不具备基本的生活条件。没有合格的饮用水，原告只好进城打水或购买纯净水，交通不便，给上学上班带来了难以想象的困难。房屋质量低劣，许多原告都感觉到以前的房子不是危房，而现在却搬进了危房。大幅度降低了原告的实际生活水平和生存质量。尤其对下岗职工更是雪上加霜①。

而第三人打着"危房改造"的旗号，却在原告的原居住地兴建名为"新时代中心"的高档公寓和写字楼，大发巨额之财。使原告永远失去了经过数代人经营的美好的生活和物化环境。私有房地产权利人同时也失去了世代相传的财产，所有原告被洗劫一空。

随后，诉状分四点阐明了平城房屋土地管理局审批《建设用地批准书》这一具体的行政行为是如何侵害所有原告的财产权的：（1）被告批发"平改房地字〔98〕第 00120 号《建设用地批准书》"的行为违反了建设用地的法定审批程序，是违法无效的文件。（2）被告批准的，平文区房管局核发的"平房拆文许字〔97〕第 173 号《房屋许可证》"违反了法定审批程序，是违法无效的文件。（3）被告向第三人批发"平改房地字〔98〕第 00120

---

① 在《致居民同志的一封信》（1997 年 12 月）中，拆迁办所描绘的外迁小区是这样的："配套设施已能满足居民的正常生活需求，如上学、就医、交通、购物等，随着广大居民物质文化需求的不断提高，小区各种设施建设也将不断完善，目前该小区已安置平文大街地区居民 3000 多户，近期还将有平文区数以千户的居民迁往该地区，我们相信，广大居民定会以大局为重，支持平文区的危改建设，愉快地迁入新居。"

号《建设用地批准书》"的这一具体行政行为侵害了原告的居住权、择居权和财产权。（4）第三人依据违法无效的《房屋拆迁许可证》进行房地产开发的拆迁行为是非法的民事活动，必须立即停止。

之后，根据相关法律，诉状列出了"容积率"、"基准地价"、"土地开发成本"和"商品楼面地价"的一系列公式①，并根据在拆迁原址建成的"新时代中心"的占地面积、建筑面积以及平均售价，计算出了"新时代中心"4万平方米宗地面积所涉及的城镇拆迁费高达3.2亿元，说明"平文大街2号地区6.2万平方米的土地使用权转让费、城镇拆迁安置费数额极其巨大"，"对社会造成了极大的影响，一定程度地破坏了社会的稳定"。因此，7名诉讼代表向第二中级人民法院提起诉讼，要求法院对被告和第三人在拆迁活动中的违法事实进行全面审查。

一周后，一审法院下达《行政裁定书》，认为起诉人的诉讼请求"不符合行政诉讼的受理条件，也不属于行政诉讼的受案范围，故起诉人要求本院立案、审理没有法律依据。根据《中华人民共和国行政诉讼法》第十一条、第四十一条、第四十二条之规定，裁定如下：对平城平文区平文大街2号地区被拆迁户贝某等182户提起的诉讼，本院不予受理"。

再一周后，542名被拆迁居民向平城高级人民法院递交上诉状，请求撤销一审裁定，并维持撤销平政房地字〔98〕第00120号《建设用地批准书》的诉讼请求。上诉状叙述了提起诉讼时与法官交涉的过程，争论焦点集中在接案标准是内部文件还是法律规定，认为"平城第二中级人民法院严重违反宪法和《行政诉讼法》，不按法律规定，而服从于行政机关和个别人的旨意办案"。因此，上诉人认为，一审裁定是平城第二中级人民法院"滥用司法职权的违法行为"和"蛮横无理地剥夺上诉人诉讼

---

① 各项公式为：容积率＝总建筑面积／总占地面积；基准地价＝出让金＋基础设施建设费＋城镇拆迁安置费；土地开发成本＝国家出让部分的金额（基准地价）＋私有房地产权利人转让部分的金额（基准地价）；土地开发成本＝每平方米基准地价×宗地面积；商品楼面地价＝（土地开发成本＋银行贷款利息＋建筑成本费＋各种税费＋国家允许的利润）／总建筑面积。

权利的违法行为"。诉状的最后，将案件的危害上升到国家的高度并重申上诉要求。

上诉人认为平城第二中级人民法院有意歪曲《行政诉讼法》，甚至不惜对抗《中华人民共和国宪法》，剥夺公民的诉讼权，就是为了使这起本该受理的行政案件不能立案审查，从而包庇一批经济犯罪分子能逍遥法外，客观上破坏了社会主义市场经济。《中华人民共和国宪法》明确指出：依法治国是建设社会主义法治国家的基本国策。平城第二中级人民法院本应模范执法，可事实上，对符合《行政诉讼法》的行政诉讼案件却不予受理，把上诉人拒之门外。这是在干扰和破坏党中央、国务院制定的依法治国的方略。

我上诉人所列事实证据充分，适用法律准确，为维护《中华人民共和国宪法》和法律尊严，贯彻党中央"依法治国"方针，落实"十五大"报告中依法治国的精神，以及最高人民法院院长肖扬和最高人民检察院检察长韩杼滨报告的精神，因此请求平城高级人民法院依据《行政诉讼法》的规定，依法撤销〔1999〕二中行审字第67号行政裁定书，重新立案审查，公开审理，并依法做出公正的判决，以维护法律的尊严和上诉人的合法权益。

2009年8月30日，平城高级人民法院下达终审裁定书，依旧以不符合《行政诉讼法》第四十一条规定的起诉条件为由，裁定上诉人上诉理由不足，不予支持。2000年4月，542名被拆迁居民向中华人民共和国最高人民法院提交了申诉状。申诉状请求"依法撤销一、二审法院不予受理的行政裁定书，依法立案、公开审理"。

较之前的几份诉状，申诉状的内容相对简单，对之前强调的财产权着墨较少，而将焦点集中在"有关拆迁的行政案件"是否应该受理上。接案法官解释说不受理是根据法院内部文件规定及上级领导的指示。申诉方则坚持认为该案件具体行政行为（"平政房地字〔98〕第00120号《建设用地批准书》") 及被告（平城房屋土地管理局）明确侵犯了自己的合法权益（财产权和择居权），诉讼请求具体明确（要求撤销被告违法侵权的具体行政行为并承担赔偿责任），并且属于一审法院管辖受理的范围，符合《行政诉讼法》第四十一条规定的起诉条件，应当依法立案，公开审理。一审法院根据内部文件，即平城高级人民法院"平高法发〔1995〕106 号文件"作为立案依据，裁定不予受理，是"剥夺公民行政诉讼权"的行为，是"典型的司法腐败"。

申诉焦点从"财产权"向"诉讼权"的这个转变，也是经过市民们慎重考虑的。

> 贝：再举报，等于是超出一般的诉讼了，没地方告状了，我们只能把各个集团的东西拿到最高法院去，平城地方法院违反法律，剥夺公民诉讼权。我们当时诉这个的时候，得填一个表，上头有案由，你因为什么到最高法院。后来我们也讨论了，提出我的看法，我觉得这不是财产权的问题，如果说侵犯财产权你可以到任何一个法院去告状。为什么我们到最高院了，因为他在平城各级法院都剥夺了诉讼权，我们没地方告了，所以才到你这儿来。我就跟大伙商量，应该是剥夺诉讼权，违反宪法，这么一个案由。结果我们送上这个以后呢，后来我把这个经验和我们其他的继续完成这个程序的人讲了，有人不接受这个意见，说就是财产权，拆房子嘛。我说那咱们不能强迫人家。这样呢，过了半年，他们（各小片的）的状子就被打回来了。我们这儿就没被打回来，因为我没地方告状去，我上哪儿告状啊，你得管啊。（访谈材料：TY051123）

申诉状至今没有回应，而平文大街危改 2 号地被拆迁居民的诉讼历程（见表 1-2）只是一例，与此同时，平城其他城区的被拆迁居民以法律渠道提出诉求时，也面临着同样的遭遇。根据被拆迁居民的自编材料《平城被拆迁居民万人行政大诉讼依法维权系列材料汇编》整理：在 1995 年~2000

再造城民

表1-2　平文大街危改2号地被拆迁居民集团诉讼历程

时间	诉状	内容	法院判决	内容
1999.6.24	行政诉讼状	平城平文区平文大街2号地被拆迁居民182户542人诉讼被告(平城房屋土地管理局)审批平政房地字〔98〕第00120号《建设用地批准书》这一具体行政行为侵害了原告的财产权		
1999.7.2			平城第二中级人民法院〔1999〕二中行审字第67号《行政裁定书》	一审裁定不予受理
1999.7.9	上诉状	平城平文区平文大街2号地被拆迁居民182户542人上诉不服"平城笰二中级人民法院〔1999〕二卬行审字第67号《行政裁定书》"的违法裁定,特向平城高级人民法院提起上诉		
1999.8.30			平城高级人民法院〔1999〕高行审终字第9号《行政裁定书》	二审裁定驳回上诉,维持一审裁定
2000.4	申诉状	平城平文区平文大街2号地被拆迁居民182户542人申诉不服"平城高级人民法院〔1999〕高行审终字第9号《行政裁定书》"裁定不予受理,违反宪法和《行政诉讼法》,现依据《行政诉讼法》第六十二条规定,特向中华人民共和国最高人民法院提出申诉		

年,共有33个分诉集团,共计20758人次的公民诉讼权被剥夺;这33个集团诉讼中,有12个被"收了诉状,不立案,也不给裁定书",有21个被裁定"不予受理"后上诉到平城高院,被裁定"维持一审裁定"。图1-2和图1-3中的维权运动发展曲线表明了各分诉集团随时间涌现的情况,1999年年底到达最高潮。

062

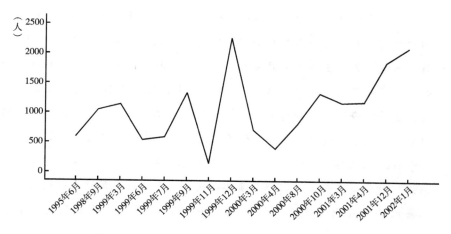

图 1-2 维权运动的发展曲线 （时间—原告人数）

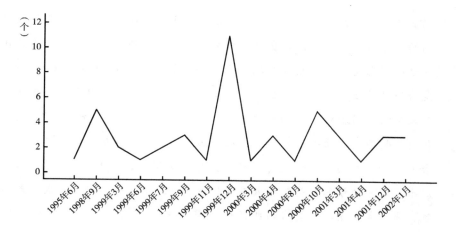

图 1-3 维权运动的发展曲线 （时间—个案数）

三 从区内动员到跨区整合

（一）跨区整合

伴随着如上个人诉讼和分诉集团诉讼的推进，在个人层面，是公民通过学习法律，厘清个体和国家的权利边界的过程。

贝：我们要先定性，这不是给钱的事儿，给钱是求人施舍，这是我们的权利。其实这个问题很简单，人家不知道，你就把人家东西卖了，谁，行政机关，这和开发商没关系，这个性质咱们发现了，已经触犯刑律了，这件事情，行政机关必须承担法律责任。还有，说哪里发生水灾，房屋被淹了，政府有义务安排他们回头重建家园以后再搬回去，这叫安置。我们又没受干扰不用你安置，我们是有财产的呀，我们如果不愿意在这儿住的话我们可以按照法律规定把这房产转让出去，对于私房来说。对于公房来说人家可以换房走人，找个上班上学近点的地方，用不着你来安置啊，你怎么能把条例中规定的调整财产关系变成安置了呢。

罗：后来卖煎饼的说了，我们家已经商量过了，需要四套房子，他不会给的，怎么办？我说，咱们不谈这个问题，你们家需要什么？还要别的，还需要汽车呢，你自己攒钱买去，说你遇到的这个问题，你遇到的这个问题是个什么问题，跟你们家的需要没有关系，不是福利分房，是房地产开发。我说，你要是从需要入手，你什么权利也没有，你就让人欺负吧，对不对？比如你卖煎饼，简单说，你得买鸡蛋去，买油去，你得置设备，买面去，先期得投入，然后形成一个煎饼，成本都在里面含着，加你的利润，才是商品呢。盖房也是这样，你开发是一个投入，这个投入是给谁的？是给原来在这儿住着的这些人的。以后变成了商品了，商品成本里面含着城镇拆迁费，那时候才赚钱呢。这是一个买卖，你做买卖的先得考虑考虑。如果要按你的说法和开发商的说法，就等于你白拿一个鸡蛋，白拿油，白拿……都不给人家钱，形成了煎饼这个商品，然后你再获得暴利。首先你侵犯了财产权，跟那个一样一样的，你反复地琢磨琢磨。他说，跟那个还不一样，这个是政府批准。我说，你的营业执照不是政府批准的？一样，开发公司也有营业执照，也得合法经营啊。他想不通。（访谈材料：LT20050116）

在宏观层面，则形成了一系列有层次的诉讼，其中，个人诉讼以"各区房管局（针对各家）的《城市房屋纠纷裁决书》违反法律和法定程序，侵犯财产权"为案由；分诉集团诉讼"以平城房管局（针对各片的）《建设用地批准书》或者《拆迁许可证》违反法定程序，侵犯公民财产权和择居权"为案由，这个过程大致从1995年至总诉集团诉讼前夕的1999年。截至1999年底，各分诉集团累计达26个，涉及原告接近一万人。随后，跨区的全市被拆迁居民的整合开始酝酿。

1999年2月，一封署名为"平城被拆迁居民"的特级举报信被呈送给江泽民、朱镕基等时任党和国家领导人，以及全国人大常委会法制工作委员会、内务司法委员会两个国家机构；另外特别抄送全国人大常委会办公厅新闻局、建设部、国土资源部、司法部等政府机构，《工人日报》《人民日报》《中国青年报》等新闻媒体；还发送给有关专家学者，以及各省、自治区、直辖市主要领导，以此正式揭开万人大诉讼的序幕。

1999年3月17日，《人民日报》民主监督版刊登了一张照片，是当时一位全国人大代表向九届全国人大提交特级举报信的情景，如图1-4所示。

图1-4 全国人大代表胡亚美向九届全国人大提交特级举报信

资料来源：《人民日报》民主与监督版摄影报道，李舸摄，1999年3月17日。

举报信的主要内容是"以确凿的事实，全面揭露理解平城政府主管土地批租的负责人、平城房屋土地管理局及其属下的各区政府、房管局、公安局以及各级人民法院参与房地产开发，欺上瞒下、有法不依、违法行政、执法犯法的重大问题"。

举报信分为三个部分：首先，举报信指出了1992年以来的开发热和房地产热中出现的"开发公司"的实质，并指出由此产生的巨大的经济问题。在正文部分，举报信从侵权根源、侵权行为和监督不力等几个方面，围绕着七个主要问题进行阐述：（1）制定违反法律的地方规章，扩大划拨土地使用权范围；（2）700多家开发商利用以上"规章"和"通知"大搞圈地运动；（3）利用划拨取得的危旧房立项土地使用权，改变土地用途，建高档商品房、公寓、写字楼，造成国家土地收益流失；（4）官商勾结垄断拆迁，巨额城镇拆迁费流入小金库；（5）违反宪法和国家基本法律，侵吞房地产权利人的合法财产权——土地使用权；（6）各级政府不履行宪法保护公民合法财产的法定职责；（7）法院受行政干预，不依法独立审判。

举报信第二部分以"平城拆迁、无法无天"为题，对拆迁过程中被拆迁市民的象征性抵抗和以法维权的行动进行了描述，带有强烈的感情色彩。行文中援引了存于民众集体记忆中的共产党早期的标志性言行准则（例如："共产党八路军不拿群众一针一线""社会主义好"等），与现在部分执法者的言行相对比，运用了多次排比句和反问句，充满了激愤的控诉。

举报信的第三部分为"依法治国，惩治土地批租中的腐败"，通过公开媒体报道的相关数字，具体计算了平城各区"拆迁安置费"、"私房土地补偿费"和"国家土地出让金差价损失费"，其中第一项费用为586.7亿元，第二项费用366亿元，最后得出1387.2亿元巨额资金流向了各区的"小金库"。

最后，举报信提出了五项诉求：（1）调查平城政府不执行国家法律，利用地方规章擅自扩大划拨土地使用权范围的违法事实；（2）调查市政府在实施房地产开发经营管理时，不执行《中华人民共和国宪法》《中华人民共和国民法通则》《城市房地产管理法》《土地管理法》《城市规划法》，利用地方规章侵吞公民财产（土地使用权补偿和城镇拆迁安置费）的违宪事实；（3）追究《平城日报》篡改新中国历史和宪法、诬蔑国家性质的行为；（4）调查平城各级人民政府违宪、滥用职权、强拆公民房屋，侵害公民房屋所有权和土地使用权的违宪行为；（5）调查平城各级人民法院在审理房地产开发中的行政案件的违法事实，纠正错案，撤销 1995 年 106 号文件，依法保护公民的诉讼权利。

（二）万人诉讼

1999 年 12 月 27 日，10357 名平城被拆迁居民向平城房屋土地管理局递交了一份申请书，"要求平城房屋土地管理局在土地批租中依法行政，履行保护公民财产的法定职责，停止侵权，纠正侵权"。申请书分四点论述了平城房屋土地管理局在土地批租中对公民财产权（国有土地使用权和城镇拆迁费）的侵害。

第一，平城房屋土地管理局在对房地产开发土地批租划拨、出让国有土地使用权、变更土地所有权、使用权权属登记、拆迁安置、补偿等各项工作实施管理时，应依法行政，履行保护公民合法财产及合法权益的法定职责。……第二，房屋及其所占范围国有土地使用权是公民的合法财产，受宪法和国家基本法律保护。……第三，公民在平城房管局划拨、出让国有土地使用权时得到的城镇拆迁费是公民的合法财产。……第四，平城房管局在土地批租时没有依法履行保护公民财产权的法定职责，而且违反法律规定，侵犯了公民的财产权。

随后，申请书对平城房屋土地管理局提出了五项具体要求。

第一，撤销违反《中华人民共和国宪法》的平房地字〔1995〕第434 号"请示"，停止执行"请示"，纠正由于执行"请示"而造成的侵权事实。

第二，依据《中华人民共和国宪法》完成对所有原属公民的城市土地所有权权属变更登记，实现土地所有权和使用权的分离，进行土地使用权初始登记、发证的法律程序。在完成这一法律程序后，对历年来的建设项目进行清查。

第三，对每宗划拨或出让国有土地使用权范围内的公民（房地产权利人）享有的土地使用权依法评估、补偿，变更权属登记。

第四，对每宗划拨或出让国有土地使用权中的城镇拆迁费（安置、补偿费）进行清查，公布账目，向所有被安置居民返还财产。

第五，平城房管局对以上违法侵权事实承担法律责任，履行保护公民财产权的法定职责，并依据《信访条例》第30条规定，30日之内对申请人员做出书面答复。

2000年2月22日，在平城房屋土地管理局逾期3日未答复后，10357名公民由7位诉讼代表向平城第二中级人民法院提交了《行政诉讼状》，案由为"原告申请被告履行保护公民财产的法定职责，被告不予答复"。该诉讼既未被立案，也未被裁定。在之后的举报中，这个事件被表述为："依照平城高法106号文件，剥夺10357名公民的诉讼权"。

诉状递至平城二中院后，便泥牛入海，没有得到任何立案或者驳回起诉的回应，面对这样的情形，市民们想到了《中华人民共和国宪法》规定的最高国家权力机关——人民代表大会。2000年10月，万人集团提交了"致平城人大的公开信"，"强烈要求平城人大行使强有力的监督权"，"保障《中华人民共和国宪法》赋予公民的基本诉权，解决平城早已形成的法律事件，开创一个好的良性的社会主义法治环境"。根据《中华人民共和国宪法》第九十九条第一款、第一百〇四条的规定以及《中华人民共和国地方各级人民代表大会和地方各级人民政府组织法》第五十二条规定，公开信中还提出了要求成立"特定问题调查委员会"。12月，平城人大常委会办公厅就此信做出了答复，否决了成立特委会的请求。市民们根据《组织法》第五十二条，断定答复中的特委会审批过程不符合法律程序，又于2001年9月和11月，先后两次向平城人民代表大会常务委员会提交了公开信。

（三）运动维续

万人诉讼是这个集体维权行动的最高潮，此后，维权行动进入较为平稳的维续阶段。在包括罗先生和贝先生在内的数位维权代表的带领下，讼诉集团不断建构行动机会，其中突出的一条就是充分利用各中央级别部门发出的行政指令，将公民财产权的诉求重新框构，以创造行动的机会空间。

2005 年 5 月，最高人民检察院发出通知，要求地方各级人民检察院渎职侵权检察机构统一名称，成立反渎职侵权局。这被市民们视为一个契机，在此后的三四年间，他们围绕着"滥用职权"和"枉法裁判"两点，向平城人民检察院反渎职侵权局递交举报材料。举报信与以往诉状不同的一点是，将被举报人从原先的行政机构落实到反渎职侵权精神要求的具体个人，并以被拆迁市民个人名义递交。以平文大街 5 号地的一份举报信为例，开头就写到如下内容。

　　根据中纪委第七次全会坚决查办党员干部滥用职权、贪污贿赂、腐化堕落、失职渎职案件；严厉查办官商勾结、钱权交易的案件；严厉查办非法批地，低价转让土地或擅自变更规划土地用途获取利益的案件；严厉查办各类侵害群众利益的案件和最高人民检察院关于检察机关开展惩治和预防渎职侵权犯罪工作的部署，我们原平城平文区 5 号地"危旧房改造"工程中被拆迁的受害者，举报原平城房管局（现国土资源局和市建委）滥用职权、非法批地和非法批准拆迁，严重违反宪法，违反法律和行政法规，违反法定程序；严重破坏房地产市场管理秩序；严重侵害国家利益和人民群众财产利益的渎职侵权犯罪案件如下：
　　………

举报信根据各政府机关实施政务公开后，在网上公布的机关内部组织架构，将当时拆迁所涉及的有关部门的时任负责人（如房管局局长，主管批地、拆迁的副局长以及拆迁处处长等）作为被举报人，对因被举报人"滥用职权"对国家财产和公民财产造成的损失做了举报。

　　被举报人×××滥用职权，违反法律规定，于 1995 年 9 月 28 日组织平城房管局实行"先向平城平文区城市建设开发公司划拨平文大街5号地国有土地使用权，用'危旧房改造和小区改建'用地替代高档公寓和商业设施用地，后又低价出让国有土地使用权"，给国家财产（土地使用权出让金）造成重大损失。……

被举报人×××滥用职权，违反法律规定，组织和直接参与了市房管局对平文大街5号地的违法批地、违法批准拆迁及实施的全过程：市房管局于1995年9月28日以无偿划拨替代有偿划拨，在平城"城建开发公司"未依法向举报人（国家占有的国有土地范围内的居民）支付城镇拆迁费的情况下，向该公司划拨平文大街5号地国有土地使用权；并于1997年12月18日向"城建开发公司"批发了5号地《房屋拆迁许可证》，批准该公司在5号地实施违法拆迁，举报人依法享有的巨额城镇拆迁费被犯罪分子非法占有，遭受了重大财产损失。……举报人的宅基地被该公司非法占有进行房地产开发经营活动，给举报人造成重大财产损失。

举报信认为，这种滥用职权、违法批地和违法批准拆迁行为严重侵害了国家和公民财产权，致使国家财产（土地出让金）、公民财产（城镇拆迁费、宅基地国有土地使用权）遭受重大损失；给官商勾结权钱交易提供了空间；严重破坏了法制的完整和统一，严重破坏了国家对土地管理的制度，扰乱了房地产开发市场秩序，严重损害了党和政府的形象；已构成渎职犯罪，严重损害了国家声誉，造成了恶劣的社会影响。

最后，举报人要求平城人民检察院反渎职侵权局，依据《最高人民检察院关于渎职侵权犯罪案件立案标准的规定》，对被举报人的犯罪事实立案侦查、依法提起公诉。

举报信的递交虽是个人的名义，但依旧是一个集体的行为，被拆迁市民以大致相同的逻辑叙述各自财产权被侵害的过程，从而依旧形成一个合力。在2006年至2009年期间，原住旧城区的被拆迁居民共计递交举报信数百人次。

2010 年 1 月 29 日和 12 月 15 日，国务院法制办在其官方网站全文公布《国有土地上房屋征收与补偿条例（征求意见稿）》及《国有土地上房屋征收与补偿条例（第二次公开征求意见稿）》，两次征求社会各界意见，这一事件同样被建构成行动机会。2010 年 2 月 10 日"平城 5479 名公民"分别向国务院法制办和全国人大常委会递交《对〈国有土地上房屋征收与补偿条例征求意见稿〉的意见》以及《关于立即废除〈城市房屋拆迁管理条例〉和制定征收法的建议》；2010 年 12 月 28 日，"平城 5479 名公民"向国务院法制办递交《对〈国有土地上房屋征收与补偿条例二次公开征求意见稿〉的意见》。

公民提交的《意见》及《二次意见》（后文称《公民意见书》）就国务院制定征收条例的职权、公共利益的界定和审查、不动产征收的范围、征收房屋评估规定、无期限的土地使用权①的评估、征收和搬迁在程序上的分离、征收与安置补偿的并立、征收不动产后是否转为商业用地的审查、征收后征收人与被征收人房地产权属变更登记的法定程序等内容提出了意见，并认为《城市房屋拆迁管理条例》应该立即"废除"，而不是伴随征收法的确立依惯例被"废止"。

在提交人大常委会的建议书中，公民进一步提出了《关于立即废除〈城市房屋拆迁管理条例〉和制定征收法的建议》。

> 在土地管理部门违反宪法和国家基本法律划拨或出让公民（房地产权利人）依法享有的土地（使用权）和违法划拨或出让国家的土地（使用权）之后，《城市房屋拆迁管理条例》制定了一种违反宪法和国家基本法律，以行政许可强制拆迁房地产权利人的房屋，并强制公民（房地产权利人和国有房屋承租人）搬迁，严重侵犯公民财产权的拆迁制度。这种违宪违法的《城市房屋拆迁管理条例》应立即废除，不需

---

① 《公民意见书》中将其界定为：土地所有权公有化制度（不是土地财产权公有化）之前（包括新中国成立前）通过购买土地房屋、房地产转让、继承等方式获得的无期限的土地使用权。

要制定新的拆迁制度。

在建议书的正文中分八点论述了废除《拆迁条例》的理由。

第一，《拆迁条例》的制定没有法律依据，与宪法相抵触。

第二，《拆迁条例》中将房屋所有人（房地产权利人）设定为"被拆迁人"，违反宪法和国家基本法律。

第三，《拆迁条例》中设定的"拆迁人"、"被拆迁人"、"房屋承租人"（原条例中的"被拆迁人"）及"拆迁当事人"之间的补偿、安置、搬迁等权利义务民事法律关系，是一个在法律上根本不存在的伪问题。

第四，《拆迁条例》违法设定"拆迁人"和"被拆迁人"，违法设定他们之间有补偿、安置、搬迁的民事法律关系。

第五，以《拆迁条例》违法无效的拆迁补偿、安置替代法律。

第六，《拆迁条例》设定了一系列违法强制拆迁的规定，保证实现拆除房屋所有人的房屋和强制"被拆迁人"（房屋所有人和国有公房承租人）搬迁，将土地（土地管理部门违法划拨或出让后无法交付的国家土地和公民宅基地）交付给"拆迁人"非法占有①。

第七，违法批地是违法强制拆迁、暴力拆迁的罪恶之源，造成了严重后果。

第八，土地管理部门应当严格遵守《中华人民共和国宪法》和执行《土地管理法》《城市房地产管理法》，依法保障建设项目顺利进行。

其中第三条"拆迁是个伪问题"的提出是这场维权行动至今为止最新的重要文化框构，市民们自称为"认识上的一个飞跃"，意见书中从以下几点进一步论证了这个命题。

---

① 建议书中将强制拆迁分为这几种：（1）违法向"拆迁人"颁发《房屋拆迁许可证》实施行政许可形式的违法强制拆迁。（2）拆迁主管部门以行政裁决实施违法强制拆迁。（3）政府实施违法强制拆迁。（4）政府和法院实施违法强制拆迁。

（1）国有公房承租人因国家划拨土地搬迁，与国家建设单位拆房用地无关，不存在"拆迁人"。他们之间不产生补偿、安置、搬迁的民事法律关系。

（2）国有公房承租人因国家出让土地而搬迁，与开发商拆房用地无关，不存在"拆迁人"，他们之间不产生补偿、安置、搬迁的民事法律关系。

（3）房屋所有人（房地产权利人）因国家征收不动产（土地及地上房屋）后划拨征收获得的土地而搬迁，与国家建设单位拆房用地无关。不存在《拆迁条例》中设定的"拆迁人""被拆迁人"，不产生"拆迁当事人"之间补偿、安置、搬迁的民事法律关系。

（4）房屋所有人（房地产权利人）因房地产转让和履行搬迁协议而搬迁，与房地产开发商通过房地产转让获得公民不动产后拆房用地无关，不存在《拆迁条例》设定的"拆迁人""被拆迁人"，不产生"拆迁当事人"之间补偿、安置、搬迁的民事法律关系。

2011年1月21日，《国有土地上房屋征收与补偿条例》（国务院590号令）正式通过并公布，但市民们认为该条例依旧存在侵害公民财产权的条款，行动又回到常规时点，他们于2011年3月5日进一步向全国人大提交了一份意见书。至今，万人集团的历次诉讼、举报、上书已有数十次，记录如表1-3所示。

表1-3　万人集团历次举报记录（1999~2011年）

时间	提交人	提交内容	呈送对象
1999.02.12	平城被拆迁市民（9000人）	《特级举报信》*	国务院法制办、国家领导人；全国人大常委会法工委、内务司法委及副委员长；全国政协社会法制委员会、经济法制委员会；建设部、国土资源部、司法部；《工人日报》《人民日报》《中国青年报》

时间	提交人	提交内容	呈送对象
1999.12.27	平城被拆迁市民10357人	《申请书》	平城房管局
2000.02.22	平城被拆迁市民10357人	《万人行政诉讼状》	平城第二中级人民法院,并上报党中央政治局各常委、中纪委
2000.10.18	平城被拆迁市民11008人	《致平城人大常委会公开信》	平城人民代表大会常务委员会
2000.12.27	平城被拆迁市民11008人	《致平城人大常委会第二次公开信》	平城人民代表大会常务委员会
2001.02.04	平城被拆迁市民11008人	《致平城第十一届人大四次会议主席团的信》	平城第十一届人大四次会议主席团
2001.02.20	平城被拆迁市民万人行政诉讼集团	《平城被拆迁居民万人行政大诉讼依法维权材料汇编》	党中央政治局各常委、中纪委
2001.05.18	平城13072名公民	《平城万人举报信》	中纪委
2001.08.06	平城13072名公民	《致朱镕基总理举报信》	国务院
2002.05.20	平城21842名公民	举报信	中纪委
2002.10.20	平城21842名公民	举报信	中共中央总书记并政治局各常委
2003.02.26	平城市民21842人	举报信	中共中央总书记并政治局各常委
2003.02.26	平城市民21842人	举报信	中共中央纪律检查委员会书记
2003.09.30	平城被拆迁市民万人行政诉讼集团	《违法土地批租:暴力侵权跨世纪腐败大案》	党中央、中纪委、全国人大
2004.04.10	平城被拆迁居民万人行政诉讼集团21842人	举报信	中共中央总书记并政治局常委、中纪委
2005.11.26	平城公民22304人	举报信	中纪委
2006.30.26;2006.06.20;2006.09.20;2006.12.20;2007.02.25;2007.04.15	平城公民22304人	举报信	中纪委书记、中纪委常务副书记

时间	提交人	提交内容	呈送对象
2006～2009	举报人个人具名（近百人）	《举报信》（个人）	平城人民检察院反渎职侵权局
2010.02.10	平城5216名公民	《对〈国有土地房屋征收与补偿条例征求意见稿〉的意见》	国务院法制办
2010.3	平城5216名公民	《关于立即废除〈城市房屋拆迁管理条例〉和制定征收法的建议》	全国人大常委会
2010.12.28	平城城乡5479名公民	《对〈国有土地上房屋征收与补偿条例二次公开征求意见稿〉的意见》	国务院法制办
2011.03.05	平城11736名公民	给人大的建议信	全国人大

＊加书名号部分为原标题，未加书名号部分为原文没有标题或因化名需要而概括。
资料来源：作者根据收集的各项文本材料整理。

　　可见，在诉讼高潮过去之后，市民们仍在不断地寻求契机，紧跟国家时局，建构抗争空间。可以说，这个过程几乎是单向的，难以得到有关部门的直接回应。不过，在这部分市民的坚持下，有关旧城改造中的土地使用权问题逐渐被越来越多的被拆迁市民所了解，并为各界所关注。

　　2001年，国务院发布了关于加强国有土地资产管理的通知（国发〔2001〕15号），指出"目前国有土地资产通过市场配置的比例不高、透明度低；划拨土地大量非法入市，隐形交易；随意减免地价，挤占国有土地收益的现象严重，使得大量应由国家取得的土地收益流失到少数单位和个人手中"，为"加强国有土地资产管理，切实防止国有土地资产流失"，做出了如下几项通知：（1）严格控制建设用地供应总量；（2）严格使用国有土地有偿使用制度；（3）大力推行国有土地使用权招标、拍卖；（4）加强土地使用权转让管理；（5）加强地价管理；（6）规范土地审批的行政行为。这一通知以国有土地资产的角度出发，尽管未涉及市民所拥有的土地权利，但也切实指出了地方政府在土地批租中存在的问题。

在 2002 年至 2003 年间，还有不少媒体对这一议题做了报道。万人诉讼集团曾将材料提供给法学家江平教授，2002 年《中国法院报》刊登了对江平教授的采访，江平教授从此案件引申私有财产保护的问题，对修订宪法进行了讨论。江平教授指出，私有财产的保护涉及如何理解"公共利益需要"以及如何补偿的问题，笼统的城市规划不等于社会公共利益需要。尽管现行宪法规定了对私有财产的保护，但跟"神圣不可侵犯"的公共财产的保护不在一个层面。对公共财产和私有财产的保护，宪法应当规定平等原则，主体、地位都要平等。公民财产权利的保护是与对行政权力滥用的限制联系在一起的（孙文鹰，2002）。

2003 年，《中国经济时报》在产经一部主任谢光飞的策划下，率先在全国新闻媒体中发起了对拆迁问题的报道，先从危改、平城胡同的保护这个角度切入，逐步推进到拆迁问题涉及的方方面面，8 个月内就发表报道 60 余篇，其中的多篇报道直击拆迁中的土地使用权问题，如《土地使用权之劫》（谢光飞，2003a）、《拆迁官司催动城市土地使用权立法》（谢光飞，2003b）、《1380 亿哪里去了？专业人士计算土地批租黑洞》（谢光飞，2003c），产生了巨大的社会影响。谢光飞认为，当前这种把公民的财产权完全置于行政权力的支配与控制之下的现状，会危及所有人的生存，危及每一个人的利益。因此，行政权力应该从拆迁领域中退出（安平，2004）。

这些报道，除不同程度地梳理了土地使用权的脉络，得出相似的事实外，都不约而同地提到了行政权力与公民财产权利之间的矛盾，这在本书的理解中，都与当前所处的独特的转型进程密不可分，体现出已分化的社会结构和尚未分化的社会心理结构之间的错位互嵌，下文将对此逐层展开。

小　结

本章以一个诉讼代表的具体遭遇以及维权经历为切入点，展现了城市化对最具体的个人日常生活的冲击，以及由房屋土地拆迁问题所引发的社会冲突的具体形态及其实践过程。

透过这样的个案描述，本章试图对国家构造房地产市场之初，国家—个人之间的复杂互动给出一幅直观的画面：在分化的初期，个人是如何受到来自国家与市场的双重挤压，随后又是如何应对的？这个应对过程使个人和社会产生了什么变化？从个人而言，他们如何提出自己的主张，并按照法律程序将其步步推进？从群体而言，他们又是如何巧妙地将学习法律、宣称权利的行为建构成动员的具体机制，从区内动员形成最终的跨区整合，从而引入社会的力量，回应由国家主导的社会结构转型的？后续章节将不断回述本章涉及的众多环节和细节，将国家—个人关系置于中国独特的转型进程中考察，对现有的都市运动和转型研究做出一些新的解读。

第二章
————

城市的政治

　　社会在进步，平城城市建设在加快，居住区的标准在不断提高，人们的生活水平、居住条件、环境正在得到改善。"危改"拆迁的目的之一就是改善居民的各方面条件。可开发商为什么不把居民安置到条件较好、环境较好的小区？偏偏哪里差，往哪里安置，安的是什么心？

——平文大街迁往平辛县红星供销社集贤四队宿舍楼的

拆迁居民，1999 年

一　建构住房公有制：国家整合个人

　　1949 年，中华人民共和国成立，由此启动的第一个三十年，是一个国家聚集有限资源，开展全民动员，迅速实现社会主义工业化的阶段。这一阶段的基本特征是以"单位制"为基本治理结构的全能主义国家/总体性社会，国家以此实现对资源的全面整合和对个人的全面控制。从这个意义上说，新中国的国家建构过程，就是国家以各种方式全方位渗透私人生活诸领域，与个人建立前所未有的直接关联的过程。这个过程与中国传统文化的深层结构实质上是契合的，吸纳式国家—个人关系的要旨在于独大的国家权力与不具备主体性的个人之间以庇护—服从为表现的呼应关系。国家对个人的逐步吸纳、对日常生活的逐步渗透，首先在城市住房领域表现出来。

（一）1949～1953 年：新中国成立初期①

新中国成立前，解放军入驻平城，着手城市房屋的有关问题。

1949 年 4 月 25 日颁布中国人民解放军布告，宣布"约法八章"，其中与房屋有关的第一、三、七条规定如下。

> 第一条，保护全体人民的生命财产……
>
> 第三条，没收官僚资本。凡属国民党反动政府和大官僚分子所经营的工厂、商店、银行、仓库、船舶、码头、铁路、邮政、电报、电灯、电话、自来水和农场、牧场等，均由人民政府接管……
>
> 第七条，农村中的封建土地所有权制度，是不合理的，应当废除。但是废除这种制度，必须是有准备和有步骤的。……城市的土地房屋，不能和农村土地问题一样处理。

1949 年 5 月 16 日平城市委颁布的《平城军事管制委员会布告规定处理本市房屋问题办法》否定了"分配房屋"及"住房不缴租"的流言，明确了城市房屋占有及租赁关系不同于封建或半封建土地制度，不但不应废除，而且应该予以合理保护。在具体规定中，保留了房屋的买卖及出租自由，并规定"一切公私房屋之所有人，应即将其所有房屋向本市人民政府地政局作确实之报告，请领登记证，并照章缴纳房产税"。

1949 年 9 月 30 日公布的《中国人民政治协商会议共同纲领》第 3 条规定："中华人民共和国必须取消帝国主义国家在中国的一切特权，没收官僚资本归人民的国家所有，有步骤地将封建半封建的土地所有制改变为农民的土地所有制，保护国家的公共财产和合作社的财产，保护工人、农民、小资产阶级和民族资产阶级的经济利益及其私有财产，发展新民主主义的人民经济，稳步地变农业国为工业国"。

---

① 部分法律法规梳理参见华新民（2009：211～215）。

新中国正式成立后，平城人民政府根据 1950 年 4 月 30 日公布的《平城城区房地产权登记暂行规则》和 1951 年 10 月 20 日公布的《修正平城城区房地产权登记暂行规则》（地登字第 5485 号），进行平城城区房地产权登记，以"确定本市城区公私房地产权，完成地籍整理及有利于都市建设"。经登记核准的房屋土地产权以"房地产登记公告"的形式（见图 2 - 1），由平城人民政府地政局刊登于 1949 年 8 月 1 日至 1950 年 12 月 30 日的《人民日报》、1951 年 1 月 5 日至 1952 年 3 月 27 日的《平城新民报日刊》和 1952 年 4 月 3 日至 7 月 15 日的《新民报》。

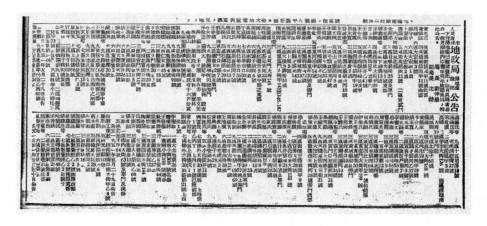

图 2 - 1　平城地政局房地产登记公告（摘自《平城新民报日刊》，1951 年 6 月 4 日）

资料来源：华新民女士整理，由被访者提供。

新中国成立初期，对于城市房屋土地管理的原则在于没收生产资料，保留生活资料。前述若干规定都将没收的范围界定为封建和官僚资本，不涉及私人财产。至此，个人相对国家的边界仍较为清晰。

（二）1953～1960 年：公私合营①

从 1953 年开始，我国进入全面的社会主义改造，对工商业进行公私合

---

①　该部分有关法律法规梳理参考姜赟（2014：111～115）。

营。1956 年 1 月 18 日，中央书记处第二办公室颁布了《关于目前城市私有房产基本情况及进行社会主义改造的意见》，对私有房产实行"经租"。

> 对城市房屋私人占有制的社会主义改造，必须同国家的社会主义建设和国家对资本主义工商业的社会主义改造相适应。这是完成城市全面的社会主义改造的一个组成部分。各级城市党委，必须予以重视。
>
> 对城市房屋私人占有制的社会主义改造，基本上应当按照党对资本主义工商业的社会主义改造的政策的原则进行。对城市私人房屋通过采用国家经租、公私合营等方式，对城市房屋占有者用类似赎买的办法，即在一定时期内给以固定的租金，来逐步地改变他们的所有制；同时对依靠房租作为全部或主要生活来源的房东和二房东，进行逐步的教育和改造，使他们由剥削者改造成为自食其力的劳动者。在当前城市社会改造的高潮中，争取在一两年内完成这一任务，这是完全可以做到的。

这份《意见》的内容在今天看来，有很强的意识形态色彩，在"社会主义改造"的框架下，改造的合法性源于将依靠房租作为生活来源的房东视为"剥削者"，而将用于出租的私有房屋视为"资本"，国家"经租"则通过"类似赎买"①的方式，最终达到"改变所有制"的目的，从而建立社会主义国家。

1958 年 2 月 25 日平城人民委员会第二十三次行政会议通过《平城私有房屋暂行管理办法》，第十八条规定了"为使房屋得到充分利用，房主应该

---

① 据有学者调查（姜赟，2014：141），私房主则对"类似赎买"这种说法表示非常不理解："赎买这个词最早出在当铺，可能大家对当铺了解很少，其实现在街上也有当铺。假如你的手里有一块劳力士表，你觉得现在用钱很紧张，把表拿到当铺中，人家根据你的新旧程度作价，给你 11 块钱，当期多长时间，给你一个单子。你拿着钱去周转，周转开了，连本带息，拿钱把表赎回来，这就叫赎买。我们的房子根本就不存在赎买，文件写得非常荒唐，写'类似赎买'，我们找平城落实政策办公室的主任，我问他，'类似赎买'，怎么类似？……我们买地、盖房共产党都没有投资，你怎么以赎买的方式把我的房子赎到你那里去了？"

将可供住用的空闲房屋出租。如无正当理由而闲置不出租时，房地产管理机关可以劝令出租。必要时，经市人民委员会批准可以强制出租"。1958年6月4日《平城私房改造领导小组对私有出租房屋进行社会主义改造几个具体政策问题的规定》界定了平城对私有房屋进行社会主义改造的起点：其出租房屋够十五间（自然间），不够二百二十五平方米，或是够二百二十五平方米不够十五间者都列入改造对象，予以改造；并根据房产主供养的人口，把自住而未出租的房子，为其留下（称为"自留房"）。

面对强大的国家机器，平城符合改造起点的房主迫于压力，都不得不与平城房管局签下一张由政府统一印发的"申请书"，内容为：

我自愿把位于×胡同×号的房产交给国家经营。

对于某些提出质疑的私房主，国家将这种行为定性为"反映了私房改造工作中存在尖锐的两条道路的斗争"[1]，并提出意见"对于有反攻倒算行为的房主应当按照不同情况区别对待：情节轻的进行批评教育；有严重违法行为的，造成损失民愤很大的，应当给以制裁"[2]。并且在1964年9月18日，最高人民法院批示"经租房的业主实际上丧失所有权"[3]，不允许子女继承。

在公私合营阶段，除了新中国成立初期没收的封建官僚资本，原先权属清晰的私有房地产也被纳入了国有化的过程，通过这种方式，国家开始全方位入侵私人生活领域。

（三）1966~1976年："文化大革命"时期

1966年爆发的"文化大革命"，将私有房屋的国有化浪潮推向顶峰。

---

① 1964年1月13日国家房产管理局致国务院《关于私有出租房社会主义改造问题的报告》。
② 同上。
③ 1964年9月18日最高人民法院对广东高院《关于经租房的业主实际上丧失所有权》的批复。

1966 年 10 月 26 日平城税务局《关于私人房地产交给房管局以后有关房地产税负划分问题的通知》中规定:"在伟大的无产阶级文化大革命运动中,平城英雄的红卫兵小将对私人房产主发出通令以后,私人房产主一般从九月份起即未再收取房租,绝大部分私有房地产已交给房管局接管。"

　　1967 年 11 月 4 日《国家房地产管理局、财政部税务总局答复关于城镇土地国有化请示提纲的记录》中规定:"对于中共中央批转中央书记处二办文件中:'一切私人占有的城市空地、街基等地产,经过适当办法一律收归国有',其中街基等地产应包括在城镇上建有房屋的私有宅基地。"

　　在国家机器的强大压力下,私房主不得不将新政权颁发的房地产所有证上交给房管局,以此标志城市土地"国有化"的完成。社会陷入全面的混乱和瘫痪:私有房产被抢占,姓"资"的原房主被轰走,"经租"及"标租"房的房租停缴①等。有被访者回忆,对于租房者,"充公"是以房租不交给房东而交给房管局为标志的。

　　　　贝:正好"文革"来了,我记得非常清楚,我们家旁边那家被赶走了。(因为是)资本家啊!叫德昌号。我们家旁边那个院子,没我们家院子大。就是现在平文区幸福大街。平文区政府对过。有一个中国水暖工厂,就在那儿,那个南侧,是天坛宾馆。那个就是他们家的。公私合营后呢,他当一个副厂长。资方代表。既然咱俩合营了,我当厂长你当副厂长。然后"文化大革命"以后呢,把人家给轰走了。

　　　　访:当时公私合营的时候作为资方代表他还能住这个院子。"文化大革命"以后就是资本家了,就不能住了?

　　　　贝:资本家以后呢,厂子呢,也不再公私合营了,全归了政府了。

---

① 根据所谓的"红卫兵和革命群众的意见",房租被视为不劳而获的收入。根据 1966 年 9 月 24 日国务院财贸办公室、国家经济委员会《关于财政贸易和手工业方面若干政策问题的报告》,租金被停发,虽然该文件中没有涉及经租房问题,但是私有出租房的改造是比照资本主义工商业改造进行的,因此停止向经租房所有者支付租金收入及拒绝返还房产所持的也是这个"文革"文件,这个文件也是时至今日仍然作为经租房充公的法律依据(姜赟,2014:113)。

然后把他呢，就遣送回老家去了。院子空出来了，空出来以后，这家（胡同里一家外地迁来没房的）就全搬进去了，一共六间。非常混乱，谁占到就是谁的。（访谈材料：TY20100406）

　　王：我们家原来是租人家的房，他也是这个情况，"文革"一开始呢，把房子交公了，房钱就不是交给他了，交给房管局了。（访谈材料：TY20100406）

1976 年，"文革"结束。1981 年 6 月 27 日，《中国共产党中央委员会关于建国以来党的若干历史问题》通过，"文化大革命"被正式否定，定性为"由毛泽东错误发动和领导，被林彪、江青两个反革命集团利用，给党、国家和各族人民带来严重灾难的内乱"。尽管"文革"被否定，但在历次运动中被收归国有的私房，却被视为公房而由国家积累了起来。由此，国家以其强大的动员能力吸纳社会资源的过程在城市住房领域深刻地展现出来。从国家—个人关系而言，这个国家对个人私有财产边界逐步渗透的过程，也是国家强化对个人的吸纳和掌控的过程，而这正是建立在传统的"吸纳式"国家—个人关系的基础上的。换言之，正如孙隆基先生所指出的，尽管现代中国发生了惊天动地的大变化，完成了"建国"的重任，却无法撼动文化的"深层结构"，反而，它必须借助后者的"文化"规则才能去完成这项任务。结果，到头来，"深层结构"却变成了真正的胜利者（孙隆基，2011：314）。可以说，在改革开放之前，传统的国家—个人关系并未被触及，反而是被推向极致：个人私有财产几乎不复存在，社会权利的覆盖以民事权利和政治权利的全面缺失为代价；国家渗透到个人日常生活的方方面面，并改变了人们日常互动的模式。在住房公有制下，个人之间有关房地产的纠纷、转移，需要通过国家（单位、房管所）的介入完成，国家与缺失主体性、人我界线不明朗、自我边界渗透的个人高度合一。

（四）住房公有制下的国家与个人

经历上述三段时期后，新中国基本确立了其组织社会生活的总体性框架，社会控制也全面渗透到私人生活领域，国家与个人之间形成吸纳—服从的关系。在城市住房领域，通过单位和房管部门两套住房管理体系，国家建立了住房公有制，即所谓的"统一管理，统一分配，以租养房"的公有住房实物分配制度。① 公有住房主要有两个来源：一是前期经上述历次运动积累的"被国有化"的私房；二是后期在有限财力下由房管部门、单位建造的少量公房。在统一管理和分配下，国家是个人获得住房的唯一来源，住房申请和调配制度，是该阶段吸纳型国家—个人关系在日常生活中的具体表现。

1. 住房申请和调配制度：个人直面国家

新中国成立后，平城成为新中国的经济、政治、文化中心，外来人口骤然增长，中央直属机关增加，大批的军队和政府官员进驻，住房成为亟待解决的问题。个人在迁居平城、尚无正式单位时，可以向辖区房管所申请住房，而房管局所分配的"公房"中，有一大部分是经由上述政治运动积累的、原本存在私人产权的房屋。

> 贝：我跟你说铁路医院怎么住进（我家私房的院落里）来的。他母亲是我们那一片居委会的，他们家我非常清楚。从河北石家庄那边来的，有个侄子在派出所当所长，这样呢，老给他续临时户口。那个警察，我记得特别清楚，叫王治。因为什么呢，我们家院子大，街道一开会吧，老百姓说，哎，上贝家那儿开去，就都来了。这样呢，那片儿警呢，要有什么事儿，提前到我们家来，说行不行，说没问题。这样呢，我知道，他有一个侄子是当警察。他来了以后，老两口，姓王，报临时户口，就这么住着。那会儿房子也不像现在这么紧张。
>
> 后来慢慢地，他就报二户口了，然后就把他所有的子女全迁到平城来了，就需要房子呗。需要房子呢，正好"文革"来了，我记得非常

---

① 亦被称为"福利制"，根据百度百科的释义，"福利制"住房是一种与传统计划经济体制相适应的公建、公有、低租的福利供给制，主要特征有：（1）住房建设投资由国家和企事业单位统包。（2）住房分配采用无偿的实物分配福利制。（3）住房经营排斥市场交换和市场机制的调节。（4）住房消费被当作公共消费和公共福利。（5）住房管理行政化。

清楚，我们家旁边那家被赶走了。院子空出来了，空出来以后，这家就全搬进去了，一共六间。然后呢，他闺女来了，还不够住，还有儿子呢，就挤别的。这样，不知不觉的，房管局把他闺女安排在那儿。（访谈材料：TY20100406）

随着外来人口在平城找到一份稳定的工作，个体被吸纳进单位，原先从房管部门申请来的公房也随着个人的入职，作为日常生活资料，被整合进单位的总体资源，从而成为国家再分配体系中的一部分。

贝：没房住，不够住，那会儿是上房管局。走，去房管局要间房去。那会儿，到平城来，一来了，报一个临时户口。时间长了，报一个正式户口。有了正式户口，你就有权利去房管局申请房子。那么，安排你住那儿去了，你有了工作了，那么，天长日久成家立业了，有了子女不够住了，再要房子，就找单位了，不找房管局了。（访谈材料：TY20100406）

各单位遵循计划经济下的再分配逻辑，给处于不同人生阶段（未婚、结婚、生子）和不同行政等级身份的职工以不同面积和地段的房子。

贝：我们从前在那个单位的时候，管后勤的，老宋，我们当时有个朋友，也是单位职工，他没房子。女的家住菜事胡同，男的家住平武门。他们俩结婚了，没房子怎么办，结不了婚，找单位去。女方呢，单位没房子，解决不了。男的呢，因为在单位人脉比较好，这样呢，就去找去了。老宋给翻开那个本子，我们这个单位的，哪儿哪儿哪儿房子，谁谁谁住那儿呢。

比如说张三，他在平武门，什么什么胡同几号，哪间房子，南房北房，多少米，都登记在册。就是说这些房子，咱们可以支配。后来给他解决了一间，在平文区珠事胡同东边一个胡同里面。我帮他粉刷的。那个房子有点梯形。后来，他跟我说，老宋跟我说了，别不待见这个房子，有几米，现在你已经有了几米房了。你要一米没有，都不好说话。你现在已经有了几米了，下次我就能拿大的给你调去了。要一米没有我就不好办。（TY20100406）

计划经济体制下的住房申请和调配制度的确立至少有两层含义。首先，在资源有限的情况下，国家通过这种方式完成了对社会各界资源的最大化整合和利用。以私房为例，被收归国有的先是被界定为资本主义工商业的"生产资料"的私房院落，这一范围随后被进一步扩大至用于日常生活的私房院落。被收归国有的私房，成为国家积累的首批公房的主要来源，被纳入国家的住房分配体系。随后，伴随着单位制的建构，房屋与居住于其中的个人一起被整合进单位系统，管辖权限也从初期的房管局逐渐过渡到单位，形成计划经济下的住房管理模式。在这个国家对私人生活不断渗透的过程中，原本清晰的私有财产边界与私人生活一起，在全能主义国家/总体性社会的建构实践中被模糊了。

其次，这个建构国家的实践，并没有实质性地改变中国传统社会中的社会心理结构，只是将个人从原先与家长、宗族的关系中剥离出来，而后交给国家；换言之，中国传统社会中的家长角色被国家取代。在此，通过对住房和其他生活资料的掌控，国家全面渗透至个人的日常生活，履行"庇护"职责，同时相应地要求社会成员对其完全"服从"。这种覆盖全部社会生活的"服从"与"庇护"逻辑，与边界渗透式的包容性自我相互融合，更深远地影响了平城的城市建设。

2. 落实私房政策：个人之间通过国家博弈

1979年，十一届三中全会以后，中国进入改革开放的新时期。要从大一统的国家中释放经济功能，构造市场，必须先确立私有产权基础。先前产权被模糊的私人房屋，似乎看到回归的一线曙光。1980年9月18日，平城市委发布《关于处理机关部队挤占私房进一步落实私房政策的通知》（平发〔1980〕140号）。通知提到以下内容。

十年浩劫中收缴的私人房屋，根据宪法规定，应一律确认原房主的所有权，把房产归还给房主。对于自住房和出租房，应分不同情况，采取不同处理方法，根据国家财力、物力的可能逐步解决。当前，首先要解决公占私房和原自住房被挤占后现在居住困难的房主的问题。要制定腾退房屋计划，房主现在居住困难的先解决，不困难的缓解决，分期分批落实。

《通知》针对各种不同的占用情况（单位和个人占用、领导干部占用、单位职工占用）以及房屋现状，对解决方式做了详细的分类和指示，并要求各区、局为落实私房政策积极开辟房屋来源。《通知》第三条特别强调了要在政策落实中深入细致做好政治思想工作。

在落实私房政策工作中，要深入细致地做好政治思想工作，加强遵纪守法和道德风尚的教育。对挤占私人自住房的职工和被挤占了自住房的房主，要教育他们识大体、顾大局，体谅国家的困难，不能提出过高要求。尤其是要教育挤占私人自住房的机关单位和职工，对落实私房政策要采取积极态度，承担退房任务。职工住房原则上按现在住房面积进行安置，对住房过宽的，应根据其家庭人口情况予以紧缩，并在未安排前，腾退一部分给房主。对个别不顾大局、拖延不退、屡教无效的，要给予适当的纪律处分。对被挤占了房屋的房主，要教育他们不得强行轰赶现住户。对动手打人，故意破坏房屋的违法行为要严肃处理。房管部门要教育干部、职工耐心细致地宣传政策，坚持执行政策，司法部门要积极配合落实私房政策工作，及时审理私房纠纷案件，维护法纪。

这套思想政治工作的指示充分体现出国家与个人之间的已被强化的吸纳型关系。对于个人来说，无论是对"挤占私人自住房的职工"还是"被挤占了自住房的房主"，当面对国家整体的和谐时，"顾全大局"都是一个最基本的要求。对于房主，顾全大局体现在"体谅国家的困难、不能提出过高的要求"；对于职工，则体现在先"采取积极态度、承担退房任务"。承载私人生活的住房，已在事实上成为国家运行的一部分。尽管《通知》在字面上做了细致和明确的规定，但在实践中，由于私房占用的情况非常复杂，返还的落实也就困难重重。被访者向我讲述的私房腾退的故事再次表明，国家对个人生活的渗透，不仅体现在分配的资源上，也深入日常行动的逻辑中；同时，被历次运动所蓦糊的私有房屋土地产权，加之附着于其上的绵延不绝的日常生活，要在实践中重新复原，并非下达一纸文件那么简单。

据被访者回忆，只有当初是国家安排入住的，才能比较顺利地腾退，而个人通过各种方式挤占的，腾退起来就很困难。

> 贝：这样呢，凡是"文革"期间，由官家安排的。那会儿，各个大型的企业，都担负着行政机关的职能，所以这都是官家。官家给安排住进去的，要给腾出来。私人挤占的就不给腾出去。（访谈材料：TY20100406）

同时，住房不同于其他财物，其上承载的是人们非常具体的日常生活。伴随时间流逝，房主和房客的家庭各自成长，而且伴随知识青年返城，对房屋的需求量增大，住房矛盾日益凸显。在资源依旧稀缺的20世纪80年代，很少有个人和单位自愿让出已占用的住房资源。由于当时并存的房管所和单位两套住房调配体系，早年已从房管所申请住房（往往是所居街道中被挤占的私房）的家庭，再在后续单位建房中分得房屋的情况也并不少见，且往往是能隐瞒多久是多久。面对如此情形，私房主不得不以个人的力量、用非常个体化的方式去完成腾退，收回自己的房屋，其中最主要的方法是去找对方的单位。

> 贝：你像我哥吧，当兵回到平城以后马上就发到三线去了，所以当时我家院子就空了，被占了三四间吧，后来我都一份份把他们赶走了嘛。……我交完那次房产税以后，1986、1987年的时候，我哥那会儿

就要回来了，三线的厂子就要解散了。他不能没有房子呀，对吧？正好呢，院里特别安静，我一看这家挂着帘，上礼拜二就挂着帘儿，怎么现在还挂着帘儿阿。然后就把他的锁给换了。这是一家。另外还有一家平城饭店的，我找平城饭店人去，人家挺通情达理的，马上解决了。还有一家铁路医院的，也解决了。还有一家平城电话局的，也解决了。

铁路医院的那个，后来跟我吵起来了，我去找了医院管房子那个，给他了，他已经住上了，可是他还占着不走，他以为你不知道呢。……

平城饭店那个，我好容易让他们走吧，单位同意了，同意完以后，给那家安排走了，楼房，分着了。这三间房，有个小后院不是吗，刚好给新结婚的小两口，一家一间。中间那间，两家当共用厨房，就这么安排的。那天，一般轻易我不上后院去，一看怎么回事儿，也都挂着帘儿，我想可能有上次那样的事情出现。因为我都说好了，人都说给解决嘛。一看不对。晚不晌儿，那个小后院有一个门垛。夏天嘛，我就在那儿坐着。过会儿来了个小两口，我问你是哪儿的呀，他说平城饭店的。我说找谁啊，说我们住这儿。我说从前这不是徐××他们家住这儿吗？他说噢，给他安排房了。我说是，给他们安排房是我找他，给他们安排房，你们俩怎么又来了？说还有一份呢，住那间，我们是住小东屋，他们是住南屋。这么着，我说噢，我跟你说，我这房子，是我们家的，我已经和你们单位说好了，你们单位管房的已经答应了，说给我们腾退出来，因为我们家人口多。后来他说，这个……那您还得找单位。我说行，我去找单位。结果呢，他们单位头儿躲着，出来一个老头，我说我先问您，主事儿不主事儿。他说主事儿，什么事儿，您说吧。我跟他一说，他说那我不主事儿。我跟你说了，我说我呀，十天，你赶快把这些问题解决了，上次咱们谈得挺好的，现在您又等于反悔。我说那我哪天可把他们铲出去。回来以后，我跟那两个人说，正好你们也回来了，你们赶紧搬走，趁现在你们刚盖完那个房还没分完呢，你们领导已经跟我说，刚盖的房啊，还没分完。赶快，要不就来不及了。你们要不搬，我给你们搬。

这么着，结果我就从我们从前那个单位，拉了一块大苫布，就铺到院里了。过十天，言必行行必果，必须得搬。因为过十天了，你要不搬，下回人不把你当回事儿。我全给弄出来了。弄出来以后，就把它搁在苫布上给盖上了。弄出来以后，我就把这门，都没锁，拿钉子给钉上了。回来以后，那两家来了，说你怎么把我们的东西给那什么了。我说不是跟你们说了吗？说丢了东西了呢？我说：你说，敞开说。丢什么了？都赔你。你往大了说。我告诉你，不管你说多大，我都能赔你。反过来，你说完了该我说了。以前你知道我们家是什么家庭背景吗？有钱的人，我告诉你，在你们家这地底下，我埋着银圆呢。现在没了。你就照大了说。我跟你说，你赶快听我的，年轻人，通过这件事情咱们可能还是好朋友呢，长见识，长社会经验，赶快找领导要房去。不然的话，起码他再盖，你还要等一年，这个我是在帮你呢。你找领导来，看看这种状况来，问问领导，我住哪儿？让你们领导来跟我说话，咱们没有矛盾。你乐意住这儿吗？不乐意住这儿，楼房多好啊。结果，过两天，领导来看了看，说行，也给您添麻烦了。我说别客气。我觉得也挺通情达理的。后来那个小伙子跟我说，给我们一人一套两居室。我说：我要不这么做，你能拿到这两居室吗？拿不着。你想啊，平城饭店，他的宿舍就在这二环路上啊，台吉厂（大街）那一块。现在多值钱啊。（访谈材料：TY20100406）

　　私房返还中，房主与房客通过单位的博弈充分展示了新中国国家建构过程中所强化的吸纳式国家—个人关系。房主和挤占于其私人自有住房之中的房客之间的冲突原本是个人与个人之间私人领域的冲突，但在当时的社会情境下，却必须通过国家（单位）的介入才能得到解决。在这段历史中，实践层面的私有产权，无论是其起初被模糊、剥夺的过程，还是后来试图重新确立、复原的过程，都被刻上了全能主义的国家运作的深刻烙印。

　　这是一个国家逻辑大于一切的时代，个人从属、依附于国家，在国家的制度安排下获得身份，不存在相对于国家独立的主体资格与自我边界，个人对国家整体安排的服从被视为一种义务乃至自觉要求，从中体现的"顾全大局"的精神具有道德意涵，并成为全社会的精神标杆。这种国家—个人关系，与传统文化中的包容性自我是内在合一的。在这种逻辑下，私有产权不具备合法性，私人生活没有明确的边界，私房主处于一种被"铲平"①的境地——他们在利益上受到多重侵害，不仅在于大面积的私有住房被收归国有，小面积的私有住房被无房人员挤占，而且，当时单位分房还有条不成文的规定：已有住房的私房主不再享受分房的待遇。这种结果上平均主义是一种实质上的不公正，因为在再分配制度下，国家提供的住房既是国家对个人生活的庇护，同时也是对个人为国有企业付出的劳动的一种物化的报酬，这种劳动价值的衡量是不应以已有的居住状况为标准的。②但值得注意的是，在当时的社会情境下，私房主并没有对此表示出太多的不满，反而自觉地将自身置于与国家的关系、与他人的关系中来考虑，以一种道德化将心比心的逻辑——"替国家着想""不能和没有地方住的人争"——为自己未享受到分房待遇做出解释，充分体现了传统文化与计划经济的意识形态形成的合力对个人心态的塑造。

　　贝：像我们这个，都是，有私房就不分房。那咱们就考虑到，咱也替国家着想，咱还有地儿住，让没有地方的人，先解决，我后一步。咱们那会儿就考虑这个，甭管私房公房，都有个地儿，还有没房的呢，还争什么呀？

　　王：原来你还在那儿住着，房子地都是我的，没什么争议，一拆，

---

① 铲平主义：中国的国家与社会的特点之一，意指任何"个体化"不发达的情况，都会要求大家必须承受一样的压力。铲平主义的倾向与特殊化的倾向是互相补充的。"铲平主义"是讲究划一的，是求"同"、求"平"的；而"特殊化"则是在大家都齐头的基础上搞特权，因此是用按"等级"去做人——"尊卑有等""贵贱有列""长幼有序"——的方式搞特殊化（孙隆基，2011：352；365）。

② 联系到随后发生的改革，有被访者说了这么一段话："所有有私房的家庭，单位分房绝对分不上，所以这些人绝对谋不上福利分房。同样是在企业做贡献，同样低工资，被国家包下来的，但是我没有享受到应该得到的东西。"（被访者：翟先生，BJTY20080731）

争议就出来了。赶一个好单位，他分了，赶一这样的单位，本来房就少，就分几次房，你这儿住着，不能跟那没地儿住的、结婚三十多了都没房的那个争去，那时候我在单位还管这事儿呢，从来没争过。（访谈材料：TY20100406）

新中国成立之初的这种"运动式治理"的方式以及单位制治理体系的确立，重构了城市空间，使得有限的房屋、土地资源得以容纳大量集中涌入的新市民，成为平城城市发展史上的一个特定阶段。从本书的视角来看，这个阶段最主要的特点是中国社会中原有的"吸纳型"国家—个人关系被推向极致，在城市住房领域体现为原有私房的公有化及住房公有制的建构——最终，城市的住房与土地被国家全面掌控，通过住房申请和调配，个人与国家直接对接，国家也渗透进具体的私人生活。值得注意的是，尽管在再分配体制下，社会治理结构从传统社会中的三层变为国家与社会（个人）直接对接的两层，但它既未改变中国文化的深层结构，也未触及中国传统的社会心理结构，甚至可以说，正是中国文化传统、深层中的这种个体的不独立、自我边界的伸缩通透、需要由相对于他人/国家的关系来定义这些特征，造就了国家的全能和强大。总而言之，在这个阶段，全盘掌控的国家与缺失主体性的个人之间是俯仰呼应、包容合一、相辅相成的。正如上述案例所见，"顾全大局"成为普通市民行动的自觉要求，显示着个人对国家利益的内化。

这种包容合一的状态不仅体现在国家与个人之间，也体现在国家与其各级代理人之间，此时地方政府的主体性尚未被激活，与中央亦保持着传统的"和合"关系。与此同时，在引入房地产市场之前，土地与房屋尽管被从私有财产中剔除，由国家统一调配，但仍然是作为生活资料，以使用价值为重，尚未被商品化。因此，虽然新中国经历了一系列重大事件，但社会结构与社会心理结构之间仍保留了一种平衡的关系。缺失的个人主体性在国家的庇护下隐而不彰，被国家掌控的私人生活亦尚未受到资本力量的侵蚀。随后，中国进入第二个三十年，伴随着单位制的消解，市场经济逐步被引入社会生活的各个领域，社会变迁的历史进程嵌入于中国特有的传统文化和社会心理结构之中，在造就了举世瞩目的"城市奇迹"的同时，也导致了引发市民们大规模维权抗争的"拆迁悖论"。

二 经营城市：国家释放市场

在上述一系列事件之后，平城旧城区内大部分原先独门独户的四合院，演变成数个家庭合住的大杂院，有限资源被高强度地利用，加之产权模糊导致的维护不善，致使占据平城市中心黄金地段的平房地区迅速衰败，人均住房面积小、基础设施差、住房矛盾突出，成为制约城市发展的瓶颈，旧城改造的呼声日益强烈。在住房公有制下，20 世纪七八十年代进行的危房改造全权由国家负责，以财政拨款为唯一资金来源，由房管局组织施工，以单一的危房改造为目的，居民几乎整体回迁，不涉及土地功能的置换。这种模式与包容合一的国家—个人关系相对应，市民利益也与都市更新步调一致，但进展慢、规模小、效益差；面对着大片亟须改善的区域，政府的财力捉襟见肘，城市发展面临无米之炊的困境。

1992 年邓小平南方讲话后，国家确立了"以经济建设为中心"的发展方针，"发展"和"效率"被置于史无前例的高位，经济增长成为全面深化改革的一个目标（并进而成为指标），招商引资成为各地政府引入市场资源的重要方式，至今方兴未艾。在城市建设领域，国家已在 1990 年颁布实施《中华人民共和国城镇国有土地使用权出让和转让暂行条例》，推行城市土地的有偿使用政策，鼓励各城市发掘和利用城市土地的经济效益，并大力推进房地产业和房地产市场的兴起与发展。1994 年，住房制度改革相继出台，为住房商品化市场奠定了基础；同年的分税制改革，也在意外中促成了都市政府逐渐走向以土地征用、开发和出让为主的发展模式（孙秀林、周飞舟；2013）。

在内外因素的激励之下，以土地为焦点，以"经营城市"为具体内容的新的增长模式应运而生，成为近 20 年来"中国奇迹"的主要驱动力。城市发展所面临的无米之炊的困局被轰轰烈烈的"造城运动"所取代，高楼大厦拔地而起，承载着国家历史与城市记忆的青砖黑瓦连同旧日温情脉脉的传统生活方式则在推土机下迅速消失。据学者统计，1990～1998年年底，平城已经拆除所谓的"成片危旧房"420万平方米（方可，2000：62）。根据《平城房地产年鉴》相关年份统计加总，从1991年到2008年间，平城共拆迁居民住宅面积3358.13万平方米，拆迁居民77.10万户。

从转型的整个过程来理解，城市化的本质在于将市场机制引入原先由国家统一调控的房地产领域，从而调动了巨大的自由流动的资源，激发了城市建设的活力。但从本书的视角来看，使城市面貌日新月异的"造城运动"的一个深刻后果是，国家孕育市场、释放经济功能的举动催生了各个利益主体的分化，破坏了先前大一统国家包容合一的状态，中央与地方之间出现分化，国家对个人的庇护职责也在单位制解体之后弱化。然而，此时，深层的文化心理结构和社会观念尚未转变，吸纳式的国家—个人关系仍然占据主导，国家以具体的行政权力要求个人的服从，同时以"为了人民群众的切身利益"的口号获得实施权力的合法性，以"顾全大局"的要求对个人施加道德压力。这就造成了一种错位，社会心理转型较社会结构转型的滞后，成为现已形成共识的"权力和资本的联盟"更深层的文化心理基础，而原先隐而不彰的个人主体性缺失带来的弊端，也在权力和资本的双重挤压下凸显出来。

（一）危改历程：房地产市场的诞生

平城房地产市场的诞生，与关乎数十万老百姓切身利益的危改紧密相连。1990～2000年是平城启动城市化的最初十年，也是平城城市发展史上被称为"开发带危改"的阶段。

由于城市发展资金匮乏，被商品化的土地和空间成为城市政府的第一笔资源，以此为资本继而吸纳资金（尤其是外资），成为解决城市发展困境的有效策略。资本的进入使20世纪90年代的危改与70至80年代的危改有了本质的区别，伴随着"危改"向"危旧房改造"乃至"城改"的扩张，改造的本质也从"人"变成"土地","盘活资源""地尽其利"成为"经营城市"的核心理念。在经营城市的理念下，城市政府呈现出一种"企业政府"的特征，特别是指可以把它看作一种"经营空间"的企业。它在经营城市空间过程中的目标不仅仅在于获得一次性的收入（土地出让金、房地产交易税），从而增加用于城市建设的资金；还在于通过招商引资获得未来长期的、稳定的税收收入（以企业经营税为主）。地方政府的领导也像企业家那样去思考成本、收益、市场开发与营销等问题。平文区的一位干部在访谈中是这样形容"聚精会神搞建设，一心一意谋发展"的党政机构："一个地方，党委（书记）就是董事长，政府（市长或区长）就是总经理"（肖林，2009）。

将土地和空间的商品化最主要的合法性来源是都市理性策略，该策略源自对西方规划理论的引进，认为城市规划的核心要旨在于最大化实现土地的交换价值，以最有效率的模式在市场中分配土地。在这种理念下，居住用地成为制约土地效益充分发挥的主要因素。以平城平文区为例，一份调研报告如下这样认为。

> 1984～1995年，平文区居住用地从462公顷增加到815公顷，占全区用地比重从29%增加到49%，规模不断扩大。……总之，由于历史原因，平文区的居住用地中平房多质量差，在解放后虽然政府曾经投入过大量资金，但基本上是原地改造，建设标准又不高，现在又形成危旧房，这些平房占用着大量黄金地段。这种不合理的利用形式极大地影响了当前土地效益的发挥，从另一个角度，这也为平文区今后的土地置换和增值提供了大量的空间。（平文区发展计划委员会编，2001a：215）

当改造的重点被指向居住用地时，城市建设中市民与资本之间的利益冲突已然注定，大一统的国家内部将要出现的分化已然不可避免。由于当前的居住用地与日后能发挥最大效益的商业用地在空间上重合，"开发带危改"

的旧城改造模式应运而生。相应地，腾出土地的危改政策与引进外资的招商政策同时出台，为日后"以地招商"做好了准备。①

1990年4月，平城市政府召开第八次常务会议，做出了加快平城危旧房改造步伐的决定，提出"加快危旧房改造，尽快解决人民群众住房问题"的口号，确定了"一个转移""一个为主""四个结合"的改造方针，即：城市建设的重点由新区开发为主转移到新区开发与危旧房改造并重上来；危旧房改造以区为主；危旧房改造与新区开发相结合，与住房制度改革相结合、与房地产经营相结合，与保护古都风貌相结合。与此同时，平城市政府成立了危旧房改造领导小组，由主管城建的副市长负责，并在市、区（县）两级设立"危改办"，开始在全市实行大规模的"危旧房改造"计划。

1991年4月平城市政府下发《关于危旧房改造现场办公会会议纪要》（平政办发〔1991〕第19号），要求各部门支持危改工程。1992年6月，平城开始实施《平城实施〈中华人民共和国城镇国有土地使用权出让和转让暂行条例〉办法》，标志着平城房地产市场的正式启动。

1992年11月，"为引进资金，开发房地产，加快城市建设，促进经济发展"，平城政府颁布《平域人民政府关于开发经营房地产的若干规定》②，允许外商在科技、工业、交通、旅游、商业、金融、高档住宅、办公楼等领域进行房地产开发和经营。1992~1993年市政府连续两年组织赴中国香港、新加坡招商引资，其中40%以上协议投资额投向与旧城区改造有关的房地产开发③，其中就包括本书所举案例中的平文区与香港新时代集团就平文大

---

① 下述危改历程参考方可（2000：25~30）和肖林（2009：90~92）的研究。
② 该《规定》除对企业资质、开发流程做出规定外，还为后文将要涉及的区属开发企业以划拨取得的土地使用权与投资者合资、合作从事经济活动的形式提供了依据。第十四条如下：本市行政区域内的企业、其他组织，以其划拨土地使用权及其地上建筑物、其他附着物与投资者合资、合作从事经济活动的，必须按《条例》和《实施办法》的规定申报审批，补交地价款。
③ 《平城危旧房改造六十年》，市建委志办，2009年8月24日，http://www.bjdfz.gov.cn/ShowNewsLevel3.jsp? NewsID=1545，最后访问日期：2014年11月1日。

街改造及沿线土地的再开发达成的合作意向。

1992～1995 年是危改的快速发展阶段。针对危改初期投入大、资金平衡困难的问题，来自海外的房地产投资商们通过帮助政府弥补资金缺口或者帮助完成市政建设的方式，介入政府大力推行的危旧房改造计划，一方面可以获得大量区位条件优良的土地，从而把握大规模房地产开发的机会，另一方面则可在开发中享受政府给予危改的各项优惠政策，一举两得。这段时期危改的特点是：从胡同走向大街。危旧房改造规模扩大，由成"片"改造向以"街"带"片"整体改造发展。建设内容由以住宅为主的居民区建设转向以商业、办公等公建为主的商业区、商业街建设。项目数量迅速增加。除经市危改办确认的第二批 77 片危改项目外，各区政府在此阶段还陆续批准了近百片危改项目。1994 年，全市危旧房改造工作达到了顶峰，全年动迁居民 2.6 万户，约 75 万平方米，新开工达 21 片。代表工程有银行街、百货街、新时代公寓及购物中心等地的商业开发①。

1994 年 6 月，平城下发《关于进一步加快城市危旧房改造若干问题的通知》（平政办发〔1994〕第 44 号文），将危改项目的审批权下放到区政府，并再次明确要求在 20 世纪末解决危旧房问题。

1996～1997 年，受到国家"适度从紧"的宏观经济政策的影响，以及危改从较易改造区域（"肉"：地理区位好，居住密度相对小）进入较难改造区域（"骨头"：地理区位较差，居住密度大），危改进入停滞阶段。1997 年底，国家为了刺激内需，拉动经济增长，开始实行积极的财政政策，在基础建设上投入大量资金。平城先后确立了 67 项"迎国庆"重点工程，由于平城的危改策略将市政重点工程与危改相结合，因此，国家基础建设的投入无疑推动了危改的升温。不过，1998 年，《平城城市房屋拆迁管理办法》出台，1991 年《平城实施〈国务院房屋拆迁管理办法〉细则》同时废止，拆迁安置从实物安置改为货币安置，这被视为危改历程中

①　《平城危旧房改造六十年》，市建委志办，2009 年 8 月 24 日，http：//www. bjdfz. gov. cn/ShowNewsLevel3. jsp？NewsID＝1545，最后访问日期：2014 年 11 月 1 日。

一个阶段性的标志。

从如上简述的危改历程中可以看到，在这最初十年，危改的实质是国家释放部分经济职能，以土地为初始资源，借助外来资本，在原本的大一统框架中构造出房地产市场的过程。"开发带危改"是地方政府"经营城市"举措的一部分，目标是"盘活土地"，通过内城土地从居住用地向商业用地的转换，连带内城区域内的产业升级，使地方财政获得短期增长的收益和长期增长的保障，促使地方政府向绩效合法性转型。这个权力全盘主导、资本积极参与、市民被动服从的过程，清晰地展现了这个时期内大一统的国家、新兴的市场以及缺失主体性的个人这三者各自的角色地位和相互之间的关系。

（二）危改推行：合一感的持续建构

若将城市化进程置于整个中国转型的过程中来看，是一个以大一统的国家为起点，有计划地在土地和住房领域引入市场机制的过程；而1990～2000年这十年又是这个过程的初期，原本承担庇护职责的国家与其想要分化经济职能之间的牵扯和粘连显露出来，体现出多种话语和逻辑并存、以权力为主导的局面。具体而言，在深化经济体制改革、推行土地有偿使用等条件下，与市场相伴而生的增长逻辑被引入，地方政府逐利的主体性被激活，但是，这个以增长为主导、引入市场化的过程（代表一种新的逻辑），在危改的推行中，是与对下以"关乎人民切身利益"回应个人权益、对上的"带动城市和经济建设"回应国家利益的话语（原有逻辑）联系在一起的。也就是说，此时已有自身利益诉求、从之前与中央"和合"状态下中分化出来的地方政府，仍试图营造一种上与国家、下与个人的合一感，具体方式是将新出现的增长逻辑纳入原先的吸纳型国家—个人关系之下，强调以危改为途径的经济增长，与个人利益（如居住面积的改善）和国家利益（如平城的经济增长与形象提升）的统一。这样，地方政府不仅获得了推行危改的合法性，而且还掩盖了自身逐利的主体性，但是，关乎发展正义的"谁的增长"的问题则被忽略。

在《记录平文》一书①中，有关危改的报道占据了主要篇幅，以百姓生活和经济发展为两大主题，从标题看，前者着力体现市民搬迁后居住面积的改善（如"八口住过一间半，回迁两套两居室""六万居民迁新居"），后者则着重展示危改后旧城基础设施、产业结构和都市形象的升级（如"3年修好21条路，打造'王'字型磁场""一条大道贯东西，平文经济要腾飞""平文崛起'大都市'""打造都市文化休闲区"）。此外，还有不少报道渲染了都市政府在危改过程中的努力，塑造出谋求发展且一心为民的政府形象（"尽心竭力聚财源""以人为本依法加快危旧房改造，优先解决最困难居民居住问题"），营造出危改过程中道义与增长的统一（"危改带动经济起飞""危改工程通民心"）。

站在世纪之交，经济腾飞、国家富强被建构成举国上下的梦想，发展被简单化为经济增长，而增长又同时被嵌入于原先吸纳型国家—个人关系之下，产生一种"道义化"的效果，基于道义逻辑的增长合法性从如下几方面得到拓展，使危改得以大力推进。

1. 危改关乎广大人民群众的切身利益

在有关危改的所有文件中，危改都被表述为一项"关系广大人民群众切身利益的大事"，以平城人民政府《关于危旧房改造现场办公会会议纪要》（平政办发〔1991〕19号）为例，文件开篇便提出以下内容。

改造危旧房，是市委、市政府落实中央提出的到本世纪末实现小康，明显改善居住条件这一要求所作出的重大部署，既关系到广大人民群众切身利益，也是平城城市规划建设和住房建设的重大转折。……会议指出：危旧房改造建设是平城的一件大事，政策性很强，关系到广大群众的切身利益。因此，全市各行各业都要全力支持，要开绿灯。

———————

① 《记录平文》一书由平文区宣传部和新闻中心，从2000至2005年间中央和市属新闻媒体刊登的关于平文区的新闻报道中择取270篇汇编而成。

改善市民的居住状况是推行危改最重要的道义基础，通过对此的强调，危改项目获得了"全市各行各业都要全力支持，要开绿灯"的合法性，地方政府也对民众构建了合一感。官方媒体的相关报道则辅以精心选择的案例，着力呈现了危改是一项民心工程——"拆迁，解了百姓眉上愁；拆迁，圆了百姓安居梦；拆迁，架起了金桥，让百姓迈入新世纪，走进新生活"。如《平城日报》2001年2月28日"拆迁同心曲系列报道之七"《搬进新居乐事多》（阴奋立等，2001）以拆迁户的口吻，通过拆迁前后的对比，凸显了迁居后的幸福生活。幸福生活是围绕住房面积的改善而展开的。

> 过去我们家只有两间平房，加起来也就26平方米，6个儿女眼瞅着成了小伙子、大姑娘，住不开了，只好又在后面自建了一间十平米的小屋。您别说，这三间房愣是挤下了老少11口。我和老伴带着孙子住在外屋，10来口人出出进进全得打此经过。这倒好，我这儿成了传达室兼过道儿。为了方便出入，外屋就放了一张特制的三人大床，没办法，我和老伴一进屋就得上炕。我的一个儿媳妇是公交车的售票员，赶上上夜班，更不知得到几点回来。这些年睡个踏实觉的时候都少。如今，拿着30多万元的拆迁款，我们老两口在南北城左挑右选，最后在南园相中了一套双阳台的一居室，51平方米，比过去全家人住的面积还要大一倍。老三一家三口要的是50多平方米的两居室，手头宽裕点的老四家一步到位住上了74平方米的三居室，老四说，要拿出一间居室专做孩子的书房，这么多年住在平房里，人多声杂，孩子学习很少能塌下心来，这回孩子终于有个清净地方可以认真读书了。

从平房到楼房，不仅意味着居住面积的改善，报道还着力渲染了与居住面积扩大相应的家庭内部空间中装修、家具、电器、生活习惯的改变，与发展逻辑相适应的现代化气息扑面而来。

> 现在您要是再去我家，咱就不用上炕聊了，儿子送我这套3米长的

沙发您一定坐得比硬炕舒服。您瞧着白色仿大理石花纹的高级通体地砖、白色立邦漆墙面、一水儿的铝合金门窗、明亮柔和的吸顶灯、大功率的海尔空调、光滑厚实的水曲柳木制门……这房子也是儿子们出钱替我装修的。

这房子大了，人也住得仔细，爱干净了。或许是觉得眼前的这一切实在是来之不易，老伴把这屋子看得挺"金贵"，特别是对这地砖，擦得倍儿亮，人一进门就得换上拖鞋。

最后，报道回归于个人的日常生活，描述空间增大带来的"自由、清净"，使蜗居一辈子的老两口终于得以"享受生活"，再次强调了危改中国家与个人的合一状态——"咱一个蹬板车出身的穷汉子如今能住上这样的大房子，咱打心眼儿里念共产党的好啊"。

俩人住这么一套大房子，感觉就是四个字：自由、清净。说、笑、逗、唱、躺、卧、蹲、坐，全由着我的性子。过去平房人多，老得端着长辈的架子，脑子里像是总有根绷着的弦松不下来。有时候我和老伴连说句悄悄话儿的机会都没有。实在话，活到70岁，直到住在这儿，我才知道什么叫享受生活。看看电视，唱唱评剧老段子，再给老伴捶捶背……老伴感觉特幸福，这回我俩可得好好过一过清净的二人世界了。我对孩子们说，咱一个蹬板车出身的穷汉子如今能住上这样的大房子，咱打心眼儿里念共产党的好啊。

2. 以危改为龙头带动城市和经济建设

除了需要对下（人民）建构合一感以外，地方政府还需要对上（国家）得到认可，建构危改项目与国家利益——城市建设、经济发展——之间的统一。此时，危改从一个民生问题转变为一个经济问题，在深化改革，以拉动GDP增长为目标的背景下，与国家利益统一起来。

1992年《平城人民政府关于外商投资开发经营房地产的若干规定》第

一条便开宗明义地指出："为引进资金，开发房地产，加快城市建设，促进经济发展，根据国家有关法律、法规，结合本市情况，制定本规定"。"把危改和调整经济结构结合起来"，实现"城市建设和经济建设紧密结合"，成为新时期新的指导精神。一篇对平城平文区李区长的专访（中共平城平文区委宣传部等，2006：53）具体阐述了危改的经济功能。

> 危房改造，不用说都知道是造福百姓的一件大好事，而分析起危改和资本运作的关系，李区长更像是一个学者：危改不仅仅是改善群众居住条件的前提，也是市场经济条件下"经营城市"、盘活城区资产的现实选择，作为实物形态的资本，城市资源实际上是政府最大的一笔有形的国有资产。通过政府组织、市场运作、社会参与危改，我们就可以对构成城市空间和城市功能载体的土地（自然成本资本）、路桥（人力作用资本）以及相关延伸资本（如附着于路桥的广告收益）进行集聚重组、优化资源配置和有效运营，最大限度地盘活存量资本，搞活增量资本，从而实现城市的自我滚动、自我积累和自我增值。只有通过危改，我们才能充分发挥平文区"寸土寸金"的优势和效益。因此，危改不仅是重塑平文区功能和形象的关键，也是发展区域经济的龙头。（原载于《平城日报》2001年4月17日《平文区是你美丽家园——访平文区区长》）

因此，以平文区为例，"以危改为龙头，加快城市改造和建设，带动和促进全区经济和社会全面发展"成为这一时期的指导思想，具体为："通过危改，让百姓改善居住环境和条件；通过危改，加强市政基础设施建设，进一步改善我区的环境质量。同时，结合保护平城古都风貌，调整全区经济和社会各项事业布局，从而提升现代城区的水平。"（鲍玉慧，2001）

城市建设作为民心工程和经济龙头，事实上是两种相距甚远的职能：前者理应遵循传统文化中的道义逻辑，强调全能国家的庇护职责，与吸纳型国

家—个人关系相对应；后者则理应遵循市场规律，激发资本的增长逻辑，理
应与本书后半部分所要论述的平等型国家—个人关系相对应；两者在实际运
作中常常是充满张力的。在"开发带危改"中将两者合一，生动体现了大
一统的国家在释放经济功能的初期出现的独特局面。在深化改革的各项制度
设计下，地方政府作为增长主体的主动性被激活。但是，与此同时，地方政
府并没有主动地、自上而下地去构建更符合市场规律的平等型国家—个人关
系，而是试图将市场带来的、新兴的增长逻辑纳入于先前的吸纳型国家—
个人关系的框架之下。由此，业已有自身逐利需求的地方政府仍试图保持
其上对国家、下对个人的合一。以地方政府为行动中心，这两套合一感的
建构采取了两套不同的逻辑，前者强调危改的经济功能、引入市场话语下
的增长逻辑，后者强调危改的民生功能、调动传统文化中的道义逻辑。可
见，此时国家—地方—个人三者之间的关系已与之前连续统一的状态有了
本质的区别（见图 2-2）。存在"空间的经营主义和专制取向"的地方政
府（毕向阳，2006：39），在其实现自身目的的过程中，尽管分别维续了
与国家和与个人之间表面上的"合一"，但这两种"合一"之间的逻辑是
存在断裂的。

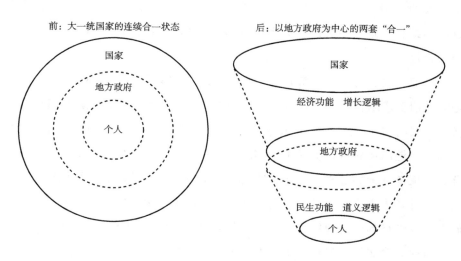

图 2-2　"开发带危改"前后国家—地方—个人关系的对比

因此，地方政府和被拆迁的市民在危改中成为分化的两极，前者是危改中的行动主体，能充分调用增长和道义的双重逻辑，将新增的市场要素纳入原先吸纳型国家—个人关系之下，意味着从深层的文化、意识形态及执政合法性上，赋予了国家及由其主导的市场对个人的绝对的权力；后者则仍是主体性缺失的、相对于国家（包括地方政府）不独立的、自我边界渗透的传统包容式个体。两者之间相距悬殊的力量对比，成为城市奇迹与拆迁悖论的同一根源。

三　城市奇迹与拆迁悖论：分化的两极

1990～2000 年，平城全市纳入危旧房改造范围的项目共有 333 片，累计开工改造危改小区 168 片，拆除危旧房 499 万平方米，竣工 53 片，竣工面积 1450 万平方米，动迁居民 18.45 万户，投入危改资金 469 亿元。大规模的危改实现了政府置换土地用途的目标。动迁居民大多被迁至三环四环以外，集中在平城最不发达的东南、西南城区，成片的拆迁安置小区在那里连绵不绝；而他们原先居住的二环以内的旧城区，则被替换成一座座规模巨大的写字楼和购物广场，以商业、会议中心和金融机构为主。权力和资本的结合重塑了平城的空间形态和城市体验，也造就了中国举世瞩目的经济奇迹。

以旧城改造为名的城市开发，是以土地和空间的商品化为核心展开的，地方政府谋求增长的逻辑非常清晰，主要分为三步：首先是土地用途的置换——要将"寸土寸金"的中心城区从居住用地转化为商业用地；其次，伴随着土地用途转换的是人口结构的调整——从低消费人群转为高消费人群，也就是从依靠工资、低保、非正式经济收入等生活的底层民众转向有高收入的外籍人士、白领等；最后，在这两者的基础上，实现产业升级，从而确保区域经济的长期稳定增长，符合国家进一步深化改革、以 GDP 高速成长获得执政合法性的要求。事实上，不仅是平城，在这一时期，全国上下的思路都大同小异，以城市发展带动经济腾飞成为一项政治任务。

　　但是，地方政府将土地视为资本、盘活抽象的交换价值、以经营城市谋求增长的动机，无可避免地与将土地视为日常生活空间，以大杂院及其便利的内城环境承载邻里关系、谋生手段、求学就医的市民发生冲突。光鲜亮丽的内城的士绅化的另一面，是对普通市民看似破败的日常生活和社会支持网络的挤压乃至损毁，事实并非如上文媒体报道中所描述的那么美好。所以，上文中地方政府所试图对下营造的——"代表人民群众切身利益"的——合一感中是存在张力的。在城市发展的过程中，以地方政府为代表的国家与个人之间，事实上的分化已经产生。

（一）被活化的内城空间

1. 土地功能置换

　　在上述经营城市的理念下，城市发展的症结被诊断为"居住用地过多，商业用地不足"。以位于平城正中心的平前街道为例，一份平文区的 1999 年的调研报告指出，该街道 75.56% 的土地用做居住用地，旅馆服务为第二功能，第三是商业金融功能，分别占 4.99% 和 3.62%，存在"明显不合理和不经济的现象"，"大片黄金之地无法实现其应有的区位价值"。所以，土地置换的主要目的之一，就是将居住向商业转换，辅以基础设施建设，带动整片区域的产业升级，从而达到经济结构调整的目标。

　　　　"十五"期间是平文区产业结构调整、培育重点发展产业和构筑区域经济增长极的重要时期，能否利用土地再开发的时机把上述产业结构调整、培育重点发展产业和构筑区域增长极真正落到土地上，是"十五"规划能否实施、经济发展战略能否落实的关键所在。（平文区发展计划委员会编，2001a：238）

　　这成为指导都市政府实践的方向。收集到的平文区数据显示，自 1995年开始，"九五""十五""十一五"规划期间，居住用地比例逐期减少，商业金融用地比例稳步增加，如下表 2 - 1 所示。

表 2-1 平文区居住用地和商业金融用地"九五"
"十五"及"十一五"期间的变化趋势

时间类型	1984 年		1995 年		2004 年		2009 年	
	面积(ha)	比重(%)	面积(ha)	比重(%)	面积(ha)	比重(%)	面积(ha)	比重(%)
居住用地	462	29	815	49	753.94	45.80	623.8	37.9
商业金融用地	60.7	3.8	54.7	3.2	64.96	3.95	93.98	5.71

数据来源：平文区"十五""十一五"规划前期调研报告汇编（平文区发展计划委员会编，2001a：215~217；平文区发展和改革委员会编，2006：200）。

在田野调查中，市民的搬迁轨迹也印证了政府的这一理念。以万人诉讼的部分原告为例，他们原先都居住在平城二环周边、三环以内，经历拆迁之后，被安置于西四环外（平景区 LG）、东四环外（平阳区 SYJ）、东南四环外（平南区 NY、平辛县 JG）、西南三环外（平南区 JM，平南区 HX）以及西北五环外（平北区 QH）等地。在他们世代居住的旧址上，矗立起体量巨大的购物中心、高层商品房、写字楼，或是被拓宽成大街，举目可及处是平城的车水马龙。

图 2-3 静谧的胡同（摄于 2014 年 9 月 22 日）

注：由于开始研究的时候，我的被访者已经全部搬迁至远郊安置小区，很遗憾未能拍摄到他们曾经居住的胡同。图为现在正在进行改造的平城平前地区，为平城仅剩的、仍较多地保留了人们日常生活（尽管现在很大一部分居民是外地人）的胡同之一。尽管汽车的进入已使胡同面貌不同从前，但漫步其中，仍能感受到无处不在的生活气息和胡同特有的静谧气氛。

图 2-4 改造后的平文大街（图正中为新时代购物中心）
（摄于 2014 年 10 月 28 日）

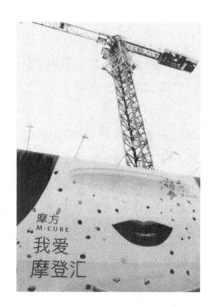

图 2-5 红唇与吊车：消费与发展的隐喻
（摄于 2014 年 10 月 28 日）

图 2 - 6　"产权传承自由购"（摄于 2014 年 10 月 28 日）

注：图 2 - 5、2 - 6 为新时代购物中心两侧，在原住民搬走十多年之后仍在建设。一侧是印有硕大红唇的"我爱摩登汇"的购物中心广告，另一侧是宣称的"产权传承自由购"的楼盘广告。吊车与红唇，很难让人将此地与被访者描述的之前的胡同生活联系起来，而"产权传承"这几个字又显得讽刺。无处不在的消费与发展，重塑了这个城市的空间符号与精神体验。

2. 人口结构调整

伴随着土地功能从居住向商业的转换，是旧城区人口结构的调整，同样以平文区为例，一份报告中显示出如下内容。

> 1990～1998 年间，平文区因旧城改造动迁居民约 2 万户，主要采取了区外安置，如按 10% 的平均回迁率，户均人口 2.7 人，8 年间约有 1.8 万户，近 5 万人口迁出平文区，约占该区常住人口的 12%。目前平文区已立项的 29 个危改项目共需动迁居民 5.5 万户，按 10% 的回迁率，这些项目全部完成以后，平文区将会有近 1/3 的原有居民迁出。（平文区发展计划委员会编，2001a：227）

从地方政府的角度，旧城区低收入的居民成为一种"剩余人口"：他们既不能投资办企业促进地方经济发展，本身素质又不符合发展新兴第三产业的要求，且不具有高消费能力，反而还要政府为其提供就业机会和社会保障，成为政府的一项负担。例如，在平文区某次发展论坛上某跨国地产咨询公司的负责人（也是平城规划委员会的顾问）表达了对通过旧城改造调整原有人口结构的观点①（参考肖林，2009：189）。

　　所以我们说要发展平文区必须从人口结构优化着手。怎么来优化老城的结构，对于平文区来说旧城改造是一个不可回避的问题……如果要保证开发商的利益，又要保证城市的老城风貌，必须把一批合理的老城居民疏散到城外去，我个人认为这是不可避免的话题，因为老城人口密度过高，人口密度如果不下来，其他产业的发展都是谈不上的，上次谈到这个观点，联合国教科文组织一个官员说不，因为在国外所有的城市复兴都要包括不低于70%的原住民回迁，但是这是国外都没有户籍制度，国外人口流动过去是自由的，明天还是自由，能够住在这个地段的人当然是能够支付得起的。

　　可是中国是一个有户籍制度的国家，在有户籍制度的情况下我们任何一个区域的人口居民状况是很复杂的，做这类工作的人都知道，我们有居民户，还有产权户，其实有很多人他们已经并不在这居住了，他们利益还在这儿，你要对他进行保护就是利益的保护，我可以尊重你的产权，但是我未必让你在这里居住，我让你的房子做效益最大化的东西。但是这并不等于说一定还住在老城，以前有一个误区，我们每一个老城区的改造都是同区内的安置，就是平文区安置平文区的拆迁户，我个人认为这也是有问题的。如果平东区搞拆迁安置你会发现搞完了都在二环边上，但是对于平阳区它最好的地段还没有进到二环内，我们是否可以考虑一是要促进人口结构的合理流动，使平文区的人口结构尽可能的优化，为第三产业发展打造一个良好的基础。像平文区这样的老城区它的拆迁安置能否搞城外安置，而不是完全由平文区来解决，否则既不利于

_____

① 《老城区开创新局面：平文区域经济及发展论坛》，2005 年 7 月 7 日，http：//bj. house. sina. com. cn/news/p/2005 - 07 - 07/231683103. html，最后访问日期：2014 年 11 月 1 日。

旧城人口的疏散，也不利于第三产业的发展。

在实际操作中，外迁成为一种普遍的做法，图2-7标志了平城当时建成的部分外迁安置社区的地理位置分布。从图中可以见，这27个安置社区中只有7个在三环至四环之间，其余有10个在四环至五环之间，另有10个更是在五环以外。而且，安置社区多位于平城城市发展水平较低的东南、西南一带。

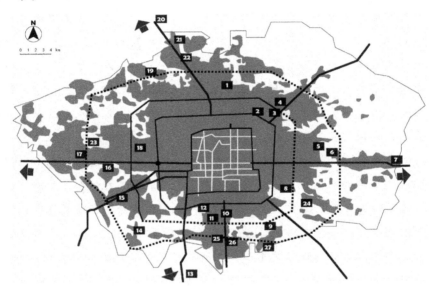

图2-7　平城部分集中外迁区分布图

资料来源：方可（2000：44）。

3. 产业升级换代

将内城空间用途置换、人口结构调整的最根本目标还是为了区域经济长期稳定地增长。这种策略的出现，与1994年以来实施的税收制度有密切关系。周飞舟（2006）的研究发现，分税制的实行固定了中央政府和地方政府利益分配的比例和方式，基本上消除了地方政府在预算财政体制内的机会主义空间（相对于过去的财政包干体系而言），由此导致分配权力的重构，重塑了中央政府与地方政府的关系，也重塑了地方政府的行为方式。

分税制将税种划分为中央税、地方税和共享税三类，这三类组成预算内税收，此外，与之并列的是预算外税收。肖林（2009）的研究发现，城市化带来的税收可尽可能地满足地方政府保证地方财政收入的目的。如，与城市化相关的税种，如建筑业、房地产业的营业税、房产税、土地税以及城市维护建设税都属于能留下的"地方税"，在地方总税收中占将近60%；而从1994年起，土地出让金不再上缴中央财政，全部归于地方，成为地方政府预算外收入的主要来源。分税制激励了地方政府发展房地产业的意愿，房地产业被视为须大力扶持的新兴产业，并在实质上成为重要的主导行业，以平文区为例，1998年房地产业上缴税收占全区财政收入的19%左右。

> 房地产业是伴随着近年来平文城市建设和旧城改造迅速发展起来的一个新兴行业。截至1998年底，全区共有各类房地产企业132家，其中开发企业11家，房地产中介企业20家，物业管理企业21家，建筑与装饰装修企业80家。1998年，11家房地产开发企业累计完成各类房地产物业开发投资约14.41亿元，占全区固定资产总投资的67.49%，实现利税6545.2万元，上缴税收4850.9万元。20家中介企业全年营业收入78.2万元，上缴税收4.2万元。21家物业管理企业服务营业收入1578.2万元，实现利税477.8万元，上缴税收167.8万元。80家建筑与装饰装修企业全年完成工业产值约6.47亿元，实现利税4339万元，上缴税收2975.3万元。1998年包括开发企业、中介企业、物业管理及建筑、装饰装修在内的全行业从业人员超过5000人，占全区总就业人口的比重估计达10%左右，上缴税收占全区财政收入的19%左右。房地产业目前实质上已经成为平文区重要的主导行业和支柱产业部门。（平文区发展计划委员会编，2001a：76-77）

这一趋势在后续年间持续升温，房地产业迅速崛起为区域经济增长的支柱，地方政府成功实现了产业升级换代的目标。

房地产业作为平文区的基础产业之一，近年来一直保持着相对稳健的发展。从产业规模和经济效益方面看，房地产业都排在全区各个产业的前列。2001 年，房地产业增加值为 3.5 亿元；2002 年增加值迅速增长到 8.0 亿元；2003 年的增长又达新高，为 10.8 亿元。2003 年，仅房产税就达到 1.2 亿元。这样的产业规模、效益以及增长速度，在平文区各产业中是首屈一指的。（平文区发展计划委员会编，2001a：291）

被改造的平域内城而今成了资本的乐园，每时每刻都在创造着价值。平城以付出古都整体格局为代价，跻身于国际金融中心之列。平城变得更高、更大了，更灯火辉煌、川流不息了，凡此现代化的种种，唯独与之前的居民——这座城市原本的主人——没有了关系。以往充满人情味儿的生活一去不回。

贝姐：不该我说，平城很美，现在拆得……你来看（指地图），这平文大街，原来是城墙啊，三里地一个门三里地一个门，很美啊。后海很美，当年梁思成是不让拆的，黄金是换不了平城古城啊（不禁泪下）。很可惜很可惜，拆城墙的时候我母亲都掉了泪了，我们挨着城墙走啊，绕圈走过一次，整整 24 公里地，1.5 公里一个门。我们没事儿就上天坛玩。可漂亮啊，没了，很可惜啊。十个伊拉克战争也顶不过这样一个平城。以前八月十五灯节的时候，护城河里都飘着灯，开春，逛庙会，林荫道，都是水啊。现在都光秃秃的了，就只剩下一个东便门，一个箭楼子了，就像什么呀，就像一个人，带了个领带，穿着大棉裤。那房子很好，冬暖夏凉，而且人们素质特好，一大早五点就出去扫门去了，一到霜降，大家主动就不倒水了，一下雪，就都拿着扫帚出来扫雪了。平城还有一个特点，出门不锁门，找不着锁，一出门一个礼拜，说您帮我看着点，就出去了，在没拆之前基本还都这样。大院就能做到这一点，楼房做不到。好几代人住在这里，你家有什么人都知道，亲戚都知道，养几只狗几只猫都知道，年代特别长，都很熟了。一半儿院是亲戚一半不是，不是的有房客，也有像我们以前有说的师兄弟，师兄弟买了个房子，住不了，就你住一间我住一间。你看现在，古城以内，四合院，好的优良传统，没了；民族的手工业，没了；人情，没了。（访谈材料：TY20050925）

（二）被挤压的日常生活

这个所谓的"盘活土地"的过程，将内城空间从使用价值转化为交换价值，抽去了土地与生活于其中的个人之间最密切的关联，也使先前包容合一的国家—个人关系发生变化；事实上的分化已经产生，资本的力量已经并且将要在其中扮演愈来愈重要的角色。这是一场有关权力和资本的宏大叙事，并被嵌入千百年传承的文化心理结构之下，缺失了主体性且被原子化的市民个体处于食物链的末端，只能被动地承受行政权力与资本逻辑的双重挤压。在以地方政府为中心的旧城改造中，被拆迁市民被排除在各个决策环节之外，只能在有限的选项中选择自己今后的新居。对于大多数市民来说，迁居确实会带来居住面积的增长，但与此同时，他们必须面临的是"空间福利"（肖林，2009：185）[1] 的丧失、非正式经济形态的破碎、社会支持网络的解体以及房屋土地产权的被侵害。

1. 环境："空间福利"的丧失

在级差地租效率最大化的驱动下，外迁小区大多被安置在了平城偏远的四环以外，并集中在配套设施相对落后的东南角。迁居至此，深刻影响了市民的日常生活：孩子上学、朋友交往、老人就医等；加之周边的基础设施建设未及时完成，取水交通问题严重，社区安全没有保障。在上访信中，社区

---

① 肖林在研究中提出"空间福利"的概念，指旧城集中而丰富的各类社会资源和设施（商场、医院、学校、公园、交通，等等）对于那些缺乏单位福利保障的旧城居民而言是一种事实上非常重要的福利，可以以相对较低的成本获得更多的资源；这种福利的提供者并不是其工作单位，而是城市本身。甚至社区居委会（有较之新建小区更好的组织优势）、危旧房（意味着低租金）都可以是"空间福利"的内容。因此，旧城平房尽管破旧，但是作为低收入家庭在市中心的栖身之所，又具有特殊的价值。

环境被表述为以下情况。

> 在城里时，孩子都有了固定的学校和托儿所，正常的起居时间就可以保证上学、入托不迟到，放学安全；现在孩子上学，送孩子入托要起早贪黑，时间耽误在路上四五个小时，最可怕的是女孩子早、晚常遇到歹人猥亵甚至强暴，没一点安全感。居住区因设施不全，也未形成规模。四周麦子地，黑漆漆一片，马路上都没有路灯，正是滋生犯罪的地方。一年到头，没有文化生活，没有体育活动，只能囚在家里看电视，交通不便，道路堵塞，进城上班、上学、看病、购物极为不便，老年人的合同医疗都在城里，如果有了急病，岂不耽误了。居住地经常停水停电，水质差，使人皮肤溃疡，头发脱落；治安状况恶化、经常丢失汽车、摩托车、自行车。（平文大街迁往平辛县红星供销社集贤四队宿舍楼的拆迁居民的上访信，1999）

这种情况在当时的平城比比皆是，旧城保护知名人士华新民女士也描写过相似情形，一个从平西区木事胡同迁到平景区的八岁小女孩，为了上学，要"先五点多钟爬起来，吃完早点用二十多分钟走到地铁，再坐半个小时地铁坐到西单，然后倒公共汽车坐三站地，再走到学校"，令人揪心。

2. 营生：非正式经济的破碎

由于内城被拆迁区的市民普遍收入较低，尤其是大杂院里，很多人都依赖于周边繁华交通和大量人流，以非正式经济为生，如摆小摊、出租房屋等。此外，搬入楼房之后，物业管理费、暖气费等也是一笔不菲的支出，并且，由于安置楼房没有产权，居民们还需要交付房租。一进一出之间的落差，使很多被拆迁家庭生活质量急剧下降，乃至影响生存。

> （张家）房子先是被经租的，后来要回来几间自己租，一个月一两千。（以前）靠这个收入，现在都没法生活了。他自己没有工作，他爱

人是在市中心摆摊卖纪念品的，家里还有两个孩子在上幼儿园。（访谈材料：TY20051116）

3. 精神：社会网络的解体

从平房到楼房的转变，不仅迫使生活习惯发生改变，还破坏了先前的社会网络，这尤其对老人产生了很大的影响。旧城保护人士华新民 1998 年 3 月 27 日刊登于《中国改革报》上的《初访木事胡同》（原标题：《采访拆迁户纪实》）一文中提到如下内容。

> 我展开了眼前的一张外迁区名单，选择了西三环外定辉寺对面的西里庄。到了那儿，打听出三十七号楼是从平西城过来的拆迁户，就走了进去。我敲开了三层上的一扇门。这是一位八十多岁的孤寡老人，屋子里床上床下堆满了从平房带过来的东西，仿佛一个仓库。老婆婆已经从城里搬过来好几年了，她说由于电梯五层以下不停，她很少能下楼呼吸新鲜空气，所以身体越来越不好，和邻居说话的机会也少了，所以郁郁不乐。至于子女，原来住得近，总在一起，现在为了生计和孩子上学，不得不留在城里。虽说他们轮流每天都来一个陪她睡觉，但早出晚归，实际上很难见上面。她说她真怀念过去平房小院的生活！现在的房子虽然平米数增大了，有了自己的厕所，但在相比较之下，她觉得过去的破杂院才是天堂！在那个失去的天堂里，她可以经常见到她的亲人，她一迈脚就可以和邻居聊天，一迈脚就可以到外面活动，她稍有不适和不便一招手就可以得到街坊四邻的帮助，她想上医院立刻就能有车，拐几个弯儿就能到。她叹了口气说："唉，住惯了平房了。住在这个水泥筒子里就跟关进了活棺材一样。"我从她家出来，又上上下下拜访了几家，家家都那么惨淡。……这些老人失去了阳光，失去了空气，失去了活动，失去了亲情，失去了邻里，只换来了一个属于自己的马桶和水管子。暖气呢？由于给的温度不够，大部分人家又生起了炉子，半拉现代化还不如不现代化，那煤也不知是谁给抬上来的。

117

世代居住的房子被拆，还割裂了家族传承的精神连带，给居民，尤其是老人，造成了巨大的心理创伤，甚至导致无可挽回的后果。

> 王：那些老人啊，护着他们家的东西。特护着，知道吧，年轻的还想得开，年纪大的就觉得，我们家的财产从我这里丢了，对不起祖宗，我怎么跟祖宗交代啊，他是这想法，并不单是在这儿住，我死了都没法跟祖宗交代去，从我这儿没了，是这种想法，所以就造成了老人的思想压力。

> 徐：张家的房子是李莲英的算命先生的，房子拆下来的时候椽子房梁都一般粗细，相当考究，连拆迁的警察看了都说，这么好的房子也拆，你就可见有多好了，是我们那一片一两千户里数一数二的，当时18间房给了17万元。他父亲是特老实一个人，走在路上都怕踩死蚂蚁的，所以都不敢说。他就是胆儿特别小，他背后就讲，你说咱自己家的房子买了，然后呢，还不让住，就是想不通，老头还不敢当面说，偷着说。（人）后来就丢了，已经五年了。（访谈材料：TY20050821）

4. 产权：市民主体资格的灭失

除地理位置、居住模式转变对百姓日常生活带来的深刻影响外，拆迁安置过程中对房屋和土地财产的处置，也体现出开发主体与市民之间的张力。

一是拆迁安置房的产权问题。不同于商品房房主拥有房屋（及土地）产权，据有学者调查（方可，2000），平南区角门、平辛县九宫和禾怡小区、平长县龙乡小区等外迁居民反映：目前的许多外迁小区都是开发商租用（或参与集资）的"单位联建房"或"农村合建房"，有些甚至还是占用农村基本农田兴建的"违章房"。居民根本拿不到产权证。这种现象也在我所走访的外迁社区中得到印证。在一份平文大街1号、5号"危改"拆迁地区居民上访时的书面材料中，市民引用副区长回答拆迁代表时所说的："南园、禾怡、九宫地区是联建合建的居民住宅"，根据合建住宅之规定，认为"开发公司拆迁办在农村集体所有制土地上开发、建设是不合法的；在'联建合建'的住宅里安置拆迁居民更是法规不允许的"。

在城里"黄金宝地"拥有产权，迁至平辛县只拥有房屋使用权，在城里只是房屋拥挤一点，各方面条件都特别好；到平辛县只有房子宽敞一点，其他条件都特别差，困难和危险困扰着我们，能说为我们真正地改善条件了吗？（平文大街迁往平辛县红星供销社集贤四队宿舍楼的拆迁居民的上访信，1999）

二是原先内城旧址的土地使用权问题，这是一个更为复杂、有更多争议的历史遗留问题。这个问题是本书着力阐释的万人诉讼运动的核心议题，因此，与土地使用权相关的具体内容将在后文中逐一涉及。简言之，本章对这十年间已经发生的改造、拆迁流程的讨论，都是在默认政府有调整土地用途的天然权力下进行的。后续章节将进一步触及这套天然权力的合法性，尤其是中国的土地产权制度存在一种"人为创设的制度模糊"（Ho，2005）的情况下，市民对自家购于新中国成立前、世代居住的私有房屋院落的土地使用权究竟意味着什么？它不仅代表着市民们所享有的财产，从本书的视角来看，它还代表着市民们参与城市发展的主体资格。

（三）拆迁悖论

通过如上两部分的对比，旧城改造中地方政府和市民之间的利益分化及力量对比清晰地显露出来。以地方政府为行动主体，一面是受资本驱动的增长需求；另一面是以吸纳型国家—个人关系为基础，在"为百姓切身利益""为城市经济发展"的名义下，要求市民们"顾全大局""尽快搬迁腾地"的道义逻辑，并辅以媒体施加强大的舆论压力。面对这种情形，刚从单位制中脱嵌出来，仍深受计划经济时代意识形态形塑，默认对国家利益内化和对国家权力服从，并缺乏主体性的市民体验到一种深刻的无力感。

芝：咱们既没有钱，又没有权，咱们穷啊，提着猪头找不到庙门，要说的话实在太多，我现在眼泪都流干了。（访谈材料：TY20051123）

在面对市民时，地方政府执行危改的一项重要策略就是持续营造危改与百姓切身利益一致的合一感。但经历搬迁前后实际生活对比的市民，对此从经验层面提出了一个初步的质疑——为什么以"改善居民生活条件"为口号的搬迁却让居民住在最差的地方？

> 据了解，港商在投资这块黄金宝地时，考虑到被迁居民的安置地不宜过远的问题，同意给每户30万至40万元的安置费将拆迁居民安置在三环一带，钱也付给了开发商。开发商只需用此笔专款在三环一带买下楼区，安置居民最简捷不过了。开发商为什么不去实施这一办法，却要倒出租、借、买、合建那些零星的、没有居住条件的、没有任何配套设施的，甚至没有产权的农民自建楼，诸如红星供销社宿舍楼，集贤四队楼等？结果是：现成的、够安置标准的、条件、设施都比较好的小区，不给居民安置；根本就不是小区，各方面都不够条件的地方，偏偏安置了拆迁居民。平政发〔1994〕72号《平城人民政府关于本市新建改建居住区公共服务设施配套建设指标管理的通知》中指出：居住区配套设施共分教育、医疗卫生、文化体育、商业服务、金融邮电社区服务、行政管理、市政公用等八大类40小项。我们认为，我们也是平城公民，也有权享受这样的居住区所给我们的良好条件和环境。
>
> 社会在进步，平城城市建设在加快，居住区的标准在不断提高，人们的生活水平、居住条件、环境正在得到改善。"危改"拆迁的目的之一就是改善居民的各方面条件。可开发商为什么不把居民安置到较好条件、较好环境的小区？偏偏哪里差，往哪里安置，安的是什么心？港商肯拿出几十万安置费为每户拆迁居民安置好一点的地方，而开发商却把钱扣下，把居民往农村安置，多么鲜明的对比，多么卑鄙的嘴脸，利欲熏心，利令智昏，简直不把拆迁居民当人看，随意欺侮。请有关领导过问一下，这笔安置专款是怎样用的，用在拆迁居民身上到底有多少？？（平文大街迁往平辛县红星供销社集贤四队宿舍楼的拆迁居民的上访信，1999）

　　从这些文字中，我们看到了市民经历拆迁悖论时的种种困惑，为我们展现了"城市奇迹"中常常被忽略的另一面——缺失主体性的个体在权力和资本的合力下任由摆布的情形。当政府官员再一次说出"我希望大家能从大处着眼，看到危改到底对谁有利"的旦旦誓言时，一些不同的声音已经出现，被拆迁市民逐渐觉醒，认为自己并不是受益者。

　　　我们原住在繁华的平文大街，水、电、交通等生活条件十分完备，二环路内的商业、文化、卫生、教育、体育、金融、邮电、副食等场所众多，人们无忧无虑，是居民的理想居住地。我们居住了几十年，上百年，对家园有着极深的感情。1997年后，"新时代"工程占地需要我们动迁，为了支持国家城市建设，招商引资，发展经济，我们积极配合开发部门，做出了重大牺牲，来到了平辛县居住。但开发公司拆迁办在实际拆迁安置运作过程中，以各种手段侵害居民的利益，让我们吃了大亏。

　　　拆迁活动是重大的民事行为，房产问题是关系到千家万户切身利益的大问题，居住条件与环境标准也是居民极为关心的焦点问题。拆迁安置过程应该是一次法律监督下的商业活动，各方均受益，只要把资金用好，政府会满意，开发商会满意，居民也会满意。现在是居民一方受了这样大的经济损失，吃了这样大的亏，究竟是谁在其中占了便宜？又有谁吃了黑，发了财呢？（平文大街迁往平辛县红星供销社集贤四队宿舍楼的拆迁居民的上访信，1999）

　　文中，市民初步对拆迁的性质做出了界定，对拆迁过程中的国家和市场的定位做出了判断，以诉诸伦理、情感的生存道义和同样援引吸纳型国家—个人关系资源库中"为大局牺牲"的合法性话语，来抵抗发展话语被简单化后导致的公平正义的缺席。一种试图参与、对话的主体意识已然萌发。值得注意的是，这是由下而上生长出来的，并不是自上而下被赋予的。

小 结

　　本章以历史的视角，分析了从新中国成立至今，在城市住房领域中体现出来的大一统的国家从合一到分化的过程，及相应的社会结构与深层的社会心理结构之间从相适到失调的过程。

　　这种变化以改革为界，大致分为两个阶段。前半段是一个全能主义国家的建构过程，亦即汇集权力、积聚资源的过程。国家通过各种运动将私有房屋收归国有，凭借房管局和单位两套系统，构建公有制住房的体系，达到对城市住房的全面控制，也意味着国家对个人日常生活的全面渗透。这个阶段国家—个人关系最主要的特点是中国社会中原有的吸纳型关系——国家对个人承担庇护职责，个人对国家履行服从义务——被推向极致，全盘掌控的国家与缺失主体性的个人之间是俯仰呼应、包容合一的。换言之，全能国家的建构并未触及中国传统的社会心理结构，反而可以说，正是中国文化传统、深层中的这种个体的不独立、自我边界的伸缩通透、需要由相对于他人的关系来定义的这些特征，顺应、造就了国家的全能和强大。此时，缺失的个人主体性在国家的庇护下隐而不彰，被国家掌控的私人生活亦尚未受到资本力量的侵蚀。

　　随后启动的改革，预示着全能国家即将从它大一统的框架中释放经济功能。在城市建设领域，20 世纪 90 年代初推行的国有土地有偿使用制度标志着改革的进一步深化。房地产市场的诞生催生了各个利益主体的分化，也破坏了之前国家与个人之间的呼应，以及中央和地方之间的"和合"。值得强调的是，在大一统的国家框架内孕育的市场，在其诞生初期，并没有改变，反而是嵌入原有体制运行的基本逻辑以及更深层的文化心理之中，从而受到权力的全面主导。因此，尽管此时利益主体业已分化，国家—地方—个人之间连续合一的状态已经改变，但尚未有力量来推动深层文化与社会心理结构的相应变化，原本相互适应的社会结构和社会心理结构之间出现失调。

　　"开发带危改"的制度设计正是转型初期这种失调局面的体现。"开发"

带"危改"集结了资本和权力的双重力量，与资本相适应的增长逻辑是地方政府实施危改的主要目的，但与此同时，在危改的推行中，地方政府却仍然借助于以权力为中心的道义逻辑，在采用行政强力的同时，试图营造一种上对国家（开发、发展经济）、下对个人（危改、保障民生）之间的合一感，以延续深层的社会心理结构，由此获得推行危改的合法性，掩盖自身分化的主体性。先前隐而不彰的个人主体性缺失的问题，在引入市场经济之后显露出来。资本的逐利本性弱化了国家的庇护职责，但与此同时，缺失主体性的个人仍保留着对国家的服从，由此，个体受到资本与权力的双重挤压。盘活内城土地、推动产业升级、带动经济增长的另一面，是市民外迁之后空间福利的丧失、非正式经济形态的破碎、社会支持网络的解体以及房屋土地产权的被侵害，地方政府和被拆迁的市民在危改中成为分化的两极。

利益上实际的分化，与弥漫于意识形态、官方话语中的被持续建构的"合一"之间的矛盾逐渐显露出来，引发了市民最初的抵抗。对这种"合一"感的质疑（"拆迁的悖论"），正在催生一种自下而上推动社会心理结构转型、使之与社会结构再度适应的力量。

第三章
————

土地的奥秘

同样是土地使用权，为什么在开发商手里，他刚从我手里拿到，就价值千金，而在我手里就什么都不值，而且还被限制权利，政府这也不许那也不许。

——被访者翟先生，2008 年 3 月 31 日

　　土地是城市开发中利益冲突最尖锐，也是最无法回避的问题。在平城被拆迁的旧城区内，大致有三分之一的私房主，土地对他们来说，不仅是日常生活的空间，也是祖辈传承的一份巨大的家庭财产。不少人曾见过自家房屋旧时买卖的房地契，也经历过新中国成立后的房屋土地财产总登记（1951～1966 年）。1982 年《中华人民共和国宪法》确立了"城市土地属于国家"的基本原则，但在法律程序上，平城的市民一直未就有关土地权利的问题与国家有关部门履行过正式的变更手续。20 世纪 90 年代进入城市化以来，在大规模的危改和拆迁中，私房主世代居住的四合院只能得到地上物折旧之后的极少补偿，被称为"砖头瓦块钱"，与整体院落的市场价值相距甚远，且就现行的拆迁政策，公房与私房的补偿金额几乎没有差别。这就引发了私房主极大的困惑：我的房子，谁的土地？我的财产去哪儿了？
　　罗先生是后来万人诉讼的代表，家住平西区八宝胡同，此地现为平城日进斗金的银行街。罗家有一座小四合院，由祖辈于新中国成立之前购置，

1995 年被拆迁，共有"北房四间、西房五间、东房六间，建筑面积 199.3 平方米，实际居住面积 137.2 平方米"，拆迁时被估价补偿金额共计 31218.00 元。罗先生从平城房地产交易中心了解，当时一个相当的四合院市场价在人民币 400 万元左右。他曾寻好一个位置、面积差不多的四合院，提出进行产权置换的方案，但协商未达成，最终由房管局下达行政裁决，要求罗先生一家"从大局出发，尽快搬迁腾地"。

罗先生的案例并非个例，而是当时的普遍情况。平城房管局一份请示公文中曾明确表明，"在城市建设拆迁私有房屋时，只对私房主的正式房屋及其附属物予以补偿，对私有房屋国有土地使用权不能给予补偿"。这一规定引起了被拆迁市民极大的愤怒和不解：为何形同鞋帮和鞋底的房和地可以分离？为何祖辈们曾立契作保购买过的土地，拆迁时就不名一文，成了"政府借给你的自行车，国家需要用的时候必须无偿归还"？

一　中国式"造城"：以公有制为起点的土地商品化

> 在迅速发展的城市内，特别是像伦敦那样按工厂方式从事建筑的地方，建筑投机的真正主要对象是地而不是房屋。
>
> ——马克思

自 20 世纪 90 年代始，中国进入一个以全面城市化带动经济增长的时代。城市化由大城市的内城启动，在"经营城市"的理念下，土地和空间被商品化，地方政府通过行政手段使居民大规模外迁，置换出中心城区的居住用地，再用"以地招商"的形式引入私有部门及民间资本，大规模兴建商业及市政基础设施，实现土地利益和空间效益的最大化。土地和空间的商品化成为这一时期区别于 20 世纪七八十年代福利住房体系下小规模危改的本质特征，土地置换所获得的巨大利益，促使着"危改"逐步扩大为"城改"。权力和资本的结合打破了城市发展之初所面临的"无米之炊"的困局，也彻底改变了古都面貌。

不过，从世界范围来看，土地商品化并不是陌生的经验，许多国家在工业化初期都曾经历这样一个阶段，最典型的例子便是奥斯曼男爵时期的巴黎，在帝国与资本的联手之下，贫苦的老巴黎人被驱逐至城郊，成就了一个光鲜亮丽的"现代性之都"（大卫·哈维，2010）。资本的力量在对城市空间形态的重塑中发挥了不可忽视的作用。相形之下，中国式"造城运动"的独特之处在于，这是一场以土地公有制为起点，由国家推动的城市改造，为资本而生的都市理性和都市现代化策略，是被嵌入于一个大一统国家的制度、文化和权力框架之中来施行的；也就是说，国家处于一个绝对强势和主导地位。

1982年《中华人民共和国宪法》确立的土地公有制，可以被理解为确立意识形态上社会主义性质的必要。土地公有制的这一前提，对随后开启的全面城市化进程至少有两层含义：第一，土地公有制确立了一个权力的高点，地方政府通过代言国家，获得国家在名义上拥有的对国有土地的至高权力，也由此获得以行政强力推进土地置换的合法性；第二，土地公有制确立了一个道德的高点，有关城市建设、现代化等的发展话语很容易与"公共利益"相关联，赋予国家在土地公有制下划拨土地的天然正当性，并生产出要求市民必须服从的道德压力。因此，土地公有制与传统的吸纳型国家—个人关系实际上是对应的，都以不受约束的国家权力为核心、以缺失主体性的个人为呼应，这成为我们讨论中国独特的城市化进程时不可忽视的起点。

（一）土地公有制的确立

作为一种自然资源，土地是构成国土的最重要的具体要素之一，也是农业生产、工业发展以及国计民生之本。在社会主义性质下，国家对土地拥有最抽象和最绝对的所有权，是意识形态建构中必须囊括的重要内容。但我们应该知道，这个当前被默认的事实并非由来已久，中国的土地公有制只是近数十年来出现的情况。

在新中国成立之前和之初很长的一段时间里，土地是私有制的。作为中

华人民共和国的第一部宪法，1954 年《中华人民共和国宪法》着重对农村
土地做出了规定，延续土地私有制度，只是提出为了公共利益需要可以征
用。

　　第八条　国家依照法律保护农民的土地所有权和其他生产资料所有权。
　　第十三条　国家为了公共利益的需要，可以依照法律规定的条件，
对城乡土地和其他生产资料实行征购、征用或者收归国有。

　　该宪法并未涉及城市土地的情况。不过，与农村土地暴风骤雨式的土地
革命、人民公社化运动不同，城市土地自 1949 年新中国成立之后到 1956 年
社会主义工商业改造之前这 17 年间的情况要简单得多，在此期间，土地私
有制一直是得到承认的。尽管经历了数次政权的更迭，但是从清朝到民国，
再到新中国成立，政府所做的都是包括土地和房屋的"房地产"登记，其
上清晰标明房屋间数及土地四至，市民不仅合法地拥有土地，并且可以自行
交易（见图 3-1，图 3-2，图 3-3，图 3-4 和图 3-5）。

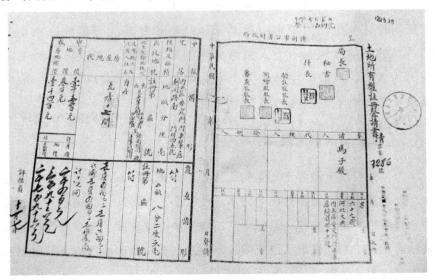

图 3-1　1939 年（国民 28 年）土地所有权保存注册申请书第一页

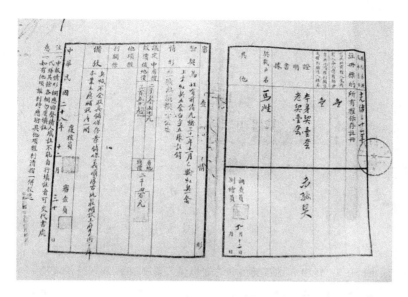

图 3 – 2　1939 年（民国 28 年）土地所有权保存注册申请书第二页
（被访者提供，摄于 2006 年 8 月 1 日）

注：此表分两页。第一页各栏：申报情形/复查情形（坐落、种类及面积、区段地号、四至及邻地概况、使用概况及使用人姓名、房屋现状、申报房价、申报地价）。第二页各栏：权利来源、证明书据、契载户名、审查情形（验契情形、议定申报价值—房价、地价、他项权利关系、备注）。

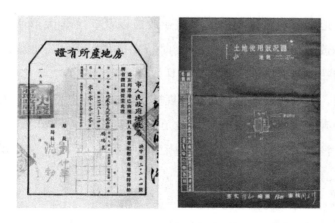

图 3 – 3、图 3 – 4　平城人民政府地政局颁发的房地产所有证
及所附蓝图（1951 年）

资料来源：华新民女士整理，由被访者提供。

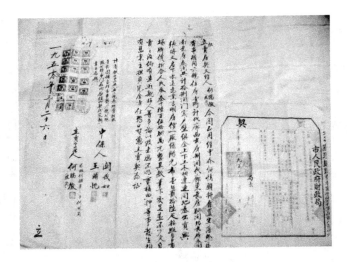

图 3 - 5　1950 年的买契（被访者提供，摄于 2005 年 8 月 21 日）

注：该买契由平文区张先生提供，文字如下：立买房契父约人××，今因正用经中介绍，情愿将自置生落外一区香串胡同六号住房一所，计代廊西瓦房八间代廊东瓦房四间北瓦房三间南瓦房三间共计十八间，门窗户壁俱全，上下土木相连，连同地基出卖与张××名下，永远为业。言明房价一厂绿阳光布一百二十六尺，按照当日市场价折合人民券三千六百五十四万元整。其款笔下交足，并不少欠，自买之后倘有远近亲×人等争论以及来历不明重复典押等事发生，均由旧业主担负完全责任。空口无凭，立买契为证。保人××××（一九五〇年三月二十六日）。

　　城市土地是伴随着社会主义工商业改造以及"文化大革命"等历次运动被"逐步改造"为公有制的。在当时特定的情形下，土地权属与意识形态问题纠缠在一起，成为需要改造的具体内容（详见第二章前半部分）。值得指出的是，这些改造几乎都是在大规模运动的混乱中完成的，其标志是原本个人所持有的《房地产所有证》被迫上交至国家有关部门，但国家与个人之间，并没有就产权变更履行过清晰的法律程序。因此，有市民认为，至此，土地所有权事实上也仍未变更。

　　1982 年 12 月以前的土地所有权至今仍是城市祖宅业主的……政府都没有以任何一种方式取得城市祖宅业主曾经花钱买下的土地：没有出钱购买——无论是通过普通市场交易购买，还是强行购买（征收），也

没有没收——没收私人财产属于刑事处罚，需要法院的判决书。（华新民，2012）

1982 年《中华人民共和国宪法》是被最广泛引用的一部宪法，被视为土地国有化的标志性起点，首次从国家基本法律的高度界定了土地的权属，废除了土地私有制度，建立了土地公有制。

> 第十条　城市的土地属于国家所有。农村和城市郊区的土地，除由法律规定属于国家所有的以外，属于集体所有；宅基地和自留地、自留山，也属于集体所有。国家为了公共利益的需要，可以依照法律规定对土地实行征用。任何组织或者个人不得侵占、买卖、出租或者以其他形式非法转让土地。一切使用土地的组织和个人必须合理地利用土地。

随后，1988 年《中华人民共和国宪法修正案》的提出和《土地管理法》的出台，再次明确了"中华人民共和国实行土地的社会主义公有制，即全民所有制和劳动群众集体所有制"（《土地管理法》第二条），并对土地公有制下土地使用权的转让预留了制度空间。

> 1988 年《中华人民共和国宪法修正案》第二条提出宪法第十条第四款"任何组织或者个人不得侵占、买卖、出租或者以其他形式非法转让土地"修改为："任何组织或个人不得侵占、买卖或者以其他形式非法转让土地。土地的使用权可以依照法律的规定转让。"
>
> 《土地管理法》第二条：国有土地和集体所有的土地的使用权可以依法转让。土地使用权转让的具体办法，由国务院另行规定。……
>
> 《土地管理法》第十条：依法改变土地的所有权或者使用权的，必须办理土地权属变更登记手续，更换证书。

较之先前笼统的"城市土地属于国家所有","土地使用权"的提出标志着一种微妙的变化，使有关土地的权利从抽象的意识形态层面进入更为具体的、可交易的层面。如果说，出于社会主义的特定性质，有且仅有"国家"是土地所有权的单一主体，享有在"主权、领土和行政管辖"意义上对国土的绝对权利的话，那么，除此之外，在法律规定中可依法转让的"土地使用权"则体现了土地在剥去意识形态功能之后的另一种含义，标志着土地作为"转让、抵押和上市时的财产"，承载着市场经济中的具体价值，是作为一处具体的空间、一种可交易的商品存在的，从法理上来说，这种权利并不能排除市民对此的主体资格（但已发生的旧城改造的实践并非如此）。换句话说，在公有制的前提下，土地权利可以被分为两类，一种是抽象的、象征的、意识形态上的所有权，国家是其唯一的权利主体，更多地体现政治功能；另一种则是具体的、实践中的、可供交易的使用权，作为民事财产权利存在，更多地体现经济功能，实际上掌握在国家、集体、公民和外商这四类不同的房地产权利人手中，这与国家在象征意义上对于全部国土的所有权是并行不悖的。

关于土地权属中有关政治与经济的这两种区分并没有在具体的法律条款中明确地阐述出来，从而成为制度设计上预留的一处模糊线索。不过，在现行的法律文本中，原国家土地管理局分别于1989年和1995年就土地使用权的"确权"问题做出过两次规定，其中就包括私有房屋的土地使用权问题。

原国土局《关于确定土地权属问题的若干意见》〔1989〕国土（籍）字第73号第十五条规定："凡依法经国家征用、划拨、解放初期接收或通过继承、接受地上建筑物等方式合法使用国有土地的，可以依照规定确定其国有土地使用权。"

在原国土局1995年在第73号文件基础上修订而成的《确定土地所有权和使用权的若干规定》〔1995〕国土（籍）第26号中，除了将上述同样内容的文字更改为第27条外，还在第28条做了补充规定："土地公有制之前，通过购买房屋或土地及租赁土地方式使用私有的土地，土地转为国有后迄今仍继续使用的，可确定现使用者国有土地使用权。"

　　这两条规定很明确地认可了市民对其在公有制之前所购买的房屋及土地仍可以享有土地使用权。至此，国家在法律层面，完成了将具体的土地使用权从抽象的土地所有权中剥离的程序，并对国有土地使用权获得的方式有了明确的规定，除划拨、出让以外，还有土地公有制之前，通过购买房屋或土地、租赁、继承等。

　　不过，这个确权程序并没有广为人知，各地城市发展的官方文件中也常常对此避而不提，只是片面、笼统地强调1982年《中华人民共和国宪法》中对"城市土地属于国家"的规定。在割裂了后半部分后，土地的所有权与使用权之间也就被理所当然地视为一种从属关系，即，所有权是种至高的权力，意味着享有天然的使用权，而忽略了整个土地权属演变的脉络及其背后政治和经济功能的区分。这就导致了在对1982年《中华人民共和国宪法》规定的"城市土地属于国家"的解释上，我们常常可以听到这样的论断：所有权意味着城市土地的使用权也属于国家，由此，市民的土地使用权不应该、也不能得到补偿，相应的，地方政府（代言国家）视"公共利益需要"拥有划拨城市建设用地的权利。这便是之后旧城改造中有关土地问题冲突的源起。

　　结合当时大一统的国家正处于转型分化之初的背景，这种情形的出现，有着深刻的文化心理根源。与新中国建构国家的整个政治历史进程对应，土地公有制的确立，也是建构全能主义国家的一个具体举措，同为第二章所述的吸纳型国家—个人关系被全面推向极致的一个表现。土地公有制连同住房公有制一起，使原有的私人财产和私人生活边界被彻底抹去，个人生活处于国家的全面掌控之中。但此时并没有引起很大的社会反响，因为此时各方关系仍是包容合一的。具体来说，以土地为例，"普天之下，莫非王土；率土之滨，莫非王臣"的话语古来有之，强调的是一种从领土管辖到国民心态上的臣属关系，这是一种抽象的权力关系，与农民对自耕田的具体权利并不矛盾，与之对应的是大一统国家对国民的庇护职责。因此，在中国数千年来的传统文化和计划经济时代所塑造的国家—个人关系之下，对于土地从意识形态层面的收归国有，因其暂时与日常生活无涉，且由单位制代表的国家庇护在当时也仍然普遍，也就没有人意识到接下来即将发生的分化及其可能产生的重大影响，默认了国家无论是对土地，还是对个人，都有着至高无上的、排除一切的权力。

随后，国家放权，推动土地商品化，外来资本大量涌入，城市化进程由旧城改造启动，后演化成规模宏大的"造城运动"。土地公有制中"土地所有权"和"国家"这两个原本抽象的概念在实践中被具体化了——前者被等同于土地市场中可供交易的土地使用权，后者被等同于旧城改造的实际推进者地方政府。这两个具体化看似理所当然，却影响深远。它们使国家—个人之前原本包容合一的关系遭到破坏，地方政府谋求自身增长的主体性凸显，缺失主体性的个人则受到权力与资本的双重挤压。

（二）土地商品化的引入

上述对土地公有制脉络的梳理，向我们展现了这个确凿的事实，即，我国在如此复杂的传承下开启的房地产市场，势必不同于现行的城市规划理论所普遍参照的西方经验。这个被默认的大一统国家对土地和人的至高无上的权力，时时牵制、形塑着整个城市化的过程，成为中国经验的独特之处。

《中华人民共和国城镇国有土地使用权出让和转让暂行条例》（1990）伴随着"发展经济、深化改革"的指示出台，意味着大一统的国家以房地产业为出口，开始释放经济功能，资本的力量被引入。相应地，以城市化为依托，各地政府开始由意识形态合法型向绩效合法型转向，土地则成为其最大的资源。在这个背景下，20世纪90年代初平城市政府组织了两次赴中国香港、新加坡招商引资；将内城从承载着市民日常生活的使用空间向能获取最大经济效益的商业空间转变，成为这一阶段土地开发的基本内容。

严格来说，"旧城改造"是随后持续数十年的"造城运动"的最初阶段。此时，"经营城市"的理念尚未非常明晰，但基本思路已经有所呈现。在后续总结中，地方政府非常明确地阐述了"经营城市"与土地之间的关系。

要经营好城市，先要经营好城市的土地，使其成为城市建设重要的融资渠道。制定统一规划、统一征用、统一开发、统一出让、统一管理的政策。……第一，政府垄断城市土地，除国有土地用于基础设施建设的采取划拨以外，其他的开发建设用地均一律由政府统一征用、限制出让。……第二，确保土地增值。视土地为经营城市的主要载体，采取政府垄断、市场运作的方法。……第三，加强土地管理。经营城市要注意节约用地、依法管理。……第四，以地招商。城市土地是经营城市的最大资源，依法充分利用这一资源，是加速城市发展的主要途径。在坚持公开拍卖的前提下，对一些重点项目、招商引资项目，实行"以地招商"、协议出让的政策。（平文区发展计划委员会编，2001a：185～186）

因此，"经营城市"的本意在于：要将土地视为"城市和政府最大的资产"，"采取市场运作的方式，积极引导社会民间资本进入城市基础设施和公用事业的建设投资，获得最大的收益来解决市政建设资金紧张的问题，建设、经营和管理好现代城市"。

经营城市，首先应树立整体经营的理念，把城市作为一个资源聚合体。一方面合理地配置、最大限度地挖掘资源潜力，做到物尽其用，地尽其利；另一方面充分利用市场机制，盘活资源，以资源为资本，用资本吸纳资金，以解决城市发展中的无米之炊。（平文区发展计划委员会编，2001a：189）

这个过程是在国家对城市开发的合理性和正当性的创造的辅助下进行的。陈映芳（2008）对上海市的研究指出，在城市开发中，城市政府一直致力于寻找相应的价值资源，拓展合理性空间，以应对来自公平价值的压力，并从全球化背景下的各国城市经验中寻取新的城市经济增长点。邢幼田（Hsing，2010：38～42）在对都市核心区改造的分析中，也指出源于西方城市规划理论的都市理性策略①和都市现代化策略②是地方政府借以不断巩固自己对土地的控制权，推动区域经济增长的最重要的合法性来源。

这种以级差地租为指导，最大化土地的交换价值，由经营理念主导的空间商品化，在实践过程中得以快速成型与地方政府的大力推进不可分割。邢幼田将地方政府视为国家权力的"地域化"（territoriality），而非仅仅是中央政府的补充。她的研究充分关注到了国家与社会围绕地域展开的争夺，"地方政府都市化"（local state urbanization）对抗"市民地域"（civic territoriality）的理论主线贯穿全书，展示了都市化作为积极的空间力量，对地方政府的政治扩张过程的形塑以及底层的回应对此在一定程度上的消解（Hsing，2010）。

这个以地方政府为主体的城市化进程成为中国近十多年来经济增长的独特模式，地方政府处于与抽象国家（中央政府）、个人及市场三方面关系的核心：对于抽象国家，地方政府仍延续名义上的代理人的身份，借用民生、公共利益、经济发展、现代化等话语获得城市改造与开发的合法性；对于市民，地方政府则沿袭国家权力，在行政力量的辅助下实现搬迁居民、清空土地；对于外资开发商，地方政府以合作者的身份，以地招商，实现产业升级，增进地方税收。在这个模式中，个人是无法与开发商就土地使用权转移问题直接对接的。

这一模式（图3-6）的精妙之处在于，利益上已然分化的地方政府，仍在实施改造的各个环节保留、并积极建构自身上与国家、下与个人之间的合一关系，并与外来资本结成实质的合作关系。由此，抽象国家成为地方政府实施改造时生产各类合法性话语的意识形态资源库，而与原先大一统国家

---

① 都市理性策略下，都市政府认为城市规划的核心要旨在于最大化实现土地的交换价值，以最有效率的模式在市场中分配土地。这种理念最集中的体现便是都市分区规划（zoning）的引进。现代都市规划者们认为在原有的单位化的土地利用旧模式下，工业、商业与居住区混杂的区间模式提高了公共服务的成本，并且分散化的利用体制浪费了大量土地资源，无法实现规模经济效益。而分区规划的模式则依照都市活动的不同，将都市土地区分为不同利用区域，最大化实现效率和经济目标。

② 为了实现都市理性策略中最有价值的一环——内城土地从居住用地向商业用地的转换——都市政府又创造了都市现代化策略，借助"内城改造"项目巩固其对于都市空间的控制权与规制权。对于都市政府而言，在都市现代化旗帜下的内城改造实践，获得的不仅仅是对于城市高价土地的控制，更在于通过对旧有都市空间结构的摧毁以及新秩序的确立，在政治目标上实现对于都市地域空间的巩固。

相对应的不具备独立性的个体，则依旧被吸纳于权力之下，成为旧城改造中必须服从于行政指令的被动承受者，且不具备参与土地市场、直接与开发商对接的主体资格。原应由市场关系调节、在平等主体之间进行的土地财产关系变更被行政化，最终的结果是，地方政府的行动空间得到最大程度的拓展，与此同时，个人则面临着权力和资本的双重挤压。

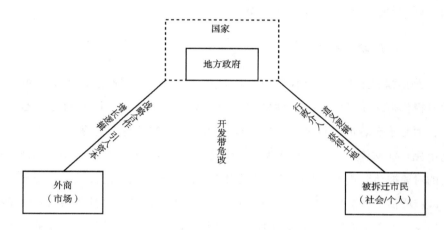

图 3 - 6 地方政府位于"开发带危改"的核心

二 "开发带危改"：以地方政府为主导的土地经营

如上文所述，在确立土地公有制以后，关于确定土地使用权的重要规定却被选择性地忽略了，在尚未分化的大一统的国家下隐而不彰的问题，在土地被商品化之后突显、爆发出来。伴随着向绩效型合法性的转型，并受1994 年开始实施的分税制的影响，谋求增长成为地方政府的首要目标，将土地视作城市资产进行活化则是实现这一目标的重要策略。但此时，与先前大一统国家相适应的包容合一的社会心理结构尚未改变，个人仍处于一种自我边界渗透、服从于国家权威的被吸纳的状态。两者之间的错位，为地方政府推进旧城改造、提升经济增长提供了有利的契机。

梳理旧城改造中实际发生的各个环节，可以看到，市民们关于土地的权利一直未得到承认。从中，我们可以描绘出一幅市场在大一统的国家中诞生的轮廓，其本质在于增长的目的被嵌入于国家权力大于一切、以经济发展为导向的国家利益高于一切的吸纳型国家—个人关系下推行。从操作层面，整个危改的实质在于，通过危改将内城原本合为一体的人和地分离开来，使其能更有效率地服务于城市经济和规模的增长，具体包括通过危改获得土地和通过开发经营土地这两个关键环节。

（一）危改：获得土地

获得国有土地的实际控制权，是地方政府进行旧城改造的前提。被地方政府视作可用于经营的资产性质的土地，不是地图上可用尺笔划定的抽象面积，而是承载着市民日常生活的具体空间。在获得土地的过程中，地方政府和市民正面交锋，个人没有作为城市建设的主体参与这个过程，却作为政策执行的对象被动地卷入这个过程。通过对土地国有制和城市建设效率的强调，地方政府激活了吸纳型国家—个人关系下的道义内涵，赋予自身调用行政力量搬迁居民、清空土地的行为以合法性。从这个意义上，"看似非社会主义的中国城市开发，恰恰是在社会主义制度遗产的基础上形成的"（陈映芳，2008）。

1. 否认主体、剥夺权利

土地使用权是地方政府进行旧城改造时所要面对的首要问题。国家拥有城市土地的所有权，是否意味着地方政府就拥有所辖区域城市土地的使用权？这个事实上处于争议之中的问题，在危改实践中是如此操作的。

1991年，国家颁布的《城市房屋拆迁管理条例》（78号令）"有关拆迁管理的一般规定"下的第八条：在对拆迁资格做了规定之后，又专门指出"房屋拆迁需要变更土地使用权的，必须依法取得土地使用权"。但是，在同年颁布的《平城实施〈城市房屋拆迁管理条例〉细则》（26号文）中，相应的条款（第六条）将这句话替换为"任何单位或个人需要拆迁房屋，必须持市或区、县人民政府核发的建设用地批准书（不需要申请用地的，持城市规划管理机关核发的建设工程规划许可证件）"，此外，全文中不再有其他关于"土地使用权"的表述。通过用"市或区、县人民政府核发的建设用地批准书"替换"依法取得土地使用权"的规定，平城颁布的实施细则在操作中排除了市民可能拥有土地权利的情况，因为在当前情况下，市民以自然人身份要获得建设用地批准书是几乎不可能的。

平城房管局 1995 年 7 月 21 日签发的平房管字〔1995〕第 434 号《关于拆迁城市私有房屋国有土地使用权是否补偿问题的请示》进一步阐释了市民不拥有土地使用权的依据。该文件认为："城市国有土地使用制度为有偿和无偿两种，现城市私有房屋所有人拥有的国有土地使用权不是通过出让（即有偿、有期限）方式取得，当属国家无偿划拨，当城市建设需要时，国家有权对上述国有土地使用权无偿收回。……综上所述，我局认为，在城市建设拆迁私有房屋时，只对私房主的正式房屋及其附属物予以补偿，对私有房屋国有土地使用权不能给予补偿。"

在这一基本定调下，更广为人知的媒体报道出现在 1998 年，《平城日报》于 11 月 4 日刊登《历史遗留的个人私有房屋的土地使用权依法不应获得经济补偿》（以下简称《历》文）一文，明确指出"解放前私人购得的土地其现在的使用权依法应属无偿划拨取得，对于无偿划拨取得的土地使用权，国家有权行使所有者的权利——无偿收回"。

　　使用人在解放前花钱购买的私有土地，根据《土地改革法》早已全部收归公有；有人认为，使用人在解放前花钱购买的私有土地，不能界定为无偿取得的划拨土地使用权，这种认识显然是错误的。因为解放后的土地公有化，是无偿的、强制性的，无论原土地私有人解放前是花多少钱买到的私有土地，土地公有化后全部收归了公有，当时人民政府将城市私有土地收归国有土地的何止千万！任何人在当时无权也不可能要求人民政府在收归公有时给予补偿。从那时起，中华人民共和国已经依据当时的《土地改革法》无偿地确立了城市土地所有者的地位，这一地位，后来在宪法中得到确认。

　　解放前私人购得的土地其现在的使用权依法应属无偿划拨取得，对于无偿划拨取得的土地使用权，国家有权行使所有者的权利——无偿收回。

　　这样一种论断，被市民们形象地称为"宪法没收论"，本质在于将现行宪法规定的土地所有权公有化解释为土地财产权公有化。对照上文摘录的确权规定，这一论断看似成立的一个关键环节在于缩小了土地使用权获得的方式，将1989年、1995年的确权规定中承认的、可以在个人之间发生的购买、继承等获取方式抹去，简化为以国家为单一出发点的划拨、出让两种方式，排除了个人进入土地一级市场的可能。这种简化是片面地强调了土地公有制确立过程中国家权力大于一切的结果，是以"解放后的土地公有化，是无偿的、强制性的"为前提的。换句话说，为了将国家对城市土地的所有权转化为旧城改造时地方政府对城市土地的实际控制权，地方政府的解释将1982年宪法视为对公民财产权利的一个断裂①，从先前有独立的财产边界，变成公有化之后完全被吸纳于国家权力之下，不存在个人主体资格的任何可能，因此，当国家需要时必须无偿收回。

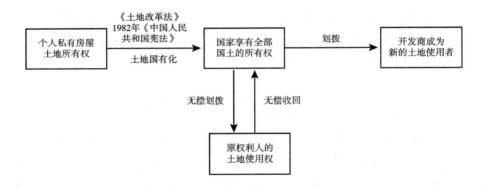

图 3 - 7　地方政府对个人私有房屋土地权属变迁的解释

来源：作者根据《平城日报》相关报道整理。

---

①　但是在私房主们的观点里，《土地改革法》只是针对农村土地，针对城市的土地的只有1982年《中华人民共和国宪法》，宪法对"城市土地属于国家"的规定，实质上是一个土地所有权和使用权分离的程序，随后的1988年宪法修正案以及原国土局颁发的确权规定就是对此的证明，因此，他们所拥有的土地权利是延续的。法律并未没收公民的土地使用权；换言之，土地所有权收归国有之后，公民仍享有从原先土地所有权中分离出来的土地使用权，该土地使用权是个人的私有财产，可以在市场中自由流通，需要在拆迁过程中被依法转移（详见本书第四章）。

《历》文的后续部分更明确地表达了"在任何房地产开发中，国家始终是'拿'出土地的一方"的观点，因此，老百姓不仅无权将土地使用权与开发商交换补偿，也无权干涉国家将土地给谁如何使用。

> 还有人认为，开发用地，是开发商的经营行为，不是类似道路拓宽的政府工程，个人土地使用权应当获得补偿。甚至有人说，开发商拿了国家的土地使用权得交钱，拿了老百姓的土地使用权也同样应给予合情合理的补偿。笔者认为，这是对房地产开发有关法律缺乏基本的了解。开发商开发房地产，依法都是从国家手里"拿"土地，开发商无权也不可直接从老百姓手里"拿"土地使用权，老百姓更无权将自己无偿使用的国有土地与开发商交换补偿。在任何房地产开发中，国家始终是"拿"出土地的一方。所以，认为开发商"拿"了老百姓土地使用权的说法，显然是偷换了"拿"的主体，把国家"拿"换成了开发商"拿"……国家作为土地的所有者，从老百姓手中"拿"走自己的土地给谁如何使用，原使用人无权干涉。

《历》一文最后对城市拆迁中私有房屋土地使用权问题总结如下。

> 在城市建设拆迁工作中，拆迁主管机关和拆迁人必须严格执行现行的土地法律制度，对于历史遗留城市私有房屋的土地使用权，依据我国现行法律，首先是认可其使用权合法，其次是将其性质界定为划拨取得土地使用权；而在城市拆迁中对产权人房屋予以补偿，对划拨取得的土地使用权国家依法履行土地所有者的权利，可以无偿收回。拆迁人依照国务院《城市房屋拆迁管理条例》，只对房屋的产权及其使用权予以安置补偿。

在这种解释下，大一统的国家对土地的至高、抽象的所有权，被转变为地方政府可用于经营的、具体的使用权，而市民（私房主）在其中可能存在的权利，则被完全排除在外。将土地供应的主体单一限定为国家，这在地方政府看来，是解决危旧房改造问题的根本之策，在之后得到了更明确的表述。

> 土地供应是城市政府进行投资宏观调控的重要手段。地产由政府统一开发，政府保持对土地的控制权，是解决危旧房改造、城市建设中诸多问题的根本之策。（平文区发展计划委员会编，2001a：189）

2. 简化流程、扩大划拨

依据如上逻辑，地方政府确立了以国家为单一起点的土地使用权供应方式之后，面临的第二个问题便是如何引入资本的力量，实现大规模的土地置换，让"寸土寸金"的内城土地发挥出巨大的商业价值，为区域经济提供当前的以及长期、稳定的"增长极"。

"开发带危改"便是地方政府面临当时情形的一个创举，将商业开发（建造购物中心、高档写字楼等）和危改项目及配套的市政工程结合起来的最大优势来自低价获得的土地。危改及配套的市政工程建设属于"公共利益"，按《中华人民共和国土地管理法》第54条规定，可以通过划拨的方式无偿获得国有土地使用权；同时，《中华人民共和国宪法》第十条还规定：国家为了公共利益的需要，可以依照法律规定对土地实行征用。因此，以"公共利益"为名进行土地用途置换，不仅赋予了地方政府在土地征用、使用权转移上极大的便利，而且代表着"国家""大局"的公共利益还具有道德优势，使被吸纳于国家权力之下的个体不具备反抗的合法性。通过两者的结合，大片土地的使用权以透明度极低的划拨或协议出让的方式转移，并在重点工程之外预留出了一部分用于商业开发的土地，这样，既平衡了拆迁费用、确保了开发商的盈利，又达到了都市政府通过改善基础设施使地价整体上涨、增大投资潜力的目标，达成一个看似"多赢"的局面。因此，在当时政府财力有限的情况下，"开发带危改"模式被视为城市建设的重要融资渠道。

　　土地收益是城市基础设施建设的一个稳定、可靠的资金来源。世界上许多城市财政收入来自土地收益，地方政府将土地收益的绝大部分投入城市基础设施建设，或者要求开发商在进行开发时，直接提供城市基础设施。政府应积极利用市场来配置土地资源，经营好城市土地，最大限度地获得土地收益，使其成为城市建设重要的融资渠道。（平文区发展计划委员会编，2001a：180）

　　超低的土地价格有效地吸引了外资的大量涌入，与地方政府结成了强大的"增长同盟"。"中外（商）合作、外商投资、路房结合、土地协议出让、优惠地价、居民外迁、实物安置"的平文大街改造（详见后文）是当时平城的一个样板，"修一条路、兴一条街、带来一片繁荣"则成为这种模式广为流传的口号。在这种模式下，为确保"旧区改造的速度"，以国家为起点的土地使用权供应方式被进一步简化，从出让和划拨并存转化为划拨为主、出让为辅。1993年9月，平城出台房地字〔93〕第524号文，对危改用地实行"先划拨、后出让"政策①。

　　市政府1993年第6号令中第三条中明确规定城市建设、公益事业用地可继续以划拨方式取得土地使用权，其他用地都要通过出让方式取得土地使用权。而目前我市危旧房改建区及成片商业开发区用地面积较大（有的达50多公顷），不同于一般单项建设工程用地，既有包括市政、公益事业需划拨的用地，也有包括出售公建和商品房甚至高级住宅需要办理出让的建设用地，由于在一幅地块内并存两种土地供应方式，且没有设计方案，给拨地前办理地价评估和土地出让带来诸多困难，为了既贯彻市政府1993年6号令，同时又不影响旧城区改造的速度，经请示市政府主管领导批准……对于既有划拨用地，又有出让用地的危旧

---

①　该政策是为了加快危旧房改造的速度，为危改项目提供的，但据方可（2000）的调查，1993年以后，所谓危改项目几乎都是商业性房地产开发项目。因此，所有以危改名义申请立项的房地产开发项目都是这项政策的受益者。

房改建区和大面积开发的建设用地，拟全部采取先划拨的方式，一次拨给开发建设单位，待拆迁完成后，在有偿出让的地块开工前，经评估后再办理土地出让手续。

同年，危改审批权下放到区、县政府，从而市、区两级政府都有危改立项的权利。因此，上述"先划拨、后出让"的地方政策实际上赋予了平城市、区两级政府任意划拨成片土地的权利。这就将原本需要公民介入的土地使用权转移过程，完全变成了由地方政府和开发商主导的土地划拨和协议出让的过程。

据统计，1992～2001 年间，平城共办理划拨城市建设用地 371 宗，总用地面积 2068.39 公顷。另据统计，在 1992～2005 年间，平城共划拨 711 宗，面积为 3940.1 公顷的国有土地，其中危改用地为 269 宗 2052.3 公顷，占划拨用地总面积的 52.1%。1992～2002 年间，平城绝大多数有偿转移的国有土地使用权都以透明度最低的协议出让方式转移，平均价格是 890 万元/公顷（肖林，2009：98）。表 3－1 展示了平城 1992～2002 年国有土地使用权的出让情况。

表 3－1　1992～2002 年平城国有土地使用权出让情况

分类	协议出让	招标	拍卖	挂牌	总计
宗数	4201	57	4	6	4268
土地面积（公顷）	9219.05	174.88	7.57	10.8	9412.1
占全部面积比例（%）	97.95	1.86	0.08	0.11	100.00
合同地价款（亿元）	820.5057	68.78	6.03	3.1	898.41
单位面积地价（万元/公顷）	890.00	3932.98	7965.65	2870.37	945.53

资料来源：肖林（2009：100）。

因此，在推动增长的目标下，在旧城改造实践中的土地使用权的转移事实上经历了两次简化。第一次通过对土地公有制的解读，将土地使用权由不同主体之间的转移关系简化为以国家为单一起点的土地供应关系；第二次又进一步以"开发带危改"的模式，辅以"先划拨、后转让"的政策，将以

国家为单一起点、针对商业和公益这两种不同的土地用途设计的供应方式
（转让、划拨）简化为划拨为主（出让为辅）的方式。

表3-2　法律规定的土地使用权转移方式

		土地使用权的法定拥有者	
		国家	个人
开发模式	公益开发	划拨给开发商	先被国家经过法定程序征用,再由国家划拨给开发商
	商业开发	出让给开发商	转让给开发商

表3-3　地方政府在实际操作中的土地使用权转移方式

		土地使用权的法定拥有者	
		国家	个人
开发模式	"危改"带"开发"	划拨给开发商	
		先划拨,再出让给开发商（协议出让）	

从表3-2和表3-3中可以很清楚地看出，依据不同的土地使用权拥有
主体（国家/个人）以及土地开发的不同目的（公益/商业），土地使用权依
法转移可以有四种不同的情况。但在地方政府大举推进"开发带危改"的
实践过程中，这几种法律规定的转移程序被大幅度地简化成以划拨为主，协
议出让为辅的简单程序。其本质仍是抹去个人在土地使用权转移中作为市场
主体的存在，并相应地扩大地方政府代言的国家权力，满足区域经济增长的
需要。这种简化与对个人主体的否认，是在"公共利益"和"发展效率"
并重的双重名义下进行的，是在大一统国家分化出经济职能的过程中，经济
腾飞、国家富强被建构成举国上下的梦想时的产物。

3. 代表国家、实施拆迁

尽管通过各种政策设计，地方政府为危改获地做了充分准备，但在土地
开发的实践过程中，拆迁始终是个难题。在政府和开发商眼中会下金蛋的土
地，对于居住在此的市民而言，则是承载着他们日常生活、邻里感情、家族
记忆的具体空间。事实上，在排除了市民可能在土地使用权中享有的权利之
后，上述土地用途的变更都是不为人知的，直到贴出拆迁公告那一天，市民

才作为政策的执行对象，被动地卷入旧城改造，与国家权力有了正面交锋。图 3 - 8 就展现了拆迁流程以及其中个人与政府机构的关系。

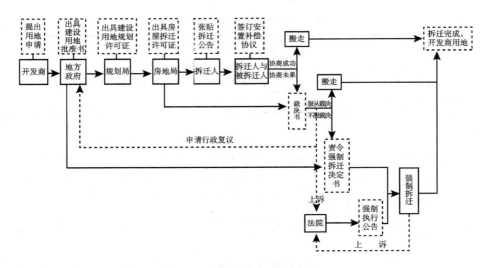

图 3 - 8　拆迁流程及个人与政府机构的关系

注：在实际发生的拆迁流程图中，我们可以看见，在批地程序完成、拆迁许可证发放之后，拆迁进入真正实施阶段时，作为"政策执行对象"的个人才进入危改的各种关系之中，与拆迁工作人员发生正面接触，位于整个流程的第六步。从相关法律流程的规定中可知，作为"权利主体"的个人应该是在批地阶段就进入危改流程，与国家发生征用关系，或者与开发商发生转让关系，位于整个流程的第二步。因此，作为"政策执行对象"的个人进入危改的时点被推后，当个人真正要面对国家和市场的结合力时，一切与土地有关的财产转移已经完成，使人来不及应对。

出于加大旧城区土地吸引力，提升外资在政府主导下进入的效率的需要，以各种名目出现的拆迁公司，事实上是政府的下属机构。

> 由建委、规划局、房产局等共同组建事业编制的土地拆迁机构，政府赋予其垄断拆迁及配套管理的职能，实施平文区危旧房改造。（平文区发展计划委员会编，2001a：190）

在以政府名义实施、拆迁人员与政府官员多有同构的拆迁中，被作为

"政策执行对象"的个人一开始就处于被动的局面。

> 罗：前期拆迁特别快，在我们南边，两个礼拜呼噜呼噜就完了，一户没剩，全走了。银行街拆迁开始的时候，没有一户提出异议，都不提这个事儿，全很快就走了。有私产也就这么着都走了。因为老百姓他不懂。再一个，他打的旗号都是拆迁是法院下来的，这个拆迁公司的经理是区法院的副院长，穿着法官的衣服，直接入户拆去，你想他能不害怕吗？他认为是政府的行为，老百姓认为是国家用地，他什么也不知道，没人提这个事儿。（访谈材料：LT20050123）

伴随着拆迁范围的不断扩大，有部分市民觉醒起来，尤其是私房主，开始思考有关土地权利的问题，萌发维权抗争的意识。但与此同时，发展至上的话语也不断被强化，成为扫平一切的力量。1999 年 7 月 23 日的《精品购物指南》上"危改为城市发展让路"的一则大标题下刊出四幅照片（见图3-9），报道了平文大街危改 2 号地居民徐某一家被强迁的经过，最后的结

图 3-9　媒体对危改强迁过程的报道

资料来源：《精品购物指南》，2009 年 7 月 23 日，被访者提供。

语强调:"城市发展的脚步是不会因为某些人的抱怨而停滞的"。

> 7月20日上午,平文区法院对拒不履行拆迁协议的四家"钉子"户依法进行强制执行。平文大街危房改造工程系平文区的重点工程,被执行人在此拆迁范围各有私房一间。……据现场的工作人员介绍,这四户人家一年前就应该搬迁。他们的拖延使平文大街危改工程也受到了延误。平文区建委的一位工作人员对记者说:"平文区是从1993年开始进行危改的。但现在有一个现象就是,没进行危改的时候,总有居民向我们要求赶紧进行危改。可一旦开始危改了,又有不少人要求这、要求那,根本原因就是危改触动了一小部分居民的利益。我希望大家能从大处着眼,看到危改到底对谁有利。城市发展的脚步是不会因为某些人的抱怨而停滞的。"

以上一例绝非仅有,方可(2000:73)的书中也写道:"1992年,平城一位主管城建的副市长曾明确提出'以拆促迁,以迁促建'的方针,允许房地产开发公司在安置用房和资金未落实的情况下开始拆迁,而一旦出现纠纷,各区政府也往往为开发商保驾护航。如:以'加快旧城改造'和'吸引外资进行经济建设'为依据,组织相关部门(包括执法部门)对居民实施'强制拆迁'。"

在当时深化改革,大举推进城市建设的背景下,发展被建构成举国上下的共同目标,由此,大一统的国家分化经济职能的另一面是资本——作为市场经济带来的自由流动的资源——在权力保护下的进入,国家力量被全方位地调动起来,为资本扫平了来自市民的可能的阻力。为了确保危改的实施,国家以法律法规和地方性规章的形式,规定了一系列危改中的行政关系,在吸纳型国家—个人关系中尚未转型的个体,以欠缺主体性、无法独立、被动服从的姿态,被抛入各种权力关系中,不得不应对国家形形色色的权力末梢,压力主要来自政府机构、街道和单位以及司法机关几个方面,如图3-10所示。

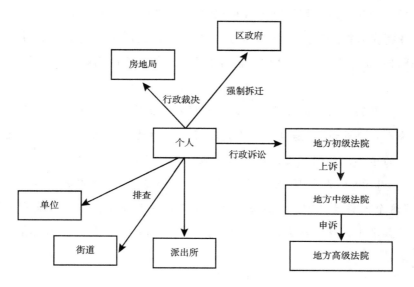

图 3 − 10　拆迁中个人所面对的"国家"

　　被作为"政策执行对象"的市民们，首先要面对"代表政府"的拆迁人员①。

　　　　原平城平西区建委主任在该区皮事胡同强制拆迁现场，气势汹汹地指着一位七十余岁、白发苍苍的老人（房地产权利人）说："我代表政府，我命令你现在立刻把房子腾空，这地是国家的。"

　　　　1995 年 5 月，平城房地产管理局拆迁处副处长对上访公民说："在市区建设要拆旧房子，所以统称危旧房改造，至于拆迁后盖什么房，与你们无关。"

　　若是不服从拆迁安排，未能与拆迁人员达成安置补偿协议，市民们就会

① 此段所引材料皆来自《平城被拆迁居民万人行政大诉讼依法维权系列材料汇编》收录的《致平城人民代表大会常务委员公开信》（2000.10）附件十《〈平城日报〉、市、区政府官员、市各级法院法官、各级检察院检察官言论言行》。

149

被迫进入行政裁决流程。行政裁决书（示例详见第一章）通常以开发公司是否取得实施拆迁的资格（即是否有《拆迁许可证》）进行判定，并不深究《拆迁许可证》是否妥善处理了私房主的土地使用权的问题。

在法庭及其他公开场合，平西区房屋土地管理局地政科负责人及裁决人员公开讲："房地产开发商取得了《拆迁许可证》后，就代表了政府的意志，你们（指公民）必须服从开发商的安置方案。"

1999年7月10日，平城平文区人民法院行政审判庭审判长说："这个《拆迁许可证》是区政府主管部门盖的印章，只要区政府主管部门盖了章，我们就认为是合法的，政府的文件要不合法，就没有合法的了。"

下达行政裁决数天之后，若市民再不搬迁，就会被下达《责令限期拆迁的决定》，进入所谓的"强制拆迁"的流程，此时，行政机关就会调用国家机器的力量，压力达到顶峰。而当被拆迁市民试图维权，寻求法律武器的保护时，一方面会遭遇来自街道和单位的打压，另一方面则会遭遇"状告无门"的困境。

拆迁居民"万人诉讼"公开后，平西区召开各单位领导大会，会上区领导直接说："如果你们自己的职工再带头'闹事'，就开除他。"

2000年4月5日，平城平文区人民法院法院工作人员气急败坏地对前来法院递交行政起诉状的王某等10户居民说："你们告谁？告区政府？区政府是我们的领导，我们怎么受理？我们能受理吗？你们愿意上哪儿告就上哪儿告，有本事去市人大告去。"

平西区人民检察院民事行政检察科检察官对申诉人顾某说："此案两条路，一是息诉，二是驳回。我劝你还是息诉吧！……这几年此类案件数不胜数，没一件我们抗诉了的，也不可能抗诉。"

相关法律曾明文规定，"诉讼期间不停止拆迁的执行"① "因拆迁引起的诉讼不予受理"②。这条规定使数百起被拆迁市民提交的个人或集体诉讼被以"不符合行政诉讼的受理条件，也不属于行政诉讼的受案范围，故起诉人要求本院立案，审理没有法律依据。根据《中华人民共和国行政诉讼法》第十一条、第四十一条、第四十二条之规定，裁定如下：对×××提起的诉讼，本院不予受理"的理由驳回。根据被拆迁居民的自编材料《平城被拆迁居民万人行政大诉讼依法维权系列材料汇编》整理：在 1995 年 ~ 2000 年间，共有 33 个分诉集团，共计 20758 人次的公民诉讼权被剥夺。这样的规定，同样是在"国家建设"的名义下找到合法性的。

> 平西区人民法院院长公开讲："特别是在房地产开发拆迁案件中，如果按照老百姓的要求执行法律，城市开发就会无法进行，影响国家建设。"（《1997 致全国人大举报信》，1997.7）

"开发带危改"作为政府资金短缺下非常独特的开发模式，在 20 世纪 90 年代得以大行其道，背后有非常独特而深刻的中国社会结构及社会心理结构因素，体现了大一统国家分化之初的状态。这种状态的关键之处在于：社会心理结构转型较之社会结构转型滞后，使两者之间不再对应。具体来说，一方是仍被国家吸纳的个人（自我边界渗透、主体性缺失、相对于国家不独立、服从于国家权威）；而另一面则是向绩效合法性转型中的地方政府（从先前与

---

① 国务院《城市房屋拆迁管理条例》（1991）第十四条第二款：当事人对裁决不服的可以在接到裁决书之日起十五日内向人民法院起诉，在诉讼期间如拆迁人已给被拆迁人做了安置或提供了周转用房的，不停止拆迁的执行。建设部释义：诉讼期间不停止拆迁的执行，即尽管拆迁人与被拆迁人因补偿、安置达不成协议而正在诉讼过程中，但诉讼并不影响对仍未达成协议的该房屋按照拆迁公告规定的搬迁期限进行搬迁。
② 1995 年危改处于高潮时，平城高级人民法院为了配合危改需要，曾于《关于审理和执行房屋拆迁行政案件若干问题的意见（试行）》（平高法发〔1995〕106 号文件）中明文规定：因下列拆迁事由引起的诉讼，人民法院不予受理：（1）对人民政府发布的有关区域性建设决定不服，提起诉讼的；（2）对人民政府因被拆迁人无正当理由拒绝在裁决确定的拆迁期限内拆迁做出的责令被拆迁人限期拆迁和责成有关部门实施强制拆迁决定不服提起诉讼的；（3）对房屋拆迁主管部门就拆迁人、拆迁范围、搬迁期限等内容做出的拆迁公告不服，提起诉讼的……

中央"和合"的关系中分化，成为经营城市的主体，有独立的利益需求）。由此，吸纳型国家—个人关系中以国家庇护和个人服从包容合一的因应机制被单方面破坏，即在资本驱动下，地方政府的增长需求弱化了国家原有的庇护职责，但与此同时，缺失主体性的个人仍保留着对由地方政府代言的国家的服从。

上述地方政府以"危改"立项获得土地的过程，清晰地展现了个人是如何被排除在旧城改造的参与主体之外，而只能作为"政策执行对象"被动地卷入这场轰轰烈烈的城市化运动中的。而颇为悖谬的是，作为旧城更新核心环节的"土地用途置换"，置换的正是与他们的日常生活有着最紧密相连的土地。地方政府是其中最主要的行动者，虽然已经在事实上成为一个利益分化的主体，但仍努力建构与大一统国家合一的关系，凭借土地公有制中的模糊空间和被视为国家整体利益的发展话语，有效地继承了抽象国家的权威，并获得了抽象国家所提供的意识形态上的合法性资源，使自身的主体性得到了最大限度的发挥。

（二）开发：经营土地

通过危改，原先内城中人地合一的关系被割裂开来，土地将被用于能创造更大经济效益的商业用途，而被视为"剩余人口"的当地居民，则被集体外迁至远郊集中建设的安置小区。获得内城土地是第一步，之后才进入城市经营的实质环节，地方政府一方面与外资开发商结成"战略合作伙伴关系"，将被清空的内城开发成大规模的商业和高档写字楼，另一方面，通过下属的城市建设投资公司，建设外迁安置小区，拉动房地产及相关市场的内需，由此，经济效益被双管齐下地创造出来。

1. 中心城区：战略合作　产业升级

土地是都市政府拥有的最主要的资源，"以地招商"成为各地政府吸引外资的最重要策略。在这个过程中，都市政府与开发商形成盘根错节的互惠关系：一方面，都市政府承诺优惠提供土地，并完成拆迁；另一方面，开发商则需要在进行开发时直接提供城市基础设施，并且将开发后建成的商业面积按一定比例返还给都市政府经营，从而加大该区域的投资潜力，实现区域内的产业升级。

1）以地招商：燃眉之急

以平文大街改造为例："中外合作、外商投资、路房结合、土地协议出让、优惠地价、居民外迁、实物安置"的"平文大街模式"① 是当时危旧房改造的一个样板。

平文大街及两侧危旧房改造的运作方式是由香港新时代集团和平文区城建开发企业合作成立平城文城·新时代房地产发展有限公司（中外合作企业）；由香港新时代集团投资，对平文大街的道路及地下设施进行改造，并通过协议土地出让获得平文大街北段沿街及两侧的土地使用权；在地价上给予政策优惠（具体办法和数据不详）；出让土地主要用于商业、办公及高档住宅建设，原有居民外迁，实物安置。这种模式，主要以土地功能置换的级差收益平衡高密度居民的拆迁费用，以优惠地价出让大面积土地补偿开发商的大市政开发费用和预期风险。

平文大街改造首开了平城利用外资进行大市政建设改造的先河，其中"中外合作、外商投资、路房结合"的运作模式也成为平城危旧房改造的一个范例。改造工程于1993年动工，1998年1期工程竣工，总投资近70亿人民币，拓宽（把平文大街从25米拓宽到70米）、改造了平文大街北段（3公里）道路及地下设施（共建成热力、电力、电信、上水、下水等7种市政管线），平文大街修好后，一时成了平城道路的标杆，地下七种主管线全部到位；建成新时代中心、金仑大厦等大型商业办公设施以及新时代酒店、新时代公寓（一期）等酒店公寓，总建筑面积近20万平方米；原有7000户居民异地安置（其中为建设平文大街搬迁居民3775人，拆除居民房屋27255平方米）；平文大街北段初步形成现代商务区的城市风貌，为日后逐渐形成的平文

---

① 1992年6月，平文区政府提出"一环带五片，八片促一街"的方针。将平文大街两侧2.8平方公里地域分成8片，做出控制性总体规划，同时加紧策划全面改造平文大街，为平文大街两侧大规模"危改"埋下伏笔。也有简称为"一街带八片"，意指利用平文大街道路改造工程带动沿街8个危改区的改造。

商圈打下了基础。（平文区发展计划委员会编，2001a：223）

土地的低价提供造成国有资产的大幅度流失，但在当时急于发展的都市政府看来，却解决了都市更新面临无米之炊的燃眉之急。

> 平文大街的改造，是平文区有效吸引、利用外资，参与城市建设的有益尝试和探索，意义深远。平文大街的改造是以新时代中心项目为依托进行的，该项目是平文区政府与香港新时代集团以合作方式共同开发建设的，中方出土地，外方出全部资金，在外方投资本息回收的基础上，利润由中外双方三七分成。这种方式虽说难以保证中方利润所得，但却解决了区财政资金不足、基础设施无力改造、道路无法建设的燃眉之急。（平文区发展计划委员会编，2001a：288）

2）产业升级：一劳永逸

引入外资不仅被地方政府视为城市发展中的燃眉之急的解决之道，而且被视为一种提升整体经济层次的表现，是区域经济长期稳定增长的保障。

> 利用外资（尤其是外商直接投资）的意义不仅仅在于弥补投资资金的缺口，二是要以此为契机提高整个平文区经济的对外开放度和企业管理水平。（平文区发展计划委员会编，2001a：118~119）

发展房地产业则是改善产业布局、优化税源结构、促进经济发展的有效途径。

> 我区财政收入与平城其他城区相比还存在一定差距……发展房地产业将是改变这一状况的有效途径，在大规模进行旧城改造的同时，通过拆迁安置，对区属企业的房产和资金实行优化组合，"变旧为新，集零为整"，促进企业存量资产的盘活和发展，实现产业的升级换代。如平文大街改造后，区开发公司返还给商委7000平方米的统一经营的面积

和经委4000平方米统一经营的面积。通过开发将原有房产和资金重新归集和组合的做法，将使全区的规划、城市开发建设、商业布局、经济发展等统一起来，真正做到全区一盘棋，将产业布局重新安排，促进产业结构的升级，从而达到优化税源结构，增加财政收入的目的。（平文区发展计划委员会编，2001b：8）

开发商"解政府之急，借政府之力"的经验之谈明确地道出了政府与外资开发商之间的这种"战略合作伙伴关系"。

> 新时代选择从旧城改造进入内地房地产市场是有其战略考虑的：政府的职能是服务百姓，但由于经济条件的制约，政府只能将有限的资金投向城市基础设施建设，解决当地政府工程投资的燃眉之急，有可能拿到廉价或不易得到的地皮。……新时代中国地产高层则表示，与政府的密切合作基于两方面的考虑，一是可以在最短时间里把握政府对于城市区域规划和建设的设想，以便及时调整有关经营策略；二是可以全方位地提升企业在某个地区的美誉度，而且自身的投资项目将更加适合当地的发展规划。（甄蓁，2002）

2. 外迁小区：加快危改　拉动发展

远郊拆迁安置小区的建设则由区政府所辖的城市建设投资公司执行，在官方话语里是一项以低价体恤百姓、以创造市场来拉动内需的善举，《平城新报》就有过如下报道。

> 平城新报：能具体解释怎么"加快危改拉动发展"吗？
> 平文区区长：安置危改搬迁居民需要大量房源。平文区已由政府出资直接从（区属）开发商那收购了几千套房子，都在三环、四环，都是用于危改的（居民安置）。价格降了至少15%。这既解决了房源问题，又帮助开发商解决了周转资金问题。居民住到新房，肯定需要家装

家电什么的，又拉动了消费。这些房子，危改安置居民可以买，可以
租，也可以和政府共同拥有产权。（吴狄，2009）

从上述话语里，我们再一次看到地方政府试图维续的与个人、与国家之
间的合一状态，着力凸显其体恤黎民百姓的同时又大力促进经济发展的积极
形象。而正如之前内容一再强调的，在资本引入，政府向绩效转型的情况
下，这两者之间事实上是存在矛盾和张力的。那么，真实的外迁安置小区是
什么情况呢？以笔者走访的平文区外迁安置点之一，位于平南区的禾怡小区
和南园小区为例，可以看到，外迁小区在居住密度、房屋质量、配套设施和
房屋产权方面，都与商品房社区采取的是两套标准。

1）居住密度

在笔者走访之时，原住旧城区的平城老市民搬迁至此地已将近十年。随
着平城的快速扩张，基础的配套设施已逐步跟上。傍晚时分，社区外围公共
场地上簇拥着休闲和健身的老人小孩，整个社区呈现出浓郁的生活气息。

然而，沿着社区往里走，就能发现一些明显区别于商品社区的景观：整
体房屋密度极大，公共设施简陋，绿化普遍不足，临街的房屋外观明显比内
部的更为亮丽。据被访者介绍，临街房屋被重新粉刷是为了应付检查的需
要，以掩盖社区整体施工上的问题（见图 3 - 11 和图 3 - 12）。

图 3 - 11　某拆迁安置社区外部公共场地及所绘民乐图（摄于 2006.7.13）

图 3 – 12 拆迁安置社区内部住宅外观（摄于 2006.7.13）

　　走进单元的楼道，更有一个很奇怪的设计：每一层有三家住户，但其中两家的防盗门门沿紧贴，对成直角，给各家开门和关门都造成极大不便（见图 3 – 13）。而且，入室之后，卫生间非常突兀，是生生从客厅空间中挖出一部分形成的，墙壁四周裂缝赫然可见。一层的房屋平面图如图 3 – 14 所示。

图 3 – 13 楼道里对成直角的两家大门（摄于 2006.7.13）

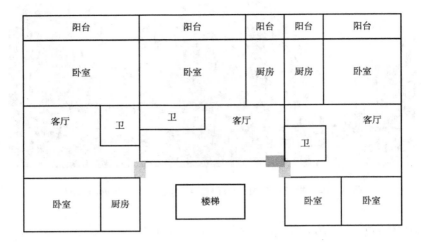

图 3 - 14 更改之后房屋平面图（粗线条标注的是门）

经了解，这并非房屋的初始设计，而是房屋完工之后为了尽可能多地安置被拆迁居民改建而成，房屋原始平面图如图 3 - 15①。

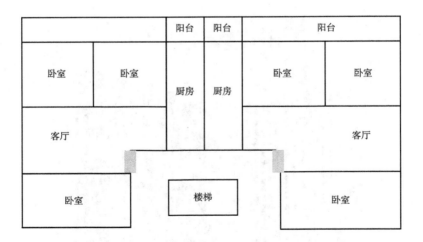

图 3 - 15 更改之前房屋平面图（粗线条标注的是门）

---

① 由于无法接触当时承建这片住宅区的开发商，这个原始平面图是被访者根据刚搬迁来时房屋的遗留痕迹推测出来的，后经多个被访者确认。

从这两幅图的对照中可看出，更改前后，同样大小的物理空间由一梯两户被改为一梯三户，居住空间则由两套三居室被扩展成一套三居室＋一套两居室＋一套一居室，硬生生地多挤出一户的安置面积，这个极度刚性的空间在实践中被无形地扩大了。

2）房屋质量

在实际调查中，房屋墙壁的裂缝赫然可见，用于多隔出一个自然间的隔墙仅宽8厘米，内似中空，敲着咚咚作响。而卫生间外墙剥落后则可见清晰的石灰沙土建材（见图3－16）。媒体报道中的"墙面裂缝，渗水严重，卫生间、厨房管道渗漏，地下室天花板大面积脱落，楼房外围四周出现多处塌陷……"[1] 并非危言耸听。

图 3－16　拆迁安置房的内墙（摄于 2006.4.29）

注：左图隔墙仅宽8厘米，用于将原先设计的一间卧室隔断成两间；右图为卫生间墙面剥落时呈现出来的石灰沙土材料。

芝：你要上我们家五楼看看，这房子哪儿都掉皮，稀里哗啦地，只要是管子的地儿，都掉皮，墙都是裂的。真是不敢想也不敢看，睁开两眼，哦，活着呢，活着咱们就凑合吃。（访谈材料：TY20051123）

① 《新房？危房？》，《法制日报》，1996 年 8 月 15 日。

这并不是个案，而是当时的普遍情况，当时多家媒体曾报道有关回迁房屋的质量问题。开发商也承认，"拆迁用房和商品房是两个概念，老百姓有意见，可以掏钱买商品房""完全彻底地解决生活上的困难是不可能的，有关部门也没有那么大的能耐""拆迁房毕竟不是商品楼，不可以任意设计"①。

3）居住环境

正如上文提及的"以拆促迁、以迁促建"的口号，在当时背景下尤为强调效率的房地产开发处处呈现出赶工的状态，这就导致了远郊安置小区不等周边基础设施完善就投入使用，给搬迁至此的市民带来了极大的不便。

> 王：你们可能不知道，那时候这路两边都是渠，没有马路牙子，中间非常窄，旁边有个搁自行车的小道，一过汽车你还得躲着。
>
> 芝：那条道啊，天上飞的地上跑的一样都不差，天上有飞机，地上有马车、火车、拖拉机、人走的地，汽车，自行车，小公共，最害怕这个小公共了，疯着呢，三天两头听说，把谁谁谁家的孩子给撞了，谁谁谁家的孩子给刮了，你知道什么样的心情吗？晚回来一分钟我就在阳台上站着，看着，孩子一回来心啪嗒一下就摞下来了。就这个（弱智的女儿），这么老远就得接送去，没辙啊。那时候就大红门桥一个秃桥，两边树哗啦啦的，都是坑啊草啊。而且那会儿（公交车）366这边没有站，347晚上七点就没车，你说那会儿怎么过啊？
>
> 王：那会儿真急了，要不为什么跑市政府，跑区政府，把人家路给堵了。
>
> 芝：加油站那里，大耗子这么大，还有黄鼠狼、蛇，晚上没人接都不敢回去。下雨水这么高，上班出去的时候甭管衣服好坏，起码是干净

---

① 《回迁房就该矮三分?!》，《建筑报》，1999年3月19日。

的，但水这么高，雨鞋里灌进去，到单位照样是湿的，人家都说你从哪儿冒出来啊？（访谈材料：TY20051123）

4）房屋产权

在调查中了解到，安置小区的房屋产权情况也与上述媒体报道的情况不尽相同。笔者走访的这几个外迁安置小区都是在郊区农场的原址上兴建起来的，占用的是农村集体土地，至今，公交车在这一带的站名中还保留着"禾怡农场"这一站。据被访者称，城建公司并没有获得这片土地的产权，他们在用地时签署的只是对农村集体土地的用地转租协议，因此，建成的房屋在性质上属于"单位联建房"或"农村合建房"。在搬迁时，市民需要先与拆迁人员签订一份"安置协议"，再根据这份"安置协议"换取一份新住地的"租赁协议"，也就是说，无论之前在旧城住的是直管公房还是自有私房，搬迁至此之后，都必须租房，无一市民拥有安置房的产权，因为这类安置房本身的产权人就是缺失的。这种听起来匪夷所思的情况并非个案，方可（2000）的调查也表明，这种房屋近乎是当时外迁小区的一个通行模式，非常普遍。

讽刺的是，《平城青年报》（1998），"房产提示"栏目下曾刊登一则《谨慎购买三种房》的报道，分为"城市联建房买时要慎重""农村合建房市场难进入"和"非法开发房根本买不得"三部分提示有关人士买房时要"慎之又慎"，以免买到产权缺失，法律上并不具备上市资格的房屋。此外，《平城青年报》还刊登过平城房屋土地管理局政策法规处工作人员的文章，同样明确表示，房屋所有权（即房屋产权）与房屋使用权有着本质的不同，使用权能只是所有权的权能之一（刘刚、田卫华，1996）。

从上述几点都可看出，外迁安置小区的建设充分考虑了对成本的压缩。因此，尽管地方政府通过价格优惠、面积扩大等一再强调拆迁安置中对百姓的体恤之情，力图保留其传统文化中的"衣食父母"形象，但事实上，它作为利益主体的分化依旧明显。换句话说，与其说外迁小区的建设是一项民心工程，不如说它更像是另一个拉动发展的"增长极"，被整合进总体的绩效目标。

三 危改开发商：双重逻辑的载体

20 世纪 90 年代初期，一类名为"××城市建设投资公司"的机构迅速兴起，成为危改中的主要操作者，即坊间所谓的"危改开发商"。据一位从事危改三十余年的老同志介绍，20 世纪 80 年代起，为了实施住宅商品化，推行房地产开发，由"原市统建办公室改组成了平城城建开发总公司，市住宅建设办公室改组成了市住宅建设开发公司。各区统建办、住宅办也都相应改成了区城建开发公司和区住宅建设开发公司，市、区住宅建设开发公司主要承担成片开发危房改造"，市政府希望"通过这些开发公司，不花市财政的钱，就能够成街成片改造旧城，而且能够为市政做贡献，也成为市政府的房源和财源"（蔡金水，2010）。在这样的渊源和定位下，城建公司既具有行政级别，又具备企业法人资质，是一类性质非常特殊、非常模糊的机构，成为旧城改造中权力与资本交汇的载体。

在官方的表述中，城建公司为"集中实施区属城市基础设施投融资、建设和经营"而组建，运作的重要目的之一就是"为城市建设筹集更多的城建资金"。

区城市建设投资公司是集城市基础设施融资、建设和经营为一体的经济实体，区政府与公司之间是委托投资建设、代理经营（含资产经营）的关系。……以城市建设投资公司为基础，进一步组建城市建设投资股份有限公司，采取政府整体划拨国有资产的办法，将区公用企业和建委直属房产、市政设施等资产整体划拨到城市建设投资股份有限公司，壮大公司实力，使之成为一个能够面向国内外金融市场，组织大投入、高产出的融资、投资运筹中心，由其充分利用国内外资金，积极争取信贷指标，为城市建设筹建更多的城建资金。（平文区发展计划委员会编，2001a：199）

在实践中，城建公司的另一个职能是专门负责拆迁，将腾空之后的熟地交付给开发商。这种方式既保证了都市政府对土地的实际控制权，也为外来开发商在政府主导下的进入提高了效率，成为城市政府吸引外资的又一策略。

> 建立我区的土地开发公司或房屋拆迁公司，专做我区的土地一级开发工作或对我区旧城改造项目的拆迁工作进行承包，解决我区现有的因拆迁工作延误而给开发企业带来的种种难题。（平文区发展计划委员会编，2001b：14）

城建公司是在大一统的国家分化经济职能、权力寻求资本结盟的背景下应运而生的，成为地方政府意志的具体执行者。从田野材料中可以看到，城建公司事实上参与了上述获得土地和经营土地的所有环节，以政府下属机构和外商合作者这双重角色，成为"开发带危改"实践中的核心。

（一）双重角色的扮演者

调查被拆迁市民时收集到一份《平城平文区城市建设开发公司关于申请在平文城区5号地区进行危旧房改造申请划拨国有土地使用权的请示》（文开请〔1995〕第17号）为城建公司在危改中的角色提供了例证。请示由平文区城市建设开发公司向平城房管局提交，正文如下。

平城房地产管理局：

　　根据市计委×××号立项批复、平文区×××号转发《关于确认平文大街5号地的函》的通知及市规划局×××号建设用地规划许可证批件，平城平文区城市建设开发公司（甲方）与香港新时代发展（中国）有限公司（乙方）及香港金泰有限公司（丙方）合作成立的平城文城·新时代房地产发展有限公司拟在平文区5号地进行危旧房改造。用地四至：东起×××；西至×××；南起×××；北至×××。

规划总占地面积 287250 平方米，其中建设用地 218750 平方米，市政代征地 68500 平方米（含 6 号地市政代征地 17000 平方米）。

此项目所有文件，经平城平文区房地产管理局审查，根据市房管局房地字〔1993〕第 524 号文，并经平城政管委会批准，合作公司于 95 年 7 月按 50 元/平方米标准缴纳了土地出让预定金 1094 万元，另根据市政府 1994 年第 21 号文按 20 元/平方米标准缴纳了防洪维护费 438 万元，两项费用合计缴纳 1532 万元。为了落实市、区政府关于吸引外资、加快平文区危旧房改造的指示精神，按照外经贸平作字〔1993〕150 号外资企业批准证书中"甲方负责征地拆迁手续"规定，现我公司向市房地产管理局申请将平文区 5 号地国有土地使用权划拨给平城文城·新时代房地产发展有限公司的合作甲方平文区城市建设开发公司，以便办理此合作项目的其他手续，并由平城文城·新时代房地产发展有限公司继续与贵局洽谈有关土地出让问题。

恳请批复。

平城平文区城市建设开发公司

一九九五年九月十二日

这份文件为我们提供"开发带危改"阶段的很多重要细节。请示的公文样式本身就暗示着城建公司仍然以体制内的身份面对政府，并没有被完全市场化。在发展话语对于吸引外资、加快改造的强调下，"先划拨、后出让"的供地方式在用地申请人（城建公司）和房屋土地主管部门（房管局）之间完成，不考虑市民个人可能拥有的土地权利。城建公司以极低廉的价格获得土地，并以地入股至中外双方成立的合作公司，由合作公司进行该地块的市政和商业开发。因此，在实践中：（1）城建公司是危改区域土地使用权的实际拥有者/垄断者，与各政府部门在土地审批流程上发生联系，以划拨的形式获取土地使用权，随后由合作公司补办（协议）出让手续。（2）城建公司是外资的中方合作者，依据上述引文中相关文件规定，外资企业必须委托其进行征地拆迁。拆迁的实质是将内城空间中的居民和土地分离，为土地从承载市民生活的居住空间到等待开发的商业空间的转变做好准备。由城建公司执行拆迁，实质上是使拆迁成为一个强大国家权力下的行政过程，而不是与市场经济相对应的土地使用权在平等主体之间转移的过程。（3）在面对市民时，城建公司还是拆迁的具体实施者，以及远郊安置小区的建造者。以平文大街5号地的拆迁为例，城建公司位于如图3-17所示的"开发带危改"各类关系的核心。

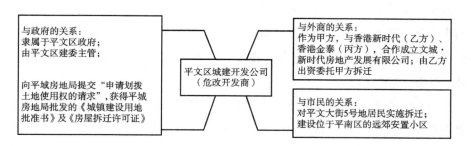

图3-17　危改开发商位于"开发带危改"中各类关系的中心

资料来源：作者根据平文区5号地被拆迁人致平城检察院反渎职侵权局举报信（2007）整理。

危改中的各种关系是以与地方政府有着密切联系的城建公司为核心编织起来的。在国家的名义下，借助行政力量，城建公司完成了土地使用权从行政流程（审批）到实质环节（拆迁）的转移。

> 所有开发商拆迁时都打着"代表政府"的旗号，对公民进行恫吓，"不服就上交政府裁决你"是他们惯用的"法宝"。开发商获得的暴利和（地方）政府、法院、公安局、房管局从暴利中获得的经济利益——权钱交易，把他们牢固地联结在一起。（《特级举报信》，1999年2月12日）

同时，城建公司又凭借对土地使用权的实际掌控，以企业法人资质，与外商组建合作公司，成为地方政府以地招商策略的具体执行者。

　　　　银行街建设开发公司在其土地招商广告中公开写道：土地权属归该
　　公司，投资者必须委托该公司拆迁。（《特级举报信》，1999 年 2 月 12
　　日）

　　此外，城建公司还拥有建设外迁安置社区的合法性和优先权。以平文区
的兴盛公司为例，既与港资合作建设，又作为区属企业（前身是区劳动局
下属集体企业，后来进行了股份制改造）进行开发。一方面在内城进行危
旧房改造，建设商品房或写字楼等项目；另一方面，开发在平南区的居住小
区（商品房及经济适用房），部分作为外迁居民的定向安置用房被消化（肖
林，2009：156～157）。

　　可见，在带有政府和企业双重属性的危改开发商身上，权力和资本的双
重逻辑也最终重叠在一起，最大化地拓展了地方政府在旧城改造中的操作空
间。"开发带危改"成为一种以地方政府（权力）为主导、与外商（资本）
目标一致的增长，而世代在此居住的市民则被完全排除在决策流程之外，只
能作为政策的被执行者（"被拆迁人""被安置对象"）。以城建公司为代表
的危改开发商是这一特定时期，大一统国家试图分化出市场时所面临的各种
错综复杂的关系的具体化身。此时，国家权力仍至高无上，资本开始蠢蠢欲
动，个人则无以反抗。

（二）不得不说的炒地皮

　　在这一系列流程之下，市民被排除在旧城改造之外，不具备土地使用权
的民事主体资格；下属于地方政府的危改开发商成为城市国有土地使用权的
实际掌控者，在"聚精会神搞建设，一心一意谋发展"的主导话语下，危
改开发商在连接国家与市场的灰色地带中如鱼得水，成为地方政府初期积累
的重要手段。

　　各地初期积累所用的方式大同小异，基本通过大规模的"炒地皮"实
现。"炒地皮"一般是指房地产商获得划拨土地以后，未对土地进行任何开
发，就转手将《建设用地批准书》（划拨用地）在市场上倒卖，谋取暴利。

据 1998 年的报道，当时平城 700 多家房地产开发公司中，竟有 70% 在炒地皮，旧城内"地皮转让费"（《建设用地批准书》转让费）已经达到每建筑平方米（而非占地平方米）2500 元（颜志刚，1998）。据学者调查，"炒地皮"通常有两种方式，一种是某开发公司通过行政划拨获得危改的大片土地，再花一定费用请设计院出一个"控制性规划"，以此获得《规划用地许可证》，然后将土地分为若干个地块转让，若按上述 2500 元每平方米转让，一个 20 万平方米的危改小区（当时危改小区的规模都在 10 万平方米以上），仅项目转让费就高达 5 亿元。另一种更为隐蔽的方式为：用合资或合作开发商的名义组建项目公司，"受让"土地的一方（一般为外商）负责解决资金（包括公司的注册资金、出让金、拆迁费、建设和销售成本等），而"转让"土地的一方（一般为市、区下属房地产商）负责获得政府批文、拆迁，并按照土地"转让"价格占有项目公司的 20% ～50% 的股份，房地产开发与销售一旦完成，双方便坐地分成，然后随即将项目公司解散（方可，2000：81～82）。

无论哪种方式，"炒地皮"都与危改开发商兼具国家和市场的双重便利密不可分。据被拆迁市民统计，这种违法的土地批租导致全平城有一千三百多亿元人民币流入小金库，其中包括拆迁安置费 586.7 亿元、私房土地补偿费 366 亿元、国家土地出让金差价损失费 434.5 亿元（谢光飞，2003c）。如此巨大的利益导致了开发公司成立的热潮。

> 自 1992 年上半年的开发热和房地产热中，平城冒出了七百多家房地产开发公司，这是极不正常的现象。这些大大小小的"开发公司"都有各种权力背景，有的就是区政府、市区房管局打着实施总体规划、危房改造的旗号，直接经营的开发公司。（《特级举报信》，1999 年 2 月 12 日）

事实上，这种行为在国家的规定中是明令禁止的，在《国务院关于发展房地产业若干问题的通知》（国发〔1992〕61 号）的第六条提到。

加强对划拨土地使用权的管理。凡通过划拨方式取得的土地使用权，政府不收取地价补偿费，不得自行转让、出租和抵押；需要对土地使用权进行转让、出租、抵押和连同建筑物资产一起进行交易者，应到县级以上人民政府有关部门办理出让和过户手续，补交或者以转让、出租、抵押所获收益抵交土地使用权出让金。

但现实中，出于背后巨大的利益，炒地皮现象屡禁不止，甚至成为行业内的潜规则，直至 2000 年底，工商局统计的房地产开发企业竟达三千多家。炒地皮现象之普遍，也引起了官方研究报告的重视，被列为导致这一时期平城危改问题突出的原因之一。

土地供应市场化程度低。平城土地的取得价格差异最大，也最不公平、不透明，炒地皮现象十分普遍。土地划拨和协议出让方式较多，拍卖、招标方式未占主体。地段好、价格低的土地往往被有背景的开发商通过暗箱操作的方式取得，并成为某些开发商"炒地皮"的资本。据平城市工商局统计，2000 年底全市共有房地产开发企业 3929 家，而平城市统计局统计为 893 家。两家数据差距之大令人深思。（《平城危旧房改造的发展态势与政策选择》课题组，2002）

"炒地皮"直接导致平城的土地成交价格位居全国榜首，扰乱了房地产市场的正常运作，加之各大部委及下属单位强大的集团消费能力的支持，平城商品住宅价格一直居高不下（方可，1998；谢光飞，2003），对城市发展产生了持续的影响。

小　结

本章以城市开发中冲突最为尖锐的土地问题为着眼点，力图比较全面、完整地展现地方政府经营城市，即空间和土地的逻辑，以作为转型之初原本相适的社会结构与社会心理结构之间出现失调的一个例证。

以公有制为起点的土地商品化过程，是中国城市化进程最为独特之处。社会主义意识形态赋予大一统国家的至高的、抽象的土地所有权，在深化改革之后被地方政府具体化为由其垄断的、对城市土地的实际控制权，而市民在其中可能存在的权利则被完全排除在外，成为土地问题冲突的根源。

急于向绩效合法型转型的地方政府是旧城改造的主体，在"开发带危改"模式中，它一面仍以名义上的代理人的身份行使国家权力，创造各类合法性话语，结合行政强力，实现搬迁居民、清空土地；另一面则以合作者的身份以地招商，引入资本，实现产业升级，增进地方税收。这一模式的精妙之处在于，利益上已然分化的地方政府，仍在实施危改，进行开发的各个环节保留，并积极建构自身上与国家、下与个人之间的合一关系。由此，被借用的抽象国家成为地方政府借以生产合法性和正当性的意识形态资源库，而与先前大一统国家对应的缺失主体性的个人，则依旧被吸纳于权力之下，成为都市更新中必须服从于行政指令的被动承受者，且不具备参与土地市场、直接与开发商对接的主体资格。这一模式清晰地展现了市场的进入对原本合一的国家—个人关系造成的影响。在之前吸纳型的国家—个人关系中，尽管国家与个人之间力量相差悬殊，但两者之间以庇护—服从的关系融为一体。转型之后，庇护撤离、服从仍在，先前呼应合一的状态被打破；社会心理转型较之社会结构转型的滞后，加速和放大了权力和资本对个人的侵蚀。

以经营城市为目标的"开发带危改"的实质在于，要将原本合为一体的人和地分离开来，使其能分别更有效率地服务于城市经济和规模的增长。在这一需要下，原应由市场关系调节、在平等主体之间进行的土地财产关系变更被行政化。地方政府否认市民在土地使用权上的民事主体资格，简化土地使用权转移的流程，并以行政力量实现居民的搬迁。随后，大片的内城土地以中外合作的形式用于商业开发。同时，居民被外迁至由危改开发商开发的远郊安置小区。在整个过程中，世代居于内城的市民被完全排除在决策流程之外，只能作为政策的被执行者（"被拆迁人""被安置对象"），被动地卷入这场城市化浪潮。我在调查中听到的一句话时刻萦绕于耳，法院工作人员对前来上诉的被拆迁居民说，"没办法，国家太穷，需要钱，你们只能做出牺牲"（《第一次公开信》，2000 年 10 月）。这句话直白而鲜明地体现了转型后国家对于经济增长的需求，与尚未转型的、在传统文化中不具备主体性的、必须服从于国家权威的个体之间的这种错位互嵌。在这一阶段，发展被简单化为经济增长，增长又被视为国家利益，在尚未转型的社会心理结构下具有了道德的制高点和权力的合法性，有关发展的正义性则被忽略。为资本而生的城市开发嵌入于一个大一统的国家的制度、文化和权力框架中被施行，为我们勾勒出市场诞生之初的轮廓。

第四章

国家的拆分

> 21 世纪初的平城，一群中国公民用自己的身体力行，示范了公民面对个别部门机关盗用国家名义推行恶行时理性而又优雅的不合作姿态。他们没有在漫长的申诉过程中一系列的阻挠与打击面前变得冷嘲，这种态度背后是对国家的热爱与忠诚。他们付出的精力和遭受的压力，已远远超越了个人利益的范畴，他们的勇气和自律精神体现出高贵的公民尊严和不屈的法治信念。
>
> ——郭宇宽，2003 年

一　国家—个人关系的另一种可能

上文所引的是当时《南方窗》杂志针对本书所要讲述的这起由 20 世纪 90 年代快速城市化导致的集体诉讼事件的一篇重要报道，"个别部门机关盗用国家名义"在旧城改造中的行为，正是本书所力图阐释的转型之初，大一统的国家在全方位开始分化之时，国家与个人之间的关系转变的具体呈现。

进入 20 世纪 90 年代以后，财税制度的改革和中央向地方的逐步放权，是深化经济体制改革的重要举措，也促使地方政府的主体性逐步凸显，地方政府在转型中的角色成为很多研究讨论的重点。① 从本书观点来看，以旧城

---

① 地方政府在转型中的角色被视为解释中国经济奇迹的谜底之一，丘海雄、徐建牛（2004）将其归结为四种主要的观点：财政激励论、产权约束论、体制断裂论和社会结构论。

改造及与之相关的城市开发为例，地方政府主体性凸显对国家—个人关系造成的重要影响在于：它破坏了先前大一统情形下，国家与个人之间的包容合一关系——它不仅导致国家内部不同治理层级之间分化，使地方政府不再是"代理型政权经营者"，而从事实上转变为"谋利型政权经营者"（杨善华、苏红：2002），而且，它也导致国家与个人之间的分化，使两者之间的利益不再统一。国家不再如计划经济时期那样为个人提供全面的社会权利，但是，正如本书所一再强调的，由传统文化和社会主义意识形态所塑造的个人对国家权力的全面服从却仍被保留，因此，国家与个人之间原有的呼应和平衡关系被打破。打破之后，原先都可以被有序吸纳进大一统国家框架中的行政主体和个人被拆分成中央、地方和个人三个可以相互组合的要素，在不同的行动主体的眼中——本书主要指地方政府和被拆迁市民——有了不同的潜在组合逻辑。

上两章侧重从国家的角度，以旧城改造的主要推动者地方政府为分析对象，阐释了在构造房地产市场的过程中，地方政府如何从一个单纯的国家行政指令的执行者，变成一个有增长需求的独立主体。与此同时，本书还要强调的是"代理型"和"谋利型"政权经营者这两种身份在地方政府身上交叠、并依据需要随时切换的情形：面对市民时强调国家代理人的身份，继承强大的国家权力和合法性资源，实现搬迁居民、清空土地，为"危改"之后的"开发"储备原始资本；面对开发商时则以城市经营者的身份，以地招商、引入资本，实现产业升级，增进地方税收。就国家—个人关系而言，这一模式的精妙之处在于，利益上已然分化的地方政府，仍在实施危改、进行开发的各个环节保留、并积极建构自身上与国家、下与个人之间的合一关系。换言之，通过将其"谋利型"的动机隐藏于"代理型"的形象之后，地方政府为市场的引入创造更大的控制权并积累更多的原始资本。因此，在社会结构分化之后，地方政府事实上并没有主动推进国家—个人的关系相应的转型，而是试图保持甚至加固这种关系，如前文图2-2的"开发带危改"前后国家—地方—个人关系的对比图所示，从而加重了社会心理结构转型的滞后，两者之间在转型中的错位由此产生。

从市民的角度来看，这种实践形态造成的后果是，它保持了个人主体性持续缺失、将国家利益内化并服从于强大的国家权力的状态。在旧城改造中，世代居于内城的市民成为必须服从于行政指令的被动承受者，且不具备进入土地市场、直接与开发商对接、参与城市更新的主体资格。因此，这种关系事实上给予了地方政府最大的行动空间，并削弱了市民反抗的意识、能力和合法性，使两者处于力量对比悬殊的两个极端。于是，呈现在我们眼前的故事的另一个版本是，权力与资本的结合导致了这一时期被拆迁市民生命中无以承受之重——他们在"改善居民生活环境""关系百姓切身利益"的口号下，外迁至基础设施尚未落成、房屋质量和产权得不到保障的远郊安置小区，承受上班、上学、就医等种种的不便利以及社会关系网络破碎带来的精神压力。

简而言之，在这一时期，国家依旧强大，个人主体性依然缺失，但转型激发的增长动机使两者之间无法再以庇护—服从的关系呼应合一，致使普通人的日常生活遭受权力和资本的双重挤压。并且，如前所述，自上而下的改变因利益的牵绊而无以生发，此时，自下而上的力量能否出现，推动社会心理结构转型，使之与已然分化的社会结构再度对应？有主体性的个人，或曰所谓的公民，能否在这样的背景和脉络下成长起来？国家—个人关系是否存在另一种可能？其动力何在？机制如何？这正是本章及后续章节所要重点讨论的内容。

（一）"个人"的崛起：国家—个人关系的重建

本书所理解的国家—个人关系至少包含三个要素：（1）国家是什么样的国家；（2）个人是什么样的个人；（3）两者之间以怎样的社会结构和文化心理机制相关联。与转型之前大一统局面相配套的是至高无上的国家、缺失主体性的个人及两者之间以庇护—服从为呼应的包容合一的关系。这在费孝通的表述中，以"差序格局"的理论模型呈现，本土心理学进一步探究了其中的自我构念形态，认为与之相对应的是"包容性自我"，其基本特点是自我边界的伸缩、通透性，因此，也可以称之为"边界渗透的自我"

（Yang. et al.，2010）。弹性、通透的自我边界在图示时多以虚线表示，强调个体自我依赖于外界而定义的不独立的状态。在中国传统文化的训诫下，这种渗透、互赖的状态成为实践中使国家和个人之间彼此呼应的动力机制：国家的触角可以在"保护人民福祉"的名义下渗透至个体，对个人拥有至高无上的权力，而个体则通过自我边界的扩张，将国家内化为自我的一部分，形成"国家我"（nation self），从而服从国家权力、响应国家号召。这套结构在本书被称为"吸纳型"国家—个人关系。

与之相对的是对应于西方以"团体格局"为基本结构原型的"自足性自我"①，在图示时多以实线表示，强调自我边界封闭、固化的紧实状态，因此，或许也可以相应地称之为"边界紧实的自我"（boundary-firmed self）。此时，国家只是包含个人的众多团体之一，对个人只有有限权力，个体自我也不依赖于外界而定义，因此，个人与国家之间形成一种平等独立的关系。本书将这套结构称之为"平等型"国家—个人关系（见表4-1）。

表4-1　自我构念与国家—个人关系的两种理想类型

自我构念类型	理论基础	自我边界特征	国家—个人关系
包容性自我	中国—差序格局	渗透式：通透、弹性	吸纳（服从）型
自足性自我	西方—团本格局	紧实式：封闭、固化	平等（独立）型

因此，从这一视角出发，转型导致的变迁在"吸纳型"国家—个人关系的三个要素中体现为：前两个要素仍保留，但两者之间包容合一的关系已经被打破，对普通市民日常生活的侵蚀成为铸就"城市奇迹"的巨大代价。

---

① 该概念最早由桑普森（Sampson，1988）在讨论"个体主义"问题时提出，作为区分东西方两种个体主义的理想类型，贡献在于关注了自我边界的内涵，而不仅仅关注一些外在文化特征。不过，就中国人的自我概念而言，对于"包容性"自我，本土心理学还进一步强调其"差序"特征中所包含的"自主性"（以自我为中心），以及由此呈现的"选择性"（什么情境下使用什么原则，与自己所包容的他人或未包容的他人进行交往），并最终导致的"动力性"（对边界变化的掌握）（杨宜音，2008：35）。因此，本研究对于渗透式和紧实式自我边界的指涉，结合了本土心理学的研究成果，并进一步将其延伸到这两种自我下国家—个人关系的不同形态。

面对如此情形，唯有生发一种将自我边界从渗透转变为紧实的力量，从而使个人从缺失主体性、将国家权力内化并无条件地服从的状态，转变为赋予自身主体性、伸张自我权利，并对国家有条件地服从的状态，才能应对国家庇护丧失、社会权利全面撤去之后的社会结构变化。也就是说，个人要从传统的包容性自我转变为更适应于市场经济的自足性自我，使自我边界由渗透转变为紧实。这是一个"个体崛起"，或曰"公民的生产"的过程，其实质在于固化自我边界以重塑国家—个人关系。

　　从更普遍和宽泛的意义上，这样一个"个体崛起"的过程已经在新中国成立后至今的社会变迁历程中有所体现，阎云翔（2012）称之为一个"社会的个体化"过程，以改革为界分为两个阶段。改革之前的三十年中，国家推动的社会改造将个人从家庭、亲属、地方社区中抽离出来，然后将个人作为社会主义主体再嵌入国家控制的工作与生活的再分配体系中，实现了"部分个体化"（阎云翔，2012：353~358）；换言之，社会主义意识形态用国家取代了家族的概念，使个人从原先的家族结构中脱嵌，构成一种个人直面国家的关系，将乡土社会传统的三层治理结构变为两层，但从本书观点来看，这并未在实质上对个体的自我构念造成影响——个体自我仍具备弹性的渗透边界，国家仍在单位制下对个人履行庇护职责，个人仍顺从依附于国家，两者间仍是庇护与服从的对应关系。在改革至今的三十年中，以市场为导向的经济改革，颠覆了先前"集体主义方式的个体化"（阎云翔，2012：376），从本书观点来看，这一时期带来了国家—个人关系及自我构念的更为实质的转变，且充满冲突和悖论。改革开放以后，国家有选择地放开市场经济领域，逐渐向绩效型政府转型，但同时仍维续社会主义意识形态的合法性建设及其体制管控，前者激发了个人权利意识的生成、自我边界的固化、社会联结的萌生，而后者则持续要求个人对国家的无条件服从、自我边界维持渗透、个体持续原子化状态，故而，造成转型的深层矛盾，亦构成中国问题的独特背景。

　　阎云翔（2012：376）将这两个阶段都视作是"国家掌控的个体化"，个人被视为实现现代化的手段，这与关于个人的传统定义相吻合，即个人总是服从于更大的集体，不论那个集体是指家庭、祖先还是民族国家。这与本书的发现是吻合的，着力体现为，此时的个人自我仍处于尚未转型的状态：个人在很大程度上仍然保留着传统渗透式边界，国家在个人自我中的内化，使市民对国家权威仍习惯性地服从，也因而处于国家的全面掌控之下。因此，换个角度理解，"造城运动"这起初的十年得以大刀阔斧地推进，推土机所到之处如履平地，其更深层次的文化心理根源正在于：在这种对个人的传统定义下，权力不受约束，个人无以为抗，包容性自我为国家和市场在社会缺席情况下的所向披靡提供了条件。然而，正如市民们所言，"维权从侵权开始"，侵蚀的加剧推动了个人自我的转变——随后出现的大量社会冲突，从积极意义上讲，正是由个人发起的对传统的国家—个人关系的自主调试，试图以市场经济理念所孕育的独立自我为基石，构建现代国家与公民个体之间独立平等的关系，以抵御权力和资本的侵蚀。

因此，无论是从理论还是从实践，国家—个人关系的这两种理想类型在当下中国都是并存的，但两者的发展程度不同：在千百年来的文化传承及社会主义意识形态的动员下，基于包容性自我的吸纳型国家—个人的关系占据更强的主导；而由开放市场所激发，基于自足性自我的平等型国家—个人关系尚处于萌生之中。因此，两者还处于一种有主次、有强弱的嵌套关系之中。当下的各种以法律为武器的维权过程，虽然理性程度不一、结果不够乐观，但正是平等型国家—个人关系的萌生过程，使个人与国家之间除无条件地服从之外，还产生另一种可能。而正是在这个过程中，个人也从被动的"被拆迁市民"，变成一个更富有主体姿态的"行动者"。

（二）"合一"还是"分化"：实践中的中央、地方与个人

社会转型使原先大一统的国家分化，中央、地方与个人三者之间出现不同组合的可能。以地方政府和维权市民为着眼点，他们在旧城改造与维权抗争的实践中，分别建构出了两套不同的中央—地方—个人关系，展现了各自不同的角色、地位和利益诉求。

地方政府作为行动主体，在引入市场经济之后，并无推动国家—个人关

系转变的主动意图，反而是持续建构、甚至加固这种国家（中央）—地方—个人之间的合一感。事实上，恰是通过将增长目的隐藏于对合一感的建构之下，地方政府获得了最大的行动空间：一方面调用"发展""城市建设""公共利益"等话语与抽象国家相关联，将区域经济增长上升为国家利益；另一方面以国家代理人的身份面对市民个体，继承国家权力的合法性、要求个人对关乎"国家利益"的城市改造和开发无条件服从。在此，地方政府是行动主体，个人被动服从，而抽象国家则成为地方权威合法性的来源，以及建构发展话语的资源库。

由此导致的权力和资本的双重侵蚀促使了被拆迁市民维权意识的觉醒，在数年的维权实践之后，他们敏锐地捕捉到了其中的实质，因此，借用法律作为维权武器，同样以抽象国家作为意识形态资源的工具库，他们试图以分化的逻辑建立另一套中央—地方—个人关系。

这套逻辑的关键之处在于将法律层级与国家治理层级相关联，他们是这么做的：首先，将法律视为中央的化身，强调法律作为国家意志之体现的象征意义，强调其与地方政府颁布的行政法规之间的区别，从而将习惯上要一概听命的国家拆分为中央（抽象国家）和地方（具体国家）两个层级。随后，通过论述地方行政条例对基本法律（如《中华人民共和国宪法》《土地管理法》等）以及中央条例的违背，质疑地方政府代言国家意志的合法性，从而将地方层次的具体国家推出先前默认的大一统框架，也就意味着否认了地方政府因之继承的对个人的全面权力，为建构新生的平等型国家—个人关系创造了前提。与此同时，行动者还有选择地与中央政府结成心理同盟，强调自己对抽象国家权威和利益的内化，以此来获得维权行动在现行体制背景下的合法性。由此，行动者将国家拆分为中央和地方这两个具体的层级，并巧妙地针对不同治理层面的国家同时建构了两套国家—个人关系——吸纳型的中央—个人关系和平等型的地方—个人关系。前者对应渗透边界的自我，后者对应紧实边界的自我，由此同时获得维权的合法性和营造抗争空间的力量。两种不同的中央—地方—个人三者关系如图 4-1 所示。

简言之，地方政府作为主体，对其与中央、其与个人关系的建构在于保

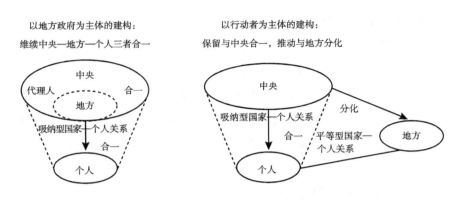

图4-1 两套中央—地方—个人关系的建构逻辑

持传统的"合一",即延续吸纳型国家—个人关系,由此延续这种逻辑下仍处于主体性缺失状态的个人对国家至高无上的权力的内化和服从,地方政府从而获得在旧城改造中最大的行动空间。而个人作为主体,则选择了先将国家拆分,然后分别与中央和地方建构两套不同的关系,从而有选择地保留"合一"和建构"分化",由此,在对主导的吸纳型国家—个人关系的继承下,有步骤、有策略地生产出平等型国家—个人关系,以此来艰难却坚定地捍卫自身财产和权利边界。值得强调的是,这种平等型关系至今仍是萌生的、有限的、需要在分寸尺度上准确拿捏的,因此两者之间是一种嵌套式的结构。行动者针对具体的维权情境对这两种国家—个人关系的"选择性"建构,已远超出简单的维权策略,体现出更深刻的国家—个人关系在中国传统和当前体制背景下演变的逻辑,将在第五章详述。

二 两套国家—个人关系写照:拆迁的两种界定

因此,在国家—个人关系的实践中,官方主导的模式只有吸纳型这种单一形态,拆迁被视为一项利于国家发展的政府行为,自我边界渗透、主体性缺失的个体只有服从的义务却没有相应的权利;行动者则通过拆分国家,将国家—个人关系分为两种不同的情形:他们承认并努力内化与中央政府的吸纳型关系，同时针对地方政府建构一种新的平等型的国家—个人关系，将拆迁行为依据法律重新界定为"平等主体之间财产关系的调整"，使之成为自我边界初步转向紧实、推动平等型国家—个人关系萌生的起点。

（一）"拆迁"的官方话语：被吸纳的个体及服从的义务

在官方话语中，由于确权程序缺失（详见第三章第一部分：中国式"造城"），私有房屋的土地使用权被界定为由国家划拨取得，在此前提下，拆迁也就被相应地界定为"安置补偿"的问题——包括对房屋的补偿（被市民形象地称之为"砖头瓦块钱"）和对市民的安置——而对房屋院落所占据的土地一概不涉及。这种逻辑与吸纳式的国家—个人关系一脉相承，市民在旧城改造中的主体资格被排除，而仅作为占据着内城土地但又不能为区域经济增长提供效益的"剩余人口"存在。与此同时，与深化改革后确立的"发展"和"稳定"的主导意识形态相对应，"建设"和"安定"是地方政府在旧城改造中不断强调的主题。通过对这两个主题的强调，地方政府不断强化其与抽象国家之间的合一性，从而强化了自身对市民采用行政力量和合法性，以及个人必须服从和让位于国家利益的逻辑。

> 今年以来，我市部分被拆迁私房主提出，要求在拆迁中对原房屋国有土地使用权进行补偿。由于私房主反应强烈，不断上访，致使一些拆迁项目无法顺利进行；影响了平城的建设和安定。……城市国有土地使用制度为有偿和无偿两种方式，现城市私有房屋所有人拥有的国有土地使用权不是通过出让（即有偿、有期限）方式取得，当属国家无偿划拨，当城市建设需要时，国家有权对上述国有土地使用权无偿收回。（《关于拆迁城市私有房屋国有土地使用权是否补偿问题的请示》，平房地字〔1995〕第 434 号，1995 年 7 月 21 日）
>
> 由于平城发展的需要，依据土地管理法、房屋拆迁管理条例，国家可以依法收回国有土地使用权……（《平城人大常委会办公厅对罗某等 7 人要求成立特定问题调查委员会公开信的答复》，2000 年 12 月 15 日）

在这种吸纳而非平等的国家—个人关系下，拆迁从一开始就是具有强制力的政府行为。市民们作为"被拆迁人"，"必须服从城市建设需要，在规定的搬迁期限内完成搬迁"（《国务院 78 号令》，第五条）。若不服从，就会被冠以"刁民"的称号。在拆迁的执行过程中，市民的维权行为被某些执法人员理解为"跟政府对着干"。据万人诉讼集团第一次公开信"言论言行"部分记载。

平城平文区人民法院执行庭庭长对被拆迁居民徐某说："你认识我吗？你打听打听，我是干什么的，可着南城打听打听。你走也得走，不走也得走。我们就倾向于开发商，有能耐你爱找谁找谁去。这拆迁是政府搞的，你们敢跟政府对着干？"

（二）"拆迁"的法律界定：独立主体之间财产关系的调整

为改变这种局面，万人集团诉讼代表之一、自 1995 年自家院落被拆迁后便开始学习相关法律的罗先生，从中央层面的法律出发，根据宪法修正案"土地使用权可以按照法律规定的转让"，国务院《拆迁条例》第八条："要依法取得土地使用权"，对拆迁做出了重新界定：拆迁本质上是一个按照法律规定调整平等主体之间财产关系的问题。

罗：（私有房屋土地使用权）根据那个（1950～1952 年房屋登记）变成共产党的登记，该多少面积就多少面积，原来的登记和这个是延续的，权利是延续的，那是没有争议的，也没有受到侵害。问题究竟在哪？修订宪法以后，农村也是，城市的土地属于国家所有，农村土地属于集体所有。被告老说，开发商也说，土地的使用权可以依法进行转让，而现在他们是没收论。平城为什么出现这样的情况，他们有文件，他们认为 1982 年土地法规定，城市土地属于国家，所以，原私房主不享有土地使用权，没收了。

　　第二，退一步再解释，由于宪法规定的城市土地属于国家，这些私房主的土地使用权不是国家那划拨取得的，不是出让取得的，是国家划拨的，所以，用的时候可以无偿拿回来。什么意思，根据宪法不说了，把没收的土地里，使用权分离出来确定给你，再划拨给你，先没收再划拨给你的。它有这样的文件（即上文平房地字〔1995〕第434号请示，作者注）存在，我们在1995年有一个114户也因为这个问题，当时平城因为这个问题很着急，涉及建设部。建设部没有办法答复，找到国务院法制局，问说，拆迁的时候，私房主的土地使用权是否给予补偿，把调整财产关系变成补偿去谈，这是两回事。补偿和调整财产关系不是两回事。法制局做了一个答复，说拆迁私人房屋，要严格遵守现行法律和城市房屋管理条例，没有同意他们的观点。反过头来再看条例，如果依法取得公民的房屋所有权和土地使用权，后面的安置和补偿随便谈，没有侵犯你财产权。这些问题关键是批准拆迁的时候。（都已经）批准拆迁房子了，这种还是协商吗？就是行政行为造成的。所以，这个事情就是这么发生的，平城制订了违反宪法和法律的地方规章替代宪法和现行法规，我们将近三分之一的原告是这个类型的。　　（访谈材料：LT20060904）

　　在后续维权实践中，私房主进一步明确阐述了以土地使用权为表现形式的财产权，如近年向中央提交的公民意见书中所述：

　　国家实行土地所有权、使用权分离的土地所有权公有化制度之后，通过土地所有权与使用权分离的法定程序，（公民）获得由所有权能的土地使用权转化成的无期限的、独立的土地使用权。土地财产由所有权形态转化为使用权形态。（《对〈国有土地上房屋征收与补偿条例征求意见稿〉的第一次意见》，2010年2月）

　　事实上，不仅是私房主拥有财产权，占据被拆迁市民中更大部分的公房承租户也同样是权利主体，他们的财产权体现在"城镇拆迁费"中，同样需要在"依法取得土地使用权"的程序中得到相应的体现。

> 罗：还有好几千的原告，他们是什么财产？依法享有的城镇拆迁费。我们原告有的是房产权利人，有的是租住公房的住户，人民政府批租、划拨和出让国家占有的土地使用权的时候，法律规定是什么？程序是什么？这是必须研究的问题，又涉及《拆迁条例》的第8条，必须依法取得土地使用权。商人可以拆国家的房子吗？不可以，得把国家的房子买回来，国家的房子不能白白让他拆了，国有土地使用权他们要依法取得，怎么取得，出让。如果是市政那就是划拨，国家有权利划拨和出让他占有的国有土地使用权。再看看划拨和出让国家土地使用权的时候，法律规定是什么？最重要的一条，谁用地，必须依法对居住的居民支付拆迁费，不支付就无法取得土地。同时，向国家交纳土地出让金和基础设施建设费，三部分加一起构成基准地价。当然，划拨的不用交出让金，是国家建设用地，但是，必须支付城市拆迁费，这是法律规定。在批地的时候就应该完成。如果那个程序完成了，那么，不管是国家建设用地，商业用地，在申请拆迁的时候，才算是依法获得了国家占有的土地使用权，也依法获得国家的房屋所有权，就可以拆了。完成之后，在实施拆迁的过程中，那部分居民是不是应该拿到的依法支付的城市拆迁费选择居住？选择买房、选择租房。商人的房子可以选择，可以不选择。（访谈材料：LT20060904）

以法律为依据，行动者梳理出了自己的财产权理念，及其相应于私房主和公房承租户的具体所指——土地使用权和城镇拆迁费。他们提出，拆迁实质上是一个依据法律规定调整平等主体之间的财产关系的问题，不应与"安置补偿"混为一谈，甚至都可以不涉及安置补偿，市民完全可以用依法支付的足额费用，去市场上依据个人喜好选择买房或者租房。另一位总集体诉讼代表贝先生，更明确地阐释了"安置补偿"和"调整财产关系"所代表的两种截然不同的主体关系，一种紧实独立的自我边界已然浮现。

　　贝：补偿是政策所决定的，没有法律根据，他提出五千元，你提出
六千元，偿还给你带来的损失，调整财产关系可就不同了，它有法律根
据。《民法》第二条说了，制定本法适用于法人、公民之间，人身关系
和财产关系的调整，《民法》是在民事主体之间啊，国家也是民事主体
啊，咱们也是民事主体，政府行使权力是公权，是代表国家行使的，你
只能处分你的财产，不能处分人家老百姓的财产。　　（访谈材料
TY20051224）

三　国家—个人关系双轨分化：将地方政府推出国家框架

　　较之同时期的维权行动，法律在该集团诉讼中扮演了重要角色。面对资
源和权势上比自身远为强大的对手，行动者们充分认识到，"只有法律才是
我们唯一的武器"，与对国家所做的抽象层次和具体层次的拆分一致，在建
构两种不同的国家—个人关系时，法律也被相应地赋予了"中央精神的化
身"和"制定规则的文本"这两种不同的角色。本节将主要围绕法律作为
"中央精神的化身"展开，具体论述行动者是如何利用法律的象征意义，将
地方政府推出大一统的国家框架，实现国家—个人关系的双轨分化，从而为
建构不同于传统的平等型国家—个人关系提供特定的情境和前提的。

　　"以法维权"是万人诉讼最重要的特征和策略。与其他同时期的市民维
权行动将所有的法律法规、规章制度、政府文件都视为法律不同，在万人诉
讼中，行动者们以法律制定部门的行政等级为依据，按照宪法、基本法
（如《土地管理法》）、国务院条例（如《国务院城市房屋拆迁管理条例》）、
地方规章（如《平城实施〈国务院房屋拆迁管理条例〉细则》）这一序次
对土地开发过程中所涉及的相关法律法规作了严格的排序；在维权行动中，

行动者只以中央等级的法律法规（宪法、基本法、国务院条例）为依据进行动员和文化框构（framing），法律在此体现出鲜明象征意义——被视为中央精神/抽象国家的化身。随后，通过对比地方级别的规章细则与中央等级的法律法规之间的差异，行动者建构出地方政府对中央政府的违背，从而质疑地方政府努力建构的与抽象国家的合一，也进而质疑了地方政府的代理人身份，将其从对个人有全面权力的"国家"框架中推出。

> 贝：我跟大家说，这个方法其实很简单，看看国家法律，再对照看看平城政策，再提醒大家注意一点，行政机关是执法机关，执行法律的机关，那执法机关应该执行什么，言外之意，他自己不能另出东西，而且要实施。他所出的东西，比如行政规章，你必须符合法律，否则无效，不能自己单出东西，说法律怎么说的，我单出一本，这就有法可依了，不是这么回事儿，他单出那个细则，和法律抵触，无效。（访谈材料：TY20051123）

> 《特级举报信》以确凿的事实，全面揭露了历届平城政府主管土地批租的负责人、平城房屋土地管理局及其属下的各区政府、各区房管局、公安局以及各级人民法院参与房地产开发，欺上瞒下、有法不依、违法行政、执法犯法的重大问题。（《特级举报信》，1999 年 2 月 12 日）

具体来讲，中央—地方这两个行政等级之间的差异主要围绕着危改中的"土地批租/划拨"这一环节出现，以"程序遗漏""程序替换"和"次序颠倒"等文本上的变化以及法律法规在执行过程中发生的实践与文本之间的脱节实现。在行动者看来，这正是"地方不符合中央""阳奉阴违"的"瓶颈"所在（访谈材料：TY20050925），体现在下述的几个层面。

（一）程序遗漏

在对私房主是否享有土地使用权进行法律梳理的过程中，行动者们发现，拆迁时国有土地使用权权属不明、公民财产遭到侵犯的根源在于在1982年《中华人民共和国宪法》做出城市土地国有化的规定之后，平城未依法履行将所有权和使用权剥离的"确权"程序。

> 罗：1982年修改完的宪法，变成了一个所有权使用权分离的制度，这把大伙儿弄糊涂了。首先是国家的土地，是所有权和使用权在一块儿的，没分家呢，谁要想用国家的土地出让或者划拨，国家得先把所有权和使用权分离，分离之后才出现了一个使用权初始登记，要不然没法登记。所以分离之后土地的所有权在国家手里，使用权在商人手里，或在某个部门的手里，分家了。
>
> 对于公民新中国成立前购买的土地、房屋，在公有制之前的，公有制之前指什么？指所有权公有制，就是没分家的，所有权永远是国家的。公有制之前购买的或继承的，或者延续使用的、租赁的等等，要依法确定土地使用权，这个法律都有程序的，这个程序实际上是什么？根据原来是土地登记授权，实行什么？所有权、使用权分离，所有权必须变成国家的，这可没有商量的，说你不同意，法律有规定，使用权必须给人家分离和确权，这也是法律规定，行政机关必须遵守、必须办的。平城没做这个，行政不作为。（访谈材料：LT20050116）[①]

确权手续是根据《中华人民共和国房地产管理法释义》和原国土局《确认土地所有权、使用权的若干规定》等中央级的法律法规，对土地公有制前通过购买或继承等方式获得的私有土地的土地使用权权属界定的关键程序。

[①] 据被访者叙述，诉讼提起之后，平城于2001年对这一"确权"程序做了弥补，但又另藏玄机：在需要市民填写的确权登记的表格中，土地使用权来源被简化为"划拨、出让、入股、租赁"四种，抹除了法律规定的其他几种，误导市民选择"划拨"，否认了私房业主尤其是新中国成立前购置房地产的私房业主对土地的权属类型，如购买、继承等（访谈材料：LT20050116）。这一事实也在相关媒体报道上有过披露，参见《土地使用权之劫》（谢光飞，2003a）。

罗：《关于确认土地所有权、使用权的若干规定》，怎么确定呢？以出让、划拨形式取得的土地使用权，那是从国家那儿获得，可以确认土地使用权。……对于公有制之前，包括新中国成立前公民购买的房屋、土地，也应该依法确定土地使用权。这是两条规定，就是说，获得土地使用权的形式、来源，除了出让、划拨之外，还有购买土地，没说就两种。还有购买土地，购买房屋、土地、继承，等等形式，非常清楚。至此这个问题应该没有争论了，你该给人家确权就给人家确权，怎么确权？按照原来国土局的确权规定，他是出让取得的按出让给人家土地权，划拨取得的，按划拨取得给，新中国成立前买地买房取得的，按购买土地取得，对不对？来源必须弄清楚了，说继承，那就是继承。还有延续使用一种方式，好多方式呢。（访谈材料：LT20050123）

通过确权手续的引入，行动者对地方政府提出的"城市土地归国家所有；使用人在解放前花钱购买的私有土地，依据《土地改革法》早已全部收归共有""出让与划拨——沄定的两种取得土地使用权形式""解放前私人购得的土地其现在的使用权应属无偿划拨取得；对于无偿划拨取得的土地使用权，国家有权行使所有者的权利——无偿收回""历史遗留的个人私有房屋的土地使用权依法不应获得经济补偿"[①] 等解释进行了重构，认为：1982 年《中华人民共和国宪法》的实质是一个将土地所有权与使用权分离的制度，收归国有的仅是土地所有权；公民获得土地使用权的法定形式除了出让、划拨、入股、租赁之外，还有购买土地、赠与、继承、延续使用几种方式，应该依法予以确认；拆迁的实质是"依法调整土地使用权权属关系"，侵权根源在于平城未依法履行土地使用权确权手续。

---

① 依据：《历史遗留的个人私有房屋的土地使用权依法不应获得经济补偿》，《平城日报》，1998 年 11 月 4 日；平城房管局，《关于拆迁城市私有房屋国有土地使用权是否补偿问题的请示》，1995 年 7 月 21 日。

（二）程序替换

除程序遗漏之外，通过对比国务院颁布的《城市房屋拆迁管理条例》《中华人民共和国城镇国有土地使用权出让转让暂行条例》与平城政府实施这些条例的相应细则，行动者还发现，两者之间存在着一些不一致，通过这些细微的变化，地方政府扩大了划拨城市土地的权限，其中既包括公民享有土地使用权的土地，也包括国家享有土地使用权的土地。

首先，对于公民（私房主）享有土地使用权的土地，行动者认为，地方政府在1991年颁布的《平城实施〈城市房屋拆迁管理条例〉细则》（26号文）中抹去了1991年国务院颁布的《城市房屋拆迁管理条例》（国务院78号令）中的第八条："拆迁房屋需要变更土地使用权，必须依法取得土地使用权"，违背了中央的意志："本来国务院的拆迁条例是保护了老百姓的利益了，可到平城制定《细则》的时候，他恰恰把最关键的一条给抹了。"（访谈材料：TY20050821）

> 杜：就跟上商店买东西似的，买东西咱们俩得协商吧，这个东西多少钱，那个多少钱，得问一问价格，但是这上面他没有协商，这就是我的了，抢你的东西似的。我们认为这就是侵犯我的财产权了，因为你想要用我的东西你就得拿钱买，跟我协商，对不对？国务院有个78号令，房屋需要拆迁，必须依法取得土地使用权，细则里把这个给删去了，是不是违法？

被市民们表述为地方细则对照中央条例出现的"程序遗漏"，真实情况是一个"程序替换"。《国务院房屋拆迁管理条例》（78号令）"有关拆迁管理的一般规定"下的第八条，对拆迁资格做了如下表述。

> 任何单位或者个人需要拆迁房屋，必须持国家规定的批准文件、拆迁计划和拆迁方案，向县级以上人民政府房屋拆迁主管部门提出拆迁申

请，经批准并发给房屋拆迁许可证后，方可拆迁。房屋拆迁需要变更土地使用权的，必须依法取得土地使用权。

在同年的平城实施细则中，相应的条款（26号令第六条）表述为。

> 任何单位或个人需要拆迁房屋，必须持市或区、县人民政府核发的建设用地批准书（不需要申请用地的，持城市规划管理机关核发的建设工程规划许可证件）和国家规定的其他批准文件、拆迁计划和拆迁方案，向房地产管理局提出申请，经批准并发给房屋拆迁许可证（以下简称许可证）后，方可拆迁。

对比两者可以看出，中央条例中"依法取得土地使用权"的规定在地方细则中被具体地替换为"取得市或区、县人民政府核发的建设用地批准书"。实质问题在于，《建设用地批准书》的核发基本上延续计划经济的做法，既没有按照法律规定对非国家占有使用权的土地办理权属变更手续（即收回国有土地使用权），也没有按照法律规定，组织房地产开发商与房地产权利人商定补偿、安置方案，而是简单直接地将土地划拨（或协议出让）给开发商，并在没有办理房地产权属变更的情况下允许开发商实施拆迁。因此，这个替换缩小了"依法取得土地使用权"所指向的土地权利人范围，彻底否认了市民的权利主体资格，扩大了地方政府的行政权力。用被拆迁市民的话来说，就是"划拨了不属于他的财产"。

其次，对于国家享有土地使用权的土地，市民们认为，1992年颁布的《平城实施〈中华人民共和国城镇国有土地使用权出让转让暂行条例〉办法》将国家《暂行条例》"划拨用地"条目下第四款："法律、行政法规规定的其他用地"修改为"平城人民政府批准的其他用地"，自行扩大了地方政府批准划拨用地的权力和范围，直接导致了地方政府以"危旧房改造"的名义，划拨了"不应该划拨的土地"，即，实际用于商业目的、本应出让的土地（《第一次公开信》，2000）。

行动者还发现，程序替换不仅存在于土地批租的流程中，还存在于拆迁安置的制度设计中。这一时期的危改以实物安置为主要特征，行动者认为，将法定的"支付城镇拆迁费"替换为以政策为依据的"实物安置"，两者之间价值并不对等，导致公民了公民财产的损失。方可的调查也证实了这一时期所谓的安置房基本没有产权，是一种变相的出租或者中介租房（方可，2000：175），这与原本应支付给市民的城镇拆迁费之间存在的差价，成为危改开发商收益的来源。

> 罗：现在的流行做法是拆迁给钱，再说点就是实物安置、货币安置，钱从哪出来的，实际上实物安置和货币安置，价值应该相等，依法拆迁费是多少，跟人家商量，是要房子还是要城镇拆迁费，要签合同，这叫依法拆迁。现在不是全都支付，不叫"城镇拆迁费"，也不说"城镇拆迁费"的来源、依据，并不说。……1993年这个文件就有，基准地价的组成，土地出让金，基础设施建设费和城镇拆迁费。里面规定了城市拆迁费支付给老百姓，这是符合法律的，但是他们不让你知道。这部分的城镇拆迁费，是那部分公民（公房承租户）的合法财产，必须向他们支付。在批地过程中，批地的行政机关和开发商替这些公民签字，把钱领出去了……然后拆迁安置怎么进行，首先是分房，找几个地方租房，国家建设用地，让你租房，再一个房子如果你凑合住，不租了可以卖，两居室分给你，你租就租，不租就卖，三居室卖20万，这样有房住吗，没有房，这样的话就只能租，这个钱就政府拿走了……（访谈材料：LT20060904）

（三）　次序颠倒

法律对各项流程的前后顺序的规定同样具有法定的约束力。一个法定的房地产开发商申请房地产开发用地的法律程序至少包含立项、规划控制（获得"建设用地规划许可证"）、申请建设用地（拟定"拆迁补偿方案"、获得"建设用地批准书")、实施拆迁(获得"拆迁许可证")和建设这几个重要环节。在加快城市建设的名义下,平城政府通过对这几个关键流程之间顺序的调整,既免除了规划约束,也排除了市民在房屋土地问题上可能具备的主体资格,进一步扩大了自身的行动空间。国家法定流程与平城实施细则和实际操作之间的不一致,主要体现在如下几个方面。

(1)将原应在先的"取得建设用地规划许可证"置于"申请建设用地"之后。体现在平城自行制定的建设用地批准书审批条件中,删去了《中华人民共和国土地管理法实施条例》第18条。第18条规定:开发商在城市规划区内申请建设用地,需要首先取得"建设用地规划许可证"以后,才可以向土地管理部门提出建设用地申请;然后,在与有关单位达成补偿、安置协议之后并经县级以上人民政府审批,方可颁发"建设用地批准书"。换言之,在平城,开发商可以在没有取得"建设用地规划许可证"的情况下,申请并获得房地产开发用地。而有学者调查证实,确实有不少危改项目都是在获得"建设用地批准书"后,再补办"建设用地规划许可证"。这种现象导致规划失控,也使法律对地方政府的约束进一步减少(方可,2000:172~173)。

(2)将原应之前完成的"拆迁安置补偿方案"置于"申请建设用地"之后。在法定程序中,开发商必须在与土地当前的使用者商议拆迁安置补偿方案之后,方可以进入申请建设用地的流程。申请建设用地的实质在于土地使用权的转移,严格说来,只有国家掌握土地使用权的土地,才能以划拨或者出让的方式将土地使用权转移给开发商。而且,针对拆迁后建设项目的不同,只有对应于基础设施或公共利益用地等四种情况①才能采取划拨土地使用权的方式,与此对应的是向被拆迁市民支付城镇拆迁费;若是因一般的房地产建设项目(商业设施等)而拆迁,则需要以出让的方式

① 根据《城市房地产管理法》(1994年)第二十三条的规定,下列建设用地的土地使用权,确属必需的,可以由县级以上人民政府依法批准划拨:(1)国家机关用地和军事用地;(2)城市基础设施用地和公益事业用地;(3)国家重点扶持的能源、交通、水利等项目用地;(4)法律、行政法规规定的其他用地。

进行土地使用权的转移，与此对应的是向原土地使用权的拥有者支付土地出让金。对于不是由国家掌握土地使用权的土地（例如私房土地），开发商应以转让的形式获得土地使用权，需要经过"房地产价格评估——补偿安置方案——房地产转让合同——房地产权属变更"几个流程（方可，2000：169），如果土地原为划拨用地，在办理转让前，还应向国家缴纳土地出让金。

但在平城 20 世纪 90 年代初期的实际操作，这一严格的法律流程被大幅度地简化和变通，整个过程中既没有区分土地使用权是否由国家掌握，也未区分土地开发之后的用途，而是在"开发带危改"的模式下将公益用地与商业用地结为一体，又在随后的"先划拨、后出让"政策（房地字〔93〕第 524 号文）下，将两种土地供应方式并存、涵盖危旧房改建区及成片商业开发区的大片地块先行划拨（详见第三章第三部分）。这也就意味着，在开发商尚未与土地的具体使用者协定"拆迁安置补偿方案"、依法完成土地使用权转移之前，便已获得了划拨的土地，并以该"建设用地批准书"获得"房屋拆迁许可证"，可以据此"合法"拆迁了。由此，土地使用权转移这一本该依据"自愿公平、等价有偿、诚实信用"等原则进行"平等协商"的民事行为，被转化为当前拆迁中实际发生、由地方政府下属部门实施的行政行为；用地方与原土地使用者之间原应平等的民事主体关系（即房地产市场中的两个交易者），被转化为国家与个人之间的行政隶属关系（拆迁人与被拆迁人）。

事实上，经过多年的法律学习，行动者已经意识到了"拆迁安置补偿方案"在批准用地之前和之后代表着不同的意义，前者尚为土地使用权协商转移的法定程序留有空间，两者之间仍可以是同为民事主体的平等关系；而后者则已不再涉及土地问题，仅是房屋的折旧和市民的安置，此时的个人已被设定为隶属于行政权力之下，而这正是现实中所发生的。

　　贝：我和我们家人说，谁找你谈（具体安置补偿办法）你都不要谈。这样为什么？因为他们已经贴出拆迁公告，他们要尊重咱们。如

191

果他们没有拆迁公告，政府找咱们说把咱们的房子买走，那可以商量。贴出公告来就已经有强制性了，不能谈，跟任何人都不能谈了，因为你一谈，就进入他的程序了，因为我家的房地产产权清晰，和任何人也不会产生争议。要是进入了程序，双方谈不成，那就是你们之间产生纠纷了，就可以进入程序了，去申请（裁决）了。（访谈材料：LT20060108）

因此，在这一阶段，平城在地方规章中对房地产开发的流程调整的关键之处在于：将"申请建设用地"环节（以获得"建设用地批准书"为标志，即通常所称的"批地"的流程）提至其余环节（如"建设用地规划许可""拆迁安置补偿方案""国有土地使用权划拨、出让或转让"）之前，而将其余流程以补办等变通的方式完成；以此既免除了国家规划部门的约束，也排除了市民在房屋土地问题上可能具备的主体资格，从而在事实上简化了批地的流程，进一步扩大了自身的行动空间。而这几个程序之间的颠倒和遗漏，也成为行动者建构地方政府违背中央意志的重点。

罗：首先，城市规划有《规划法》，城市规划的实施有明确规定，按法律规定应该怎么办，你想建设，先得立项，有项目意见书，由政府批准。立完项后的程序是规划选址，确定了你这个项目可以在哪儿实施，得遵守什么规划条件。规划选址以后，取得规划建设项目许可证，然后才能申请用地。申请用地的程序，原来《土地管理法》有规定，按当时的法律，申请用地的程序是，由土地管理部门组织申请用地者和申请用地范围的使用者，包括权利人，协商，行政机关是组织这两方协商的，你们依法取得土地使用权，当然协商有几个内容，一个是城镇拆迁费，一个是公民的土地使用权的问题，调整财产权的问题，只有协商好了，才能批准拆迁，才得到拆迁许可证。现在从规划程序上，开发商主宰着这个东西，先划好，这块地是我的，那块地是他的，他需要的时候申请批地，在项目上他已经自己确定范围了，我要在平成门这边西二环到平天桥的一块地内进行银行街建设，你要批，他自己就定了地方进行建设，政府就批了。批了以后，要到规划局选址，他没权利选，应该是到规划局审查，实际上他自己就定点了，规划部门的权利没了，哪叫规划选址呢？（访谈材料：LT20041212）

地方政府对土地批租流程的调整事实上是与前两章所阐述的这一时期个体仍被吸纳于国家之下、缺乏主体性的状况是一脉相承的。从本书的视角来看，这是地方政府在其增长的主体性凸显之后，仍持续借用国家权力，未主动推进相应社会文化心理结构转型造成的。由此，原本应该由市场规则调整的、个人与开发商之间在土地使用权转移过程中发生的民事关系，也被统一纳入国家的框架之下，个人与开发商之间的直接关联被切断，转化为地方政府与个人的行政关系（拆迁与被拆迁）和地方政府与开发商之间的带有政治色彩的合作关系（以地招商、战略合作）。维权者们认为，综上的每一种行为，都是地方政府对中央意志的违背，其结果是导致对个人利益和国家利益的双重损害。

至此，原市房管局完成了由策划侵犯公民（房屋使用人）的财产权、侵吞公民财产（城镇拆迁费）（即：制定违反行政法规的规章，删去和回避必须依法取得土地使用权的法律规定，擅自扩大划拨土地使用权范围，将所有应出让的土地使用权变为划拨的方式，使用违法无效的《平城城镇建设用地批准书》，故意删去和不执行申请用地的法定程序，故意混淆有偿划拨和无偿划拨的区别，无视众多公民的生存现实，一律无偿划拨），到实施侵犯公民财产权侵吞公民财产（城镇拆迁费）（即依据违法无效的《平城城镇建设用地批准书》批发违法无效的《平城房屋拆迁许可证》实施违法拆迁、违法裁决、申请人民政府强制拆迁）这一全过程，使公民应当获得的巨额城镇拆迁费被侵吞。（《第一次公开信》，2000）

　　而正是因为地方政府的利益分化，使个人—地方—国家三者之间的关系发生改变：地方政府无法再成为国家意志的代言人，从而使个人相对地方政府生产出独立的边界；同时，个人作为"人民群众"的一员，还得以超越地方政府，直接和中央结成心理同盟。

　　《平城日报》1998 年 12 月 4 日在市长学法的通栏标题下，发表平东区房管局聘用律师的文章，说"从建国初期的《土地改革法》到以后的几部宪法，国家早就将土地使用权没收了"，而且还说"这种没收公民土地财产的做法是由国家性质所决定的"。这分明是说我国存在着没收公民财产的宪法，这已不是什么不同观点的讨论了，而是对宪法的挑战和对国家性质的恶毒诬蔑，挑拨人民群众与党和政府的关系。……

　　这种腐败，破坏了宪法的尊严和法律的统一，用地方规章对抗法律，为个人和小团体暴利侵害国家和公民财产。（《特级举报信》，1 999）

　　通过上述三个层面，行动者以法律为依据，着重从法定"程序"出发，有意识地建构出地方政府对中央政府的违背，从而将地方政府推出先前大一统的国家框架，使国家拆分为抽象国家和具体国家这两种情境，实现国家—个人关系的双轨分化，为之后针对具体国家建构紧实边界，生成平等型国家—个人关系创造了前提。值得多说一句的是，如果说，搬迁之初的体验让市民深刻感受到了"拆迁悖论"，对地方政府实施危改时持续营造的危改与百姓切身利益一致的合一感产生质疑，那么此时，他们已经超越了单纯的生存性话语，转而从一套严格、理性的法律话语和程序，来阐述地方政府自身利益业已分化的事实。至此，尽管地方政府仍试图以"国家代理人"的身份面对市民，但市民已将国家拆分为抽象和具体两种情形，为进一步维权同时营造了"抗争空间"和"合法性"。

小　结

本章在全书中作为一个转折章节，将我们观察 20 世纪 90 年代发生的快速城市化的视角，从城市奇迹的铸就者地方政府切换至在维权行动中被逐步锻造的公民，可以看见，双方在应对社会结构与社会心理结构之间失衡时，有着不同的逻辑。

通过前两章的讨论，我们看见，转型激发的增长动机打破了计划经济时代国家—个人之间以庇护和服从为呼应的动态平衡，此时，原本以差序格局顺次包容的大一统的国家分化出三个要素：（1）放权之后，逐步演变成意识形态合法性资源库的中央政府（抽象国家）；（2）维续自身作为国家代理人身份，且同时借用市场机制引入外部资源、以谋求区域经济增长的地方政府（具体国家）；（3）在社会文化心理上依旧处于尚未转型状态中、主体性缺失、将国家利益内化并服从于国家权力的个人。

作为旧城改造的主体，地方政府铸就城市奇迹强大的执行力和持续的增长效率来自其对传统"吸纳型"国家—个人关系的继承，是一种对如上三个要素维续"合一"的逻辑，以此借用国家权力、削弱市民反抗，获得最大的行动空间。换言之，在社会结构变化之后，地方政府事实上并没有主动推进国家—个人的关系相应的转型，反而是试图保持甚至加固原有关系。

面对由此导致的权力与资本的双重挤压，行动者发起的维权抗争，则要在上述三个要素中引入一种"分化"的逻辑，体现出向现代的"平等型"国家—个人关系的迈进。这种"分化"逻辑首先体现在对国家的拆分上，以法律与政策背后隐含的行政层级为依据，行动者将国家拆分为抽象（中央政府、意识形态上、泛指的国家）和具体（地方政府、具体的行政机关）两种情境，由此，在全面覆盖的、个人被吸纳于国家之中的状况之外，努力创造出新兴的、将个人从国家中抽离的另一种可能。此时，社会心理层面的转型体现为两个方面：（1）从一种统一的自我构念模式向同时并存的两种模式分化；（2）从渗透边界向紧实边界转型的固化过程。

需要强调的是，这两套并存的国家—个人关系目前是一种弱于强之中，次于主之中，被嵌套、包裹着生长的局面。沿承传统，由国家所不断强化的吸纳型国家—个人关系占据主导，而行动者在维权实践中生产出的平等型国家—个人关系正处于萌生阶段。因此，理解这两种并存、较量之中的国家—个人关系及个体自我构念的实践形态的关键在于：行动者何时、针对何种层次的国家选择自我边界渗透或者紧实，以有选择地建构不同的国家—个人关系，同时生产出维权的合法性和抗争空间。第五章将详述这个选择过程。

第五章

公民的锻造

> 过去是"草民","草民"完了就是"臣民",你要是不学法,
> 你要是不懂,那就是"草民",懂了就是公民,这是宪法赐给你的
> 权利,权利你要是不使你不就是"臣民"了吗?你就是"奴隶",
> 得听人摆布,因为你不懂啊,而你要懂了点,我就能抗争,我就能
> 争取我的权利,那我就是公民。
>
> ——被访者杜女士,2005 年 12 月 23 日

第四章中,通过对比中央级别的法律条例与平城执行时的实施细则,行
动者从法律所规定的"程序"出发,发现了两者之间的不一致,以此建构
出地方政府在执行政策过程中对中央精神的背离,由此,地方政府代言国家
意志的合法性及其因此而获得的全面权力受到质疑,原先社会结构下全方位
覆盖的吸纳型国家—个人关系分化出另一种可能——以地方政府为指代的具
体国家,与市民个人之间生成独立、平等的关系。

从某种意义上来说,整个维权过程就是这套新兴的平等型国家—个人关
系的建构过程,也是与之相应的行动者的主体性的生成过程,从内在社会心
理机制说,体现了自我边界逐渐从通透向紧实的固化过程;切换到更为社会
学的语言,也可称之为"公民的生产"的过程。值得强调的是,这套新兴
的国家—个人关系并非构筑在一张白纸之上,它牵连到中国历史/文化/社会
及现行体制中更为深刻、牢固、厚重的层面,因此,它始终是"嵌套"于

更具有主导性的吸纳型国家—个人关系中，举步维艰地生长的。

借助社会心理学中"自我边界"概念作为分析工具，本章将更详细地展现这套新兴的平等型国家—个人关系是如何在处处受制于历史和现实的情况下，经由行动者对分寸尺度的精确拿捏，被小心翼翼地构筑的。这一过程在此被称为"自我边界的'选择性固化'机制"，其根本逻辑在于：在承认（某些情况下甚至要强化）吸纳型国家—个人关系的前提下，不断建构出平等型的国家—个人关系。这种嵌套关系，既在功能上回应了当前维权行动既要持续开辟出"抗争空间"，又要持续生产出使之能被体制容忍的"合法性"的两难困境；又从深层肌理上展现出当下中国维权运动充满悖论的过程——针对地方行政部门的抗争是以将中央政权合法性内化为前提的。这既与国家采取政治上控制经济上放开的转型策略有关，也恰体现出中国社会从传统向现代迈进时的过渡状态，正是中国案例独特性之所在。

因此，理解这种复杂的国家—个人关系及个体自我构念的实践形态的关键在于：行动者何时、针对何种层次的国家，对自我边界加以不同建构——是保留、甚至强化原有的渗透式边界，还是主动创造新型的紧实式边界。这种对自我边界的"选择性固化"机制，在维权实践中围绕法律、土地、开发商这三个与城市化进程密切相关的具体方面展开，通过拆分国家的治理层级、辨析国家在土地批租中的双重身份，以及剥离国家的政治职能和经济职能，行动者在继承的前提下不断缩小吸纳型国家—个人关系的适用范围，并以主体的姿态不断拓展平等型国家—个人关系的适用范围，体现了其通过自我边界由渗透到紧实转型而达成的对国家—个人关系的重塑。

一　自我边界的"选择性固化"与国家—个人关系重塑

（一）聚焦法律：拆分国家治理层级

"以法维权"是该案例较之同时期其他维权行动最突出的特点。法律在此具有"中央精神的化身"和"定义规则的文本"这双重角色。前者主要体现在行动者有选择地只以中央级别的法律为参照，在此，行动者策略性地强调与法律等级对应的国家治理层级，而非法律文本的具体内容。对此种象征意义的选用，成为行动者保留渗透式的自我边界，并以之强化个人与抽象国家（中央政府）之间包容吸纳型心理关联的依托；在此基础上，取得将地方政府推出国家框架的合法性。法律作为"制定规则的文本"的第二重角色，则成为行动者在维权实践中固化自我边界，建构个人—具体国家（地方政府）之间平等独立关系时的主要依据。在整个维权过程中，法律的这两种角色被交替应用，平等型国家—个人关系也在不断地回到对吸纳型国家—个人关系的承认的前提下，被持续地建构出来。针对国家做出的治理层级的拆分，行动者们对法律的运用和对不同国家—个人关系的理解，突出体现在对诉讼和举报这两种体制内维权方式的应用上。

1. 行政诉讼：平等型国家（地方政府）—个人关系的生产

较之同时期的其他维权行动，本书所展现的这一案例的另一个重要特征就是对行政诉讼的坚持。这起至今维续十多年的集体维权事件最终以"万人诉讼"闻名，据被访者统计，在 1995 年至 2000 年间，共有 33 个分诉集团提起行政诉讼，涉及原告被拆迁市民 20758 人次，被告涉及区房管局、市政府、市房管局；在后继的上诉和申诉流程中，被告还涉及初审和二审法院（详见第一章表 1－1，表 1－2，表 1－3）。事实上，尽管依据《中华人民共和国行政诉讼法》第二条规定：公民、法人或者其他组织认为行政机关和行政机关工作人员的具体行政行为侵犯其合法权益，有权依照本法向人民法院提起诉讼。但在传统文化及民间话语中，行政诉讼仍被认为是一种"民告官"的行为，具有较大的风险和较少的把握，在中国的民众抗争中较少地采纳。因此，客观来说，这种在持久的维权过程中坚定秉持诉讼的情况在当下风起云涌的维权行动中可谓罕见。

现有对诉讼与信访这两种纠纷解决方式研究的一个共同观点是，中国人在解决纠纷时偏好信访。同时，无论是国家统计的行政案件和信访案件的数量，还是基层调查的结果，都吻合这一结论（详见张泰苏，2009）。有学者在论证了"诉讼无效论"和"厌诉论"都并不全然符合史实后提出，中国人之所以存在信访偏好，是因为现有的行政诉讼程序中缺少"调解"环节而显得太具对抗性，相形之下，实际效率更低的信访更温和，少一些"撕破脸"的成分，而更容易产生某种"文化性"的"适感"①（张泰苏，2009）。那么，为何本案例的行动者们如此坚定地采取诉讼呢？他们何以克服这种"适感"，选取另一种看似更不熟悉，也更没有把握的方式呢？他们对上访和诉讼的不同理解，恰恰为我们展示了不同的国家—个人关系与自我边界类型之间的区分，如表5-1所示。

表5-1　集体诉讼和集体上访的对比

维权方式	维权依据	个人身份	双方关系	诉求	集体行动	对社会稳定的影响	国家—个人关系
诉讼	法律	公民（边界紧实）	平等	维权	理念的集合	维护社会稳定	"平等型"国家—个人关系
上访	政策	臣民（边界渗透）	从属	申冤	实体的集合	给坏人留空子	"吸纳型"国家—个人关系

　　行动者们认为，上访和诉讼的差异首先在于诉求双方的地位是否平等。上访以"冤民""草民"自称，寻求更高的一级的权力来规制下级的行为，这种方式时常会遭遇"上老子家告儿子"的困境，事情能否解决就像"买彩票"，在很大程度上取决于一些偶然性的机会或者长官意志，而无固定的程序和标准。其根源在于，个人仍被吸纳于权力之下，与行政机关并不平等。相反，诉讼则是以作为平等主体的"公民"身份，提出自己的"明确的主张"，有法律规定的程序，且可以依据法律追责。

　　王：为什么要让你去上访，不让你诉讼，因为诉讼你要用法律程序来批复他，要追究责任，上访可就不一样了，上访就看你有多苦他有多苦，到时候我给你点得了，是这个问题，责任的问题，谁负这个法律责任。

　　贝：咱们说，这个上访呢，是行政机关干的坏事，你还上行政机关

---

① 在张泰苏的研究中，这种"适感"指人们在面对问题时，更容易偏向那些让他们在潜意识里觉得"易于接受"或者符合他们文化习惯的解决办法。

上访去，上老子家告自己儿子了。同时信访呢，没有一个你这事情什么什么时候得回复我的期限，没有。诉讼呢，你有明确的主张，说那理由，他必须按照那个程序来回答你的问题，因为法律有规定，他必须回答你。而且诉讼，咱们说，是现代社会最文明的一种方式。（访谈材料：TY20050821）

罗：我们不是找清官的，不是找皇帝的，我在中央有明确的主张，法律就是这样定的。我不是杨乃武、小白菜找皇帝，我也不是秋菊，我有明确的主张，所以，我们一再学这个，树立自己的信心。（访谈材料：LT20060904）

上访和诉讼的差异还在于诉求的内容能否统一。当个人力量过于薄弱时，采取集体维权的形式成为一种自然而然的选择。但是，行动者们认为，集体上访还是集体诉讼大有不同。集体上访虽然在空间上集中了一些人，但只是"乌合之众"，他们的诉求零散，各执一词，以解决个人的具体问题为目的（如多要钱），非常容易被对方分化。而且由于对方采用拖延等策略，集体上访的时间和体力成本都比较高，难以持久。反之，集体诉讼则是一种理念上的集合，从由拆迁导致的普遍性的权利受到侵害入手，诉求凝练而统一，以推动社会法制进程为目的，是一种有意义、有远见的方式。

王：我觉得这大官司是挺有意义的，也挺有信心的。这在中国历史上也是没有的。以前都是百姓拿政府当父母官，上访人多。但他们都是乌合之众，主张也不一样，可能有家得了点好处，放了点水就散了，而且被告也放出风来，比方说他家怎么好怎么好。你看上访不可能坚持长久，你看我们打官司五年六年了，他不可能五六年，一个礼拜去一次都够呛，老人走不了，年轻的没这个时间，那么这个权利就没了，问题解决不了，还给社会造成很大压力，我们就这么讲的。（访谈材料：TY20051123）

张：刚才有人说钱的问题，在我们来讲，这就叫鼠目寸光，这个钱有什么用呢，老百姓最大的损失不是钱，是做人的权利没有了。

贝：你看，上访的人也好，单个去找的人也好，我们通过调查，都有一个共同的特点，他们直接提实体问题，钱。人家对你的判决还生效着呢，人家对你的判决依据的是什么，当时的《细则》，行政规章当法律使用，对1998年后的不生效，对你还生效着呢，那对你的判决生效，说拆你家都对，你提的这个就没有法律依据。那么咱们老百姓应该干什么，这是我们应该考虑的，根据事实和法律，现在摆在老百姓面前的一个最大障碍，就是平城不执行法律，不执行宪法，不执行中央政令。如果说把这些给克服了，法律也实施了，中央政令也畅通了，这些问题早纠正了。那么搁在老百姓面前不是提钱的事儿，还没到那时候。（访谈材料：TY20051124）

行动者们还从"维护社会稳定"的角度，进一步辨析了上访与诉讼的差别。他们认为，作为弱者，老百姓在维权时更需要讲求策略，其中关键的一点就是"不给中央施加压力"，以保护自己不受伤害。但是，正是因为上访的问题解决模式过于机会主义，个人在试图引发社会舆论及上级的关注的过程中，很容易就"给坏人留了空子"，也使自身受到伤害。相形之下，依据法律程序有步骤推进的诉讼，更有利于维护社会稳定，也更体恤国家的难处，给她解决问题的时间和机会。

王：老百姓嘛，因为你是弱者，你的唯一的权利就是法律，唯一的武器就是法律，别的人有你没有，你别闹，闹了你没好处，最后人家告你扰乱社会治安，各种借口。跳金水河这个，他给你判了，你有什么办法？还有让给打伤了的，什么都有，所以不能胡来。老百姓你是弱者，人家有警察，人家有法院，人家有政府。……经租房的人认为这（诉讼）太平稳，我们认为就应该平稳，不给中央施加压力，而且不给坏人留空子，这是一个复杂的社会问题，得给他一个解决的机会，现在这样广泛地引起专家媒体的关注，本身就是正在解决之中的表现，得给它一个过程。（访谈材料：TY20051123）

从以上三个层面可以看出，行动者在一点一滴地调试着个人与国家之间的关系，他们既强调"我有明确的主张"的主体身份以及与之相应的个人权利，又提出要以推动法制环境的改善为己任的长远目光，同时，还不忘以对社会稳定的强调来回应国家主导的意识形态。在这其中可以清晰地看见两类国家—个人关系的并存和张力，行动者对独立个体（个人的主张、权利）及平等型的国家—个人关系的生产，是在不断回到对国家利益（稳定、法制环境）的内化，以之为庇护而逐步拓展的，这正是开篇提及的"嵌套式"逻辑的展现。

站在本书视角上，作为一种"民告官"的诉讼，行政诉讼对于社会心理结构的转型具有重要意义。它是处于弱势地位的行动者主动发起的对国家—个人关系的调整，昭示着个体相对于具体国家（地方政府）的独立边界的显现。在此意义上，尽管上访被采用得更多，但它并未脱离传统的吸纳型国家—个人关系，反而是以传统文化中的"适感"为基础的，因此，并不具备过多的转型意义。只有诉讼，背后传递的才是一种穿透权威、寻求平等的法律精神，正是在这种精神的指引下，行动者们才得以从对传统的"适感"的文化粘连中抽离，寻求更为现代的契约型理念，重塑紧实的自我边界，而这正是公民精神的重要源泉，也是新的平等型国家—个人关系诞生的基石。

2. 举报上书：吸纳型国家（中央政府）—个人关系的维续

通过行政诉讼，行动者生产出针对地方政府的平等型国家—个人关系，除此之外，行动者们还以举报上书①的方式，维续、强化针对中央政府的吸纳型国家—个人关系。因为只有如此，行动者才能与中央政府结成心理同

---

① 从国家—个人关系来看，举报上书与上访有一定的类似，都是默认吸纳型国家—个人关系，以个人对国家权威的内化和服从为基础的。但本案例中的举报与一般的上访有所不同，在于：（1）本案例中的举报都是直接向中央政府的举报，是作为求助法律渠道未果（向法院递交诉状，但不予立案或被驳回）之后，行动者再度拓展抗争空间的尝试；（2）行动者明确表示，举报的目的在于"发声"，表明自己的态度，因此，他们并不要求中央政府的回应。本案例中大规模的举报始于 1999 年由 9000 余人联名通过人大代表向中央递交《特级举报信》（详见本书第一章），在 2000 年万人诉讼以后，举报被逐渐运作成一种常规的维权手段，至今为止已有数十次向中纪委的举报。

盟，从而使自身"民告官"的行为得以正当化，再一次体现了这两类国家—个人关系之间"嵌套式"的逻辑。

事实上，尽管行动者选取行政诉讼作为维权的主要方式，但在实践过程中，根据法院内部文件规定（平城高法发〔1995〕106 号文件），与拆迁有关的行政诉讼常常不予立案，使行动者们无法进入后续程序。因此，行动者采取向中央举报的方式主要基于两个目的，一是作为对被人为终止的诉讼的跟进，以此来不断生产出抗争的空间和内容；二是以此来建构自身与抽象国家之间的合一感，通过论述市民维权与国家利益之间的一致性，行动者们再生产出了吸纳型的国家—个人关系，作为辨析个人与地方政府之间独立平等关系的前提。

市民维权与国家利益之间的一致性体现在经济和政治两个方面。行动者认为，地方政府的违法划拨无视个人和国家享有的土地使用权，在侵犯个人财产的同时，也带来国有资产流失。据诉讼集团自行统计，"利用划拨取得的危旧房立项土地使用权，改变土地用途，建高档商品房、公寓、写字楼"导致的"国家土地出让金差价损失费"达 434.5 亿元[①]。因此，维权行为在维护个人财产的同时，也是在追回国家财产。此外，行动者还认为，地方政府的腐败行为破坏了政权的合法性和法律尊严，损害了国家形象，因此，市民维权也是为了国家的政治利益。

> 罗：其实这个问题（强拆）啊，是一个严重后果，大伙儿对中央不信任，怀疑他的能力。对行政机关对法院的形象，对国家的权职，大伙儿都非常悲观。这就是严重后果，我们要帮助党中央恢复。

---

① 情况说明：1. 依据平城人民政府平政发〔1993〕34 号文件确定的基准地价，把商业、公寓一、二类基准地价平均数乘以容积率 3，再减去住宅一、二类地价平均数乘以容积率 3，即为 0.395 万元/平方米，再乘以总面积 1100 万平方米（注：全市拆迁总面积）＝434.5 亿元。2. 平城土地使用权出让金几乎都是以危改立项，划拨给区政府隶属的开发公司找投资商，其住宅用地出让金为 0.665 万元/平方米（注：平均数）；商业、公寓用地出让金为 1.01 万元/平方米（注：平均数）：其差价为 0.395 万元。0.395 万元/平方米×1100 平方米＝434.5 亿元。（资料来源：《特级举报信》，1999 年 2 月 12 日）。

……这个我看，（地方政府）给中央脸上抹黑了。他这么长时间，发生这么大的事儿，两届人民代表大会，那么多反腐政令，在平城都没用，这种形象怎么说？这个影响中央形象。这个你不解决，不可能让老百姓相信你的执政能力，不可能让老百姓都信你，危害在这儿。对不对？所以中央才不干呢，影响他形象了，影响他执政能力了，说出了这么大事儿，政令说反腐，那么多制度出来，到平城没贯彻，政令不通，这可太寒碜了。（访谈材料：BJTY20081228）

在万人集团提交中纪委的历次举报信中，这种意识得到了更清晰和严格的表达。

由于党中央反腐政令不通，四个重大腐败案件长期不能依法查处；大规模剥夺公民财产权，非法占有公民财产和大规模剥夺公民诉讼权的两个严重违宪违法"法律事件"，也长期不能依法纠正，严重破坏了社会主义法律的统一和尊严，严重破坏了依法治国的社会基础，严重破坏了社会经济秩序，同时也严重损害了党和人民政府的形象，降低了党和政府的公信力、破坏了社会稳定，危害了国家安全，造成了极其恶劣的政治影响，引起了平城广大人民群众的强烈不满。

由此，个人和抽象国家之间的合一感得到强化，公民权利和国家利益的统一得以实现，向中央举报（地方政府侵权的行为）不仅具备了合法性，并且还成为"公民的责任"。

罗：上头规定，一个月之内，各省市必须成立（反渎职侵权局）。我们讨论这个的时候，大伙儿还得明白一个事儿，我们举报是有责任的，中央挺困难的，底下不听……中央也着急呢。"不管是谁，一查到底"，查得到底吗现在？为什么查不到底啊？不是中央没有决心，是阻力太大啊，查不过来啊。现在他压着，你坚持不坚持，全是你的事儿，没有别的出路。……中央都说过，底下听吗？所以他们乐，你们做这个事儿什么时候能解决啊，我说现在执政党的执政能力受到腐败分子的削弱，现在正在两军对垒呢，等执政能力压倒了腐败力量的时候，腐败分子就一哄而散了，一收网就完了。咱们这是帮助中央恢复执政能力，就这事儿，世界上哪国也不可能发生。但是别着急，早晚有那一天。为什么，他不是没问题，不是没事，一定得相信这个。

所以你要有这些材料，中纪委历年的公报，一年一次，确定当年的任务，非常好查。原来反腐，定为什么事，现在归纳到什么轨道上了，什么事了，真是逐渐加深了，而且目标非常准确。真是加大了，与时俱进嘛。原来调查是官员汇报，现在是群众举报，而且那个材料你看，可能有国土资源部的负责人讲了，现在违法批地查不下去，一百个渎职的可能就查了一个，百分之几十的都是违法用地，不是违法批地。阻力太大，因为涉及一些当官的要丢乌纱帽，负刑事责任，中央知道。我们赶快报，帮助中央。中央知道为什么不查，他查不下去呀，地方都抵住了。诸侯啊，现在。必须把这个治理了，才能有程序，纳入法律轨道。中央解决这个不是靠尚方宝剑的，而是要靠群众举报。说绝大部分的渎职腐败案件是群众举报查处的，这认可了，所以发动群众嘛。（访谈材料：BJTY20081228）

此外，在各类举报信和公开信中，行动者还通过调用各种意识形态话语，运用对比的手法，凸显了地方政府中的"腐败分子"对市民的侵害以及市民以国家利益为先的"识大局、顾大体"的精神，获得了自我边界从"私我"向"公我"扩张时带来的道义提升，以此来持续强化个人与抽象国家之间吸纳合一的关系。

当你亲历其境耳闻目睹这些被抢劫的弱者、老人、孩子坐在劫后尘埃未散的废墟上高喊着"共产党万岁""共产党八路军不拿群众一针一线""社会主义好"的时候，当你看到被强制拆迁公民高举国旗、手捧

《中华人民共和国宪法》书，面对成群警察，与现场指挥强制拆迁的区建委主任、房管局长，依据宪法痛斥其违宪行为，捍卫宪法尊严的情景时⋯⋯（《特级举报信》，1999 年 2 月 12 日）

尽管我们广大被拆迁居民，受了那么多的伤害（物质上、精神上），但我们学法、知法、用法、守法，相信党中央的反腐决心，始终跟党中央保持一致，一切按照法律和法定程序去做。反之。如果我们也像政府中、法院中的腐败分子那样，目无国法、无法无天，也上街游行示威，平城能有这么好的社会安定局面吗?! 但愿政府中、法院中的腐败分子们，不要把老百姓的学法、知法、守法、看成是软弱可欺，那就大错特错，将会有极为严重的后果。(《致平城人大的公开信》，2000 年4 月)

在平城，腐败分子最怕我们讲法、讲事实、讲执政党的一贯政策。从 1995 年各户行政诉讼到后来的小集团诉讼和万人行政大诉讼、万人大举报，我们都是依法、依法定程序进行诉讼和举报，历经八年的历程，是我们学法、知法、用法、守法历程。我们熟知宪法赋予我们的公民权利，也会使用这个权利，但我们必须和党中央保持一致，用我们的实际行动维护了平城的稳定，这是有目共睹的事实。(《违法土地批租暴力侵权跨世纪腐败大案》，2003)

在积极建构个人与中央政府的直接关联后，对地方政府作为中央代理人身份的合法性的削弱也显得更有力度。《特级举报信》连用了数个"为国法所不容"来辨析了地方与中央、国家与个人的边界。

平城土地批租中的腐败引发的行政腐败和司法腐败，破坏了依法治国的基础，是党纪国法所不容的。基于对中国共产党的热爱，对党中央的无限依赖，我们深信平城土地批租领域的反腐败斗争，在党中央的关注下，一定会取得彻底胜利的。所以这次我们平城平民再次冒死向党中央、国务院举报，揭露平城土地批租领域腐败的事情和真相。⋯⋯

平城一千三百多亿元人民币的流失打乱了国家的宏观调控，扰乱了社会经济秩序，为国法所不容。……老百姓怨声载道，一千三百多亿元人民币，它的每一分钱都渗透了老百姓的血汗，贪污这其中的每一分钱都是国法所不容的。……一千三百多亿元人民币是个天文数字，它被装进开发商和权势者们的小金库里，这正是腐败现象的深层表露，国法难逃，天理不容。……他们目无国法、践踏公民权、剥夺公民的财产权，令人发指。（《特级举报信》，1999 年 2 月 12 日）

（二）聚焦土地：辨析抽象国家的双重身份

如第三章所述，中国式"造城"的一个非常重要的独特性在于，这是一场以土地公有制为起点的土地商品化。公有制确立了国家在城市建设中有关土地问题的权力和道德的高点，其中的玄机在于，当房地产市场开启之后，大一统的国家对土地的至高、抽象的所有权，被不知不觉地转变为地方政府可用于经营的、具体的使月权；换句话说，土地在意识形态上具有的特定含义被转化为地方政府从土地商品化中获取增长时的合法性来源。针对于此，除了上节所述将地方政府推出国家框架外，行动者还对字面上拥有对土地至高权力的抽象国家，再次拆分出其双重身份："土地所有者"和"土地使用权拥有者"。在此基础上，再度缩小吸纳型国家—个人关系的适用范围（仅有条件地适用于国家作为"土地所有者"的情况），扩张平等型国家—个人关系的适用范围（国家作为"土地使用权拥有者"时与公民平等）。

对抽象国家在土地权利上双重身份的拆分，源于行动者对 1982 年《中华人民共和国宪法》确立的土地公有制的理解。在他们看来，公有制的确立是出于国家在建构"社会主义"意识形态上的需求，而并不是对公民财产的没收。《中华人民共和国宪法》对"城市土地属于国家"的规定，实质上是一个将土地所有权和使用权分离的程序，随后的 1988 年《中华人民共和国宪法修正案》以及原国土局颁发的确权规定就是对此的证明，因此，他们所拥有的土地权利是延续的，法律并未没收公民在土地上的财产权①。换言之，土地所有权收归国有之后，公民仍享有从原先土地所有权中分离出来的土地使用权，该土地使用权是个人的私有财产，可以在市场中自由流通，需要在拆迁过程中被依法转移。行动者认为，作为"土地使用权拥有者"，法律规定的四种主体——国家、公民、外商、集体——之间应该是平等的民事主体关系。因此，从历史脉络来看，土地公有制带来的土地权属变化如图 5-1 所示。②

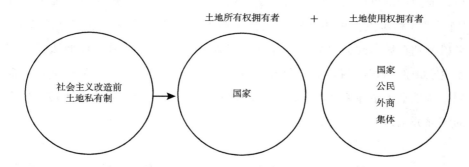

图 5-1　土地公有制带来的土地权属变化

1. 国家作为土地使用权拥有者

基于上述对土地公有化制度的理解，面对拆迁过程中带有国家强制力的、经数重简化后为以"划拨"为主的城市建设供地方式，行动者们围绕

---

① 在地方政府的解释中，则将 1982 年《中华人民共和国宪法》实施前后视为公民财产权利的一个断裂，从先前有独立的财产边界，变成公有化之后完全被吸纳于国家权力之下，不存在个人主体资格的任何可能，因此，当国家需要时必须无偿收回，市民将之称为"宪法没收论"。（详见第三章）。

② 相关法律对土地使用权主体的确切表述为"国家机关、企事业单位、农民集体和公民个人，以及三资企业"；鉴于 20 世纪 90 年代房地产初兴阶段招商引资的背景，行动者在界定土地使用权拥有者时，特别区分了国家、公民、外商和集体四种独立平等的主体，如贝家《行政诉讼状》（1999.7）中所述："私房土地使用权既不是出让，更不是划拨，而是在特定历史条件下自然获得，土地财产是由所有权形式，根据《中华人民共和国宪法》《土地管理法》转为使用权形式。依据我国基本法律和《城市房地产管理法》，房地产权利人有四种，即国家（特殊民事主体）、集体、外商和公民，都有各自的房地产财产，都是平等的民事主体。合法权益都受法律保护，都享有'占有、使用、收益、处分'的权利。'占有'就有排他性，即，你占有，我不能占有，我占有，你不能占有，排除任何个人或单位占有，也包括行政机关或国家。"

着两点提出质疑：首先，国家不能划拨不属于自己的财产（土地使用权归公民的土地）；其次，即使国家划拨自己的财产（土地使用权归国家的土地），也还要针对上面有没有人居住分为有偿划拨和无偿划拨。由此，在拆迁中，国家与"私房主"和"公房承租户"发生两种不同内容的财产关系，指向以土地使用权和城镇拆迁费为具体内容的财产权。

1. 国家—私房主。行动者认为，土地所有权公有化后剥离出土地使用权，成为可供市场交换的商品。以"使用权拥有者"来界定的"国家"和"个人"（私房主）的本质在于确立了两者之间作为平等民事主体的关系，可以分别在城市改造中与第三方（开发商）发生民事关系，按照法律规定变更土地使用权权属。而"划拨"作为一种带有行政强制力的行为，不能用于调整平等主体之间的财产关系，只适用于国家处分自己拥有土地使用权的那部分土地。

> 人民政府处分国家的财产时，必须依法，但无权处分公民的财产。（贝家《行政诉讼状》，1999 年 7 月）
>
> 《城市房屋拆迁管理条例》依据法律房地合一的原则规定："拆迁房屋需要变更土地使用权的，必须依法取得土地使用权。"即：房子的主人是国家时，开发商要以出让受让方式取得国家享有的土地使用权；房子的主人是公民时，开发商要以转让受让的方式取得公民享有的土地使用权。（《万人诉讼背景材料》，2000 年 2 月）
>
> 公民在土地公有化之前购买的土地依据《中华人民共和国宪法》和《土地管理法》完成土地所有权公有化时依法登记的土地使用权是公民的合法财产，享有占有、使用、收益和处分的权利，受宪法和国家基本法律的保护，在土地批租中任何组织和个人不得侵犯。（《申请书》，2000 年 2 月）

2. 国家—公房承租户。对于占旧城区被拆迁人口更大一部分的公房承租户，国家拥有相应的土地使用权，可以对这部分国有土地划拨或出让，但是，行动者们提出，在国家划拨属于自己的土地时，还应该分为有偿划拨和无偿划拨两种情况，前者针对有人居住的城市土地，需支付"城镇拆迁费"。

> 我国法律规定，城市房地产开发（市政基础建设和房屋建设）中，新的土地使用者必须以划拨或出让方式取得国有土地使用权（即从国家占有的土地所有权中分离出来的土地使用权）。新的土地使用者必须向划拨或出让国有土地使用权范围内的居民支付城镇拆迁费。城镇拆迁费的标准是在平城基准地价中根据拆迁居民户数而确定的。城镇拆迁费政府不收取（基准地价中和划拨土地使用权的法律中明确规定）。……（对于公共利益用地）划拨国有土地使用权时由新的使用者（如市政机关或国家机关、经济适用房建设单位等）支付给居民，列入国家基本建设工程预算，由国库支付。（对于商业用地）出让国有土地使用权时由新的使用者（即房地产开发商）支付给居民，计入商品房成本之中，由开发商支出。（《万人诉讼背景材料》，2000 年 2 月）

随后，这两者在财产权的框架下统一起来。

> 罗：为什么大家能够形成一起打官司，都是因为财产权被侵犯了，财产权是什么？作为公民来说，被侵犯的财产是应该支付的人民币。对于私产人是土地使用权，作为租住公房的人来说，被侵犯的权利是城镇拆迁费。尽管形式不一样，但是都是财产被侵犯了。……集团诉讼都是城市国有土地上的这些权利人。（访谈材料 LT20041212）

用这一套以财产权为具体内容的权利话语，行动者们努力区分基于法律的"调整财产权关系"和基于行政指令的"划拨—安置补偿"之间的差异：前者是行动者抗争的目标，将自身界定为与国家平等的土地使用权拥有者，呈现出对一种独立紧实的自我边界的呼唤；后者是现实中城市拆迁的历史和现状，地方政府持续建构国家作为至高无上的土地所有权人单一身份，延续渗透式边界下国家对个人的吸纳。

2. 国家作为土地的所有者

在明确当国家作为土地使用权拥有者时，具有和同为土地使用权拥有者的公民平等的地位后，行动者也承认，国家在土地的意识形态层面还有另一重角色——土地所有者，当国家以此身份出现时，传统的吸纳型的国家—个人关系被调至前台，国家以"公共利益"为名占据道德高点，要求个人服从，原有的渗透式自我边界被激活。不过，此时行动者仍尽可能地为"公共利益需要"设定条件和边界，避免国家权力被无限扩大。

在早期（1999～2000年）的行政诉讼状中，公共利益和个人财产之间就已体现出初步界线。

> 国家为了公共利益的需要，可以重新调整土地的用途，原告遵守《规划法》，支持城市规划，但是不能在拆迁过程中，灭失了财产。国家保护公民的财产，宪法保护公民的财产。（贝家《行政诉讼状》，1999年7月）

在近年提交中央的公民意见书中，"公共利益"得到了进一步的界定和区分，房地产开发被明确排除在外。

> 法律规定的"国家为了公共利益的需要"建设活动应当是由国家立项、国家用地、国家投资的建设活动，排除一切房地产开发的经营活动。（《对〈国有土地上房屋征收与补偿条例征求意见稿〉的二次意见》，2010年12月）

在界定了"公共利益"后，公民意见书继而还对如何判定"需要"，以及"需要"该如何审查做出进一步的阐述。

> 宪法中"国家为了公共利益的需要"确定了建设项目必须同时符

合"公共利益"和"需要"两个条件，才构成征收公民不动产要件，方可征收公民不动产。关键是同时符合。实践上大量的项目可能是为了国家公共利益，但不需要。……统统由政府立项、政府批准，对是否"需要"不需审查，将宪法为了"公共利益的需要"，变成只要是公共利益就可以实施征收，扩大了征收范围，侵犯公民财产权，浪费了纳税人的钱。所以对这两个征收的必备条件，应制定严格的审批程序。特别是政府应将"需要"的理由向社会公布，接受被征收人和全体纳税人的监督，由同级人大审批。（《对〈国有土地上房屋征收与补偿条例征求意见稿〉的第一次意见》，2010 年 2 月）

《二次征求意见稿》缺少对"公共利益"和"需要"这两个征收要件的审查，就是没有对征收主体资格合法性的审查。在《二次征求意见稿》制定没有法律依据，超越职权确定征收范围的情况下，只要有征收人就可以征收公民不动产，就会有大量不符合宪法"公共利益"和虽然符合"公共利益"但不"需要"的建设活动都列入征收公民不动产范围，侵犯了公民财产权。会引发官商勾结、权钱交易、欺压百姓的腐败。（《对〈国有土地上房屋征收与补偿条例征求意见稿〉的二次意见》，2010 年 12 月）

由此，以行动者为着眼点，可以发现，在将国家的治理层级拆分为中央和地方之后，行动者又围绕土地问题，对在土地问题从权力和道义上都占据高点的"抽象国家"再度做了身份拆分。具有里程碑意义的是，在将国家视为土地使用权拥有者时，行动者试图建构的是一种平等独立、以现代契约理念为特征的国家—个人关系，昭示着转型中固化紧实边界的出现。同时，将国家视为土地所有权人，行动者一方面承认传统吸纳型国家—个人关系中个人对以"公共利益"为名的"大我"服从的义务，另一方面通过对"公共利益"和"需要"在内容和程序上做出明确界定，以区分于传统文化中无条件地服从，也隐含了其独立自我边界的影响。对这两者的权衡，同样体现出一种"嵌套式"的逻辑和结构。

（三）聚焦开发商：剥离具体国家的双重职能

中国转型的一个重要因素是在国家主导下引入市场，20 世纪 90 年代初期的房地产市场正是一个重要例证，这是一个带有强烈"政治性"和"政策性"特质的市场（肖林，2009：105）。在"开发带危改"模式下，权力与资本的两套逻辑交汇于既隶属于地方政府，同时又具有企业法人资质，能在市场中获取自由流动的资源的"危改开发商"身上，使其成为这一时期城市更新中的核心行动者（详见第三章）。

作为"集城市基础设施融资、建设和经营为一体的经济实体"，本着"为城市建设筹集更多的城建资金"的目的，危改开发商一方面占据了行政的便利及城市建设的合法性，但另一方面，在更根本的角色上，它是一个以盈利为目的的城市经营的主要执行者。这种双重身份在实施危改的过程中，给市民们带了极大的困惑。其原因在于，当大一统的国家将其原本整合于治理体系中的经济功能释放、以市场机制引入外部资源时，其与个人发生关联的渠道也从单一的国家行政机构，变成了行政机构和市场主体并存的局面。因此，与市场主体间的关系，也成为个人在重塑国家—个人关系时必须考虑的方面。本案例中，除将抽象国家逐步定位，逐层固化自我边界外，行动者还试图厘清作为旧城改造主体的地方政府身上交叠的政治和经济这双重职能，通过将危改开发商还原为商人、将拆迁这一实践中的行政关系还原为市场理念下的买卖关系，建构个体相对于市场、进而相对于具体国家的独立边界。

一份早期的分诉讼集团的内部诉讼理念宣传文本《本案诉讼原则》就已着重对开发商的性质、与拆迁户的关系以及双方的权利和义务做了阐述，强调开发商与拆迁户之间是平等而非隶属关系。

> 百货街开发公司与拆迁户是平等关系。百货街开发公司是房地产开发商是商人，它与我们被拆迁户不是隶属关系，是拆迁人与被拆迁人的关系，是拆迁这一具体事件中的两个当事人。我国"民法通则"第三条明确规定：当事人在民事活动中的地位平等。第六条：民事活动必须

遵守法律及有关规定并符合国家政策。……

百货街开发公司要取得国有土地使用权，必须先依法履行义务，才能享受权利。1. 义务：根据基准地价（注：详见平城政发〔九三〕三十四号文件）支付（1）土地出让金；（2）基础设施配套建设费；（3）城镇拆迁安置费。这三笔费用中：第一和第三项给拆迁私房主；第二项交付给国家。2. 权利：百货街开发公司依法履行上述义务后方能取得国有土地使用权，才享有了进行土地开发而获得经济利益的权利。

那么被拆迁户有哪些权利和义务呢？1. 权利：被拆迁人有自由择居权，（不应单方安置）《中华人民共和国宪法》第三十七条规定：公民人身自由不受侵犯，有依据平城政发〔九三〕三十四号文件规定，获得城镇拆迁安置费的权利。2. 义务：被拆迁人在享受权利同时必须给百货街搬迁腾地。

在界定了公民与开发商这两个平等民事主体间的权利和义务后，文本转向对作为国家代理人"平东区房管局"为何违法进行了阐述。这些理念在之后的诉讼文本中得到了更清楚严格的表达，以行政力量介入被拆迁居民和开发商之间原应平等的民事关系，成为原告（房地产权利人）将政府部门（房管局）告上法庭的主要理由。

《民法通则》规定：当事人在民事活动中地位平等……第三人（开发公司）是以盈利为目的的房地产开发企业，与原告之间是两个平等的民事主体，不存在隶属关系。自取得规划许可证后，就与原告确立了平等的民事法律关系，应当用《民法》的原则调整与原告（私有房地产权利人）之间的财产关系。

双方都有权利和义务，原告享有通过平等协商获得补偿、安置的权利和自由择居的权利。同时按照达成的协议履行搬迁的义务。第三人则必须承担1998年度本地区内的基准地价中规定的各项义务之后，才有获得申请土地使用权的权利。

但是，被告（房管局）违反了以上《民法》的规定，批准了第三人单方面制定的补偿、安置方案，把原告和第三人平等的法律关系变成了原告必须服从第三人的隶属关系。（平文区《行政诉讼状》，1999 年 6 月）

因此，与同时期某些维权行动策略性地选择以开发商作为被告不同，本案例中，行动者对开发商做出界定的根本目的，仍指向国家—个人关系，因此，他们最终选取的是行政诉讼而非民事诉讼。在将房地产开发还原为商业行为之后，行动者剥离了其中的行政力量，通过对财产权和居住权等个人权利的宣称，再次指明个人相对于具体国家的独立边界。

在法庭及其他公开场合，平西区房屋土地管理局地政科负责人及裁决人员公开讲："房地产开发商取得了拆迁许可证后，就代表了政府的意志，你们（指公民）必须服从开发商的安置方案。"

就是由以上平西区行政机关和人民法院的违法行为，使平西区的房地产开发商业行为变成了政府行为，由于房地产开发商的经营活动代表政府的"意志"，所以是"政府行为"，由于房地产开发拆迁活动的所谓"特殊"，就可以凌驾于法律之上，由于上级没有通知，所以平西区行政机关在裁决、强制拆迁，人民法院在审理房地产案件时可以不执行《中华人民共和国宪法》《中华人民共和国民法通则》《城市房地产管理法》《土地管理法》和《城市规划法》，由于房地产开发是"政府行为"，房地产开发商在拆迁时就可以决定被安置居民的居住地点和居住条件，任意降低法律确定的安置标准。房地产开发商就可以不承认公民（房地产权利人）的合法财产——自然享有的土地使用权，并且不经法律规定的变更程序，无偿占有作为他们经营的资本。……

但只要公民抵制房地产开发商的违法侵权行为，依法保护财产权和居住权（迁徙和居住的自由），就会遭到违法裁决、违法审批和违法强制拆迁。公民只不过是依法要求房地产开发拆迁中，合法财产（房地产）依法得到等价有偿的补偿，依法得到法律确定的安置房，以实现迁移和择居的自由，但一寻求法律保护，就遭到行政机关和司法机关的联合欺压，将房地产转让、补偿、安置这一民事活动变成政府行为，甚至在强制拆迁时被剥夺申请复议的权利和行政诉讼的权利。（《1997 年平城平西区被拆迁居民致全国人大常委会举报信》，1997 年 7 月）

值得注意的是，这类表达通常针对的是非常具体的某城区房管局，在后期的举报维权中，甚至依据《平城房屋土地管理局职能配置、内设机构和人员编制方案》，将相关行政行为更具体地落实到当时担任某一相关职务的具体人员，以此与前文所述的需要被内化和捍卫的象征意义上的抽象国家做出明确的区分。通过对危改开发商作为市场主体的实质做出界定，行动者将经济职能从地方政府的行政职能中剥离出来，从而将具体的行政部门界定为"城市拆迁中的管理者和监督者"，体现出自我边界固化的第三个层面。

因此，以上这三个层面，在行动者那里，是沿循一套严密的逻辑，有条不紊且小心翼翼地展开的。结合本书前半部分所讨论的内容，如果说，在旧城改造中，地方政府在作为增长主体的同时，仍试图维续原先社会结构和治理中"合一"的逻辑的话，那么，被拆迁的市民在维权过程中试图建构的正是一套与之对应的"分化"的逻辑。通过将具体国家从抽象国家中分化，将关于土地的使用权能从所有权能中分化，将城市开发的经济职能从政治职能中分化，他们不断缩小与传统文化深层结构相契合的吸纳型国家—个人关系的适用范围（以图 5 - 2 中代表个人的虚线圆圈所示），并逐步扩大现代社会中以契约、权利理念为基石的平等型国家—个人关系（以图 5 - 2 中代表个人的实线圆圈所示）的适用范围。因而，这一过程清晰地展现了新兴的"平等型"国家—个人关系是如何嵌套于更具有主导型的"吸纳型"国家—个人关系中，举步维艰地生长的。这个过程同样体现在微观个体和宏观社会的层面，既是一个自我边界不断固化、形成现代个人/公民的过程，也是一个社会结构逐步分化的过程，如图 5 - 2 所示。

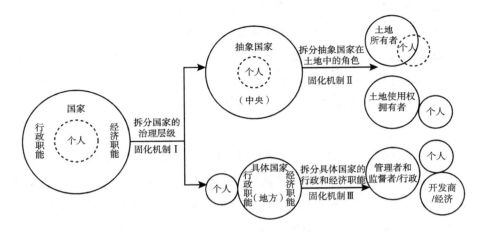

图 5 - 2　自我边界的"选择性固化"机制与社会结构的分化

注：沿箭头方向，伴随着国家—个人关系由吸纳型向平等型转变，自我边界由渗透向紧实转变，公民的生产推动社会结构分化。

二　公民的锻造：以权利理念固化自我边界

我国立法的根本宗旨是以人为本，老百姓（公民）的权利（包括义务）都在宪法等国家基本法中得到充分的体现和保护，不讲法你就没有权利，法律规定的公民权利，你不主张同样没有权利。法中有权，不讲法、不主张你就无权，这就是铁一般的事实。（《违法土地批租暴力侵权跨世纪腐败大案》，2003：26～27）

如果公民应该有某种权利，但是法律没有规定，没有做出界定，公民意识应该表现在哪儿，表现在争取这种权利；法律只要有了，我们就要充分行使这种权利，而且还要使足了，别糟践了，别浪费，使足了就是用足了，充分地行使，本身这种权利就受法律保护。不是盼着某一个清官来解决我们的问题，只能自己救自己。但不能胡来，不能用违法的行为去对抗违法的行为，那样不可取，我们只有自己对自己有个约束力。（访谈材料：TY20051123）

上文中，我们看到个体自我转型与国家—个人关系转型之间的密切关联，并且以"嵌套式"的结构，分析了两种模式之间主从并存和强弱区分的状态。我们尚未触及的问题是：促使自我边界固化的动力何在？正如开篇所述，这套新兴的国家—个人关系并非构筑在一张白纸之上，它牵连着中国历史、文化、社会及现行体制中更为深刻、牢固、厚重的一端，那么，它得以超越这些厚重的牵连，推动国家—个人关系转型的力量从何而来？在此，我们必须关注本案例中非常有特色的"权利"和"公民"的理念。

"维权从侵权开始"是行动者们常说的一句话。用查尔斯·蒂利（2008）对集体行动的分类框架来看，在当前中国体制环境下发生的集体行动，更接近于反应性（reactive），而非进取性（proactive）。本案例也不例外，激发这起集体维权的最主要的原因在于，在旧城改造过程中，主体性缺失的个人在失去单位制的庇护之后，在由国家主导的市场转型中遭受到双重侵害。但必须强调的是，对于中国的行动者来说，其要进行抗争的基础是非常薄弱的，不仅在于全面覆盖的强大的国家权力，还在于与之配套的深层的文化心理结构和道德价值观念。例如，已有研究者注意到，中国人的"权利"理念与西方基于"天赋人权"的权利理念有本质区别，在中国，权利往往被理解为是国家认可的，旨在增进国家统一和繁荣的手段，而非自然赋予的，旨在对抗国家干预的保护机制（裴宜理，2008c；阎云翔，2011；庄文嘉，2011）。中西模式差异正是源于不同的国家—个人关系的形塑；换言之，前者是以大一统的全能国家为起点的，指向对个人的庇护；后者则是以独立的公民个体为起点的，指向对国家的制约。

因此，在这样的情境下，行动者一旦要进行维权，要面临的首要考验便是：如何在默认的由国家自上而下对个人赋权的情况下，找到另一种由个人自下而上自我赋权的可能？换言之，如何在原本用于巩固吸纳型国家—个人关系的权利理念（更强调权威 authority）之外，建构出另一种为开辟平等型国家—个人关系服务的权利理念（更强调权利 rights）？

在此，行动者们以法律为武器，通过将对"权利"和"公民"的定义和"行动"相关联，他们将每一次行动，都转化为对自身公民权利的一次宣称和赋予，认为有且只有在行动的过程中，权利的理念才能得到呈现，公民也才能得以锻造。正在这个意义上，行动具有了独特的社会学意义，成为重塑当前社会的"历史质"（historicity），重组存在于"社会力场"及"文化力场"中的诸多权力关系的超越结构的力量（图海纳，2008）。

（一）因法律而赋权

在官方的话语体系中，对应于吸纳型的国家—个人关系，市民是以一种被动形象存在的。作为"被拆迁人"，他们有"服从城市建设需要"的义务①；若有所反抗，则会进一步被贴上"刁民"或"钉子户"等标签，地方政府对其有实施行政强制的权力。如下文有关规定所示。

> "拆迁人必须依照本条例规定，对被拆迁人给予补偿和安置；被拆迁人必须服从城市建设需要，在规定的搬迁期限内完成搬迁。"（《国务院78号令》，第五条）
>
> "在房屋拆迁公告规定的或者本条例第十四条第一款规定的裁决做出的拆迁期限内，被拆迁人无正当理由拒绝拆迁的，县级以上人民政府可以做出责令限期拆迁的决定，逾期不拆迁的，由县级以上人民政府责成有关部门强制拆迁，或者由房屋拆迁主管部门申请人民法院强制拆迁。"（同上，第十五条）

这套话语不仅出现于法律、法规和官方文件中，而且也被新闻媒体频频引用，成为深入渗透社会生活的主导话语，与全面的国家权力相对应。因此，要突破这套话语，找到另一种自下而上赋权的可能，就需要另一套价值

---

① 在官方话语中，将"获得安置补偿"视为相应的权利，与"服从城市建设需要"的义务对应。但正如本书前几个部分所述，这种"权利"是以排除市民在土地使用权、城市建设上的主体资格为前提的。

观和意识形态的资源。伴随着市场经济而提出的法治话语成为公民为自我赋权的力量来源。在充分学习和解释了相关法律之后，行动者为自己找到了另一种身份——"房地产权利人"（对应"被拆迁人"）和"公民"（对应"刁民"），并建构了一套与之相应的话语体系，体现出一种主动的、正面的形象。

作为"房地产权利人"，行动者们认为，他们不仅享有财产权，还享有择居权、诉讼权，这种权利"受宪法保护"，"任何单位和个人不得侵犯"。

> "他们（房地产权利人）的房屋及所占范围内的国有土地使用权是他们的合法财产，权属登记都在房屋土地管理部门，受宪法和国家基本法律保护，任何单位和个人不得侵犯。即使国家为了公共利益的需要，也不可以直接划拨公民的土地和批准用地者拆除公民的房屋使用土地，必须通过征收公民不动产的法定程序在获得公民不动产以后，才能行使对其处分的权力。国家不能划拨、出让公民宅基地，也不能批准开发商拆除公民房屋，更不能强制拆除公民房屋。这既是简单的法律常识，也是严肃的宪法问题。"（《对〈国有土地上房屋征收与补偿条例征求意见稿〉的第一次意见》，2010 年 2 月）

因此，引发诉讼是缘由是地方政府以各种借口"剥夺公民财产权"，法院依内部文件"剥夺公民诉讼权"，最终将导致的是对"依法治国"的损害，而不是官方所说的"钉子户""妨碍国家建设"。在此逻辑下，行动者重塑了旧城改造中有关拆迁的话语体系。

> 平城不执行宪法和法律，可以由（地方）政府随意以国家建设、申奥、开发商没有承受能力、为加快平城旧城危旧房改造等借口剥夺公民财产权；法院可以依据内部文件没有任何理由就剥夺公民的诉讼权。公民的基本人权可以任意剥夺，规模之大延续时间之长，其原因令人深

思，后果非常可怕。违反宪法是最大的违法，这种违法不能纠正，枉法者得不到制裁，依法治国从何谈起？（《申请书》，2000.2）

对比两者，可以看见两种话语体系中被动式的服从和主动式的赋权之间的张力，折射出行动者一种不畏强权、试图与权威平等对话的姿态，也体现了行动者固化自我边界的努力。这股自下而上赋权的力量，正是由个人发起的对国家—个人关系的调整。

（二）因行动而公民

但是，正是出于前文所说，诉讼这种方式更远离传统文化所能提供的"适感"，"怕官"的心态根植于几千年的文化传统和心理结构之中，因此，这套自下而上的赋权体系的构筑过程事实上是非常艰难的。

> 贝：在这之前，和他们讲过，说你得上法庭，诉讼是文明社会才具备的，这是你的权利，如果检察院来找你，不是什么好事儿，法院不是，将来法制社会，市场经济，都会出现各种各样的纠纷，这种纠纷不会用以前那种家族式的方式，族长来判了断了，或者甩胳膊腿，打架。所以大家别怕，这种诉讼一定要互相帮忙。……打官司时也和大伙儿说，不要慌，明白法院扮演的是什么，他是中人，带着国家呢，应该保护双方当事人的权益。在诉讼的时候，是在他的引导下进行诉讼，不是他让你说什么你就说什么，不是讯问，是询问。有的人就是看他戴着大盖帽，害怕了，警察似的，不是。中国老百姓啊，就有一个（弱点），特别特别怕官。可是现在这社会，你怕了有什么用呢，告状，你有这个权利。（访谈材料：TY20050925）

站在如此薄弱的起点上，法律也只能给自我赋权提供字面上的依据而已，并不意味着权利的主动实现。因此，更为重要的是，行动者们在维权的过程中，建构出了非常具有中国特色的"实践式"的公民理念：将"公民"

的定义与"行使权利"的维权实践过程紧密勾连，构成当下中国维权行动者们对"公民资格"（citizenship）的独特理解。

> 不行使权利，你是草民，行使权利，你就是公民。（访谈材料：TY20051108）

> 宪法给你的权利你不用，不用就是纸，这是一本书，法律在这上头写着呢，用，就是权利，不用，就是一本书扔在那儿，老百姓得慢慢提高意识，哪能一下子就变成公民了啊。（访谈材料：TY20051123）

> 过去我们是草民，一群人跟蚂蚁似的，任人踩踏……现在我们是公民，公民不但有权利，还有义务，但是这还不行，公民还有职责，维护宪法。如果我们不是公民，那就是奴才，那是封建社会，你既然是奴才，那今天皇上说让你死你就死，谈不上权利的问题，谈不上财产权的问题。既然我们是中华人民共和国的公民，宪法赋予了我们这个权利，我们就得使，还得使充分。（访谈材料：LT20060108）

公民理念在被访者的表述中伴随着与"草民""臣民""奴才"的概念对比，强调这种身份只有在维权行动中才能得以实现，体现出很突出的主体性，带有非常强烈的行动主义色彩。从国家—个人关系的视角来看，使用法律、行使权利的维权过程就是一个对国家吸纳个人的结构施加"推力"、使个人从大一统的国家中分化出来的动态过程。行动者充分意识到，公民权利的实现不能依赖国家的自省或者别人的帮助，而必须以自己的行动来促成。

> 罗：咱们遇到的问题是这么一个问题，谁都没法替咱们，那么多有学问的人，有权力的人，都陷进去了，这个事情。我们必须自己独立地讨论这个问题，自己反映这个问题，要敢说，没什么不敢说的。（TY20081228）

> 贝：你看，政府的人跟我们怎么说，别信那套，平文区政府法制办主任，什么宪法法律，定出来，我跟你们说，是给外国人看的，中国不

实行，也实行不了。就这么讲，所以在他们意识中，你们没有公民地位的。那么，如果你自个儿再不承认了，就欺负你没商量了，你也不可以来讨论这个问题，你凭什么来欺负我？说句实在点的话，你不是人，我当然要欺负你了，我把你当作一个物件看，那么我必须得承认，我是公民你不能随意欺负我。如果你自己都承认你不是公民，是草民，任人践踏。我有时候和他们举例子，一个足球场，哪儿都长得绿油油的，唯独球门那里保准秃一块，为什么？老在那踢老在那儿踩，那草生长不了。如果以后不在这个球场踢球了，那慢慢慢慢地球门那块儿才会好了，因为老有人踩着嘛。所以说，其他地方的草都能吸收阳光和水分，得到很好的成长，但那里有人压在这儿，践踏在这儿。所以说，人家拿你不当人，你可别拿自己不当人。咱们有时候经常说，说哪怕在家里父母，学校老师，人家拿你不当回事儿，你可别把自己不当回事儿啊。你再自己不把自己当回事你活个什么劲儿啊？（访谈材料：TY20051108）

正是不断的行动，强化了维权者的公民意识和法律意识，促成了他们从"被拆迁市民"向"房地产权利人"的转变，从"草民"向"公民"的转变，从"低三下四看领导脸色"到"不让人随便指示"转变，内在地也是自我边界从渗透向紧实的转变。

王：老百姓提高公民意识，提高法律意识，我觉得挺重要的。说实在的，老百姓有几个敢打官司的？过去讲，民不跟官斗，现在民跟官斗，就提高得够多了。不怕。初次打官司腿都哆嗦，去了几次就像逛自由市场似的。说来警察也是，你衣帽不整，你得先把帽子戴好了，再拿出证件来，过去谁敢阿，警察来，爷爷！现在，我先得查你，查清楚了，你跟我谈什么，跟我没关系的，你请出，过去谁敢啊。（访谈材料：TY20051123）

芝：那会儿不行，害怕啊。现在我就说了，这碗我五块钱买来你至少要给我五块，再说了，你不给我五块，这是我的东西我可以不卖，你给我五百我也不卖，是不是？在当时来讲，咱们不敢说啊。而且那会儿媒体也好，电视也好，各方面的法制报道什么都没有。（访谈材料：TY20051123）

　　孟：我认为公民就应该是有权利，比如有人有钱，往你脸上吐口唾沫，我有钱，我赔你钱，我觉得这不是说赔钱的事儿，这是一个权利的问题，不能说你有钱你有权你可以随便欺负我，我就是这种想法，但是以前不是这样，我在单位上班也是，有时候领导一说什么话我就得赶快去执行我就得怎么怎么着，我就通过这次我们家拆迁，我在单位上班我都觉得我比以前个儿高了，说话有底气了，我现在就不让人家随便指使我你做这个你做那个，但是我本职工作我应该做的，我就尽量做好，我尽量有这种想法。不像以前，特别特别听话，人家说该怎么做就怎么说，我现在就不是那种想法了。（访谈材料：TY20051117）

　　陈：太有了。之前和之后反差相当大……以前老低三下四的，干什么都是看领导的脸色行事，现在我没必要了，是不是？本职工作我干好了，我开车，我就把车开好了，别的你指使不了我，该我干的我干，不该我干的，如果我需要，那咱们该干也干，但要像以前那样指使我，这是不可能的了。（访谈材料：TY20051117）

（三）再度回应国家

　　在依据法律理念、实践维权行动，从而对自我边界不断固化的过程中，与自下而上的赋权力量相伴而生的，还有一个自我约束的理性化过程，行动者将其表述为一个与"以法维权"相对应的"以法为纲"的过程。与吸纳型国家—个人关系下、因权威的要求而规范自身行为不同，此时的自我约束更多地出自于自我边界固化后，因紧实而清晰的个人边界而产生的自觉要求——行动者对权利和义务有明确认识，既阻止他者对自身边界的入侵，自身也不去侵犯属于他者的边界，体现了一种理性的现代公民意识。

杜：我理解，公民还担负着义务，你要用法律来约束自己的行为，作为一个完整的公民是这样。（访谈材料：TY20051123）

孟：咱们绝对不干违法的事儿，但是，我一定要维权。（访谈材料：TY20051117）

朱：我太有变化了，我那会儿是想玩命的，……认识到法律是深刻明智的，通过这个学习我要争取这个权利。……变得比较理智的一个过程，否则还是一个粗鲁的猛汉似的，就想玩命。首先在这方面是一个提高，然后就是思维方式的转变，什么东西都先从法律上想想。（访谈材料：TY20051124）

兰：变化挺大的，要是没有打这个官司的话，没有通过这个学习法律的话，碰到问题，肯定是发牢骚骂大街，肯定的，现在就不是，现在遇到事儿就比较冷静地考虑，看有什么法律啊，用法律的手段来维护自己。（访谈材料：TY20051124）

这种理性的自我约束，既是现代个体意识崛起的初步体现，另一方面，也是在尚未转型的更大范围的吸纳型国家—个人关系下，行动者的自我保护，由此，再度回应了公民生成时的薄弱的起点和无处不在的体制约束。而且行动者还清晰地意识到，这个过程不仅对于自身是艰难的，而且对于居于高位的另一方更为艰难。

发展到公民那么难，老百姓都那么难，政府更难，因为他有权力，轻易他不放弃的，你让法律管着他？在咱们出《行政诉讼法》的时候政府非常有意见，说以后没法管了，说什么都让法律来规范他。其实我觉得，社会要想稳定，政府必须依法行政，这样才能解决好多问题，政府要是不依法行政，底下问题乱，解决不了。你想和谐社会，和谐不了。比方说拆迁，中央出个78号令，平城出一个细则，给扭曲了，等到各区吧，又有各区的政策，等到拆你们那儿吧，又有政策，一点点地缩小，等于紧箍咒全紧在老百姓身上了。（访谈材料：TY20051123）

尽管艰难，但市民们表现得非常理性、克制——提出自己主张的同时，着力强调对中央的理解和信任——再次体现出了中国维权行动中特有的嵌套式结构，回应了吸纳型国家—个人关系。

> 罗：这（诉讼）是咱们平城老百姓的一个共同财富，谁都不许破坏。咱们提的这个主张，是得到中央认可的，有的人老看不出来。中纪委几次会议公报都提这个，房地产开发土地批租中的腐败，中央认可的，不是不认可，但是你得给中央一定的时间啊。他得一点一点解决问题。（访谈材料：TY20051117）

小　结

借助社会心理学中"自我边界"概念作为分析工具，本章更详细地展现了国家—个人关系的另一种可能——新兴的平等型国家—个人关系是如何在处处受制于历史和现实的情况下，经由行动者对分寸尺度的精确拿捏，被小心翼翼地构筑的。这一过程在此被称为"自我边界的'选择性固化'机制"。与地方政府在城市开发中未主动推进社会心理结构转型，而是试图维续传统的"合一"逻辑不同；这套机制的根本在于一种"分化"的逻辑，以使社会心理结构与转型中的社会结构再度匹配。通过将具体国家从抽象国家中分化，将关于土地的使用权能从所有权能中分化，将城市开发的经济职能从政治职能中分化，行动者在承认吸纳型国家—个人关系的前提下，不断缩小其适用范围，并代之以逐步拓展平等型的国家—个人关系的适用范围。

因此，从某种意义上说，整个维权过程就是这套新兴的平等型国家—个人关系的建构过程，与之相应的是个体的自我边界逐渐从通透转为紧实的固化过程，换言之，也是"公民的生产"的过程。但值得强调的是，这套新兴的国家—个人关系并非是在一张白纸上构筑的，而是被包裹在既有的历史和社会条件中曲折生长的。面对其所牵连的中国历史、文化、社会及现行体制中更为深刻、牢固、厚重的一端，如何在默认的由国家自上而下对个人赋权的情况下，找到另一种由个人自下而上自我赋权的可能，成为行动者们必须考虑的问题。

在此情形下，行动者们以法律为武器，通过将对"权利"和"公民"的定义与"行动"相关联，他们将每一次行动，都转化为对自身公民权利的一再宣称和赋予，在维权过程中生产出具有中国特色的"实践式"公民理念。在此理念上，行动者行使权利的过程，就是自我边界不断从渗透转化为紧实的过程，国家—个人关系不断从吸纳、服从转变为独立、平等的过程，也就是从底层发力、不断推动大一统的国家在意识形态、行政职能和市场职能这三个层面分化的过程。因此，在这里，个体不再是社会变迁单纯的承受者，而是体现出对社会变迁的草根式介入和公民式参与，使转型带来的国家对个人的挤压经由行动者对自我的重塑，重新回到个人对国家的推动。简言之，行动锻造公民，抗争产生社会，自我边界的固化，这一过程推动了国家—个人关系转型。

第六章

社会的生产

> 这些老百姓，首先是代表，他并不是完完全全为了自己家的事情来做这个抗争，而是考虑到国家、民族，都是在这个过程中升华了。别看老百姓都是弱势群体，有那么一句话，"位卑未敢忘忧国"，我们虽然地位低下，但是忧国忧民，我们没有忘。
>
> ——被访者贝先生，2005 年 11 月 17 日

　　第五章以行动者为视角，讲述了个体如何通过对自我边界的调节，形成更适用于市场经济、更具有法治理念和契约精神的公民意识，并以将维权行动和公民定义等同的"实践式"公民理念（或曰，公民理念的实践形态），实现自我赋权，构筑新型平等型国家—个人关系的过程。本章将再度把分析层次拉回到较为宏观的层面，进一步分析这种正处于转型的个体，是如何与共同体形成关联的？换言之，本章想讨论的是一个"社会的生产"的问题，以"自组织机制"为本意的"社会"（沈原，2007：326），是如何在中国千年的文化传统和独特的制度背景下，以及当前的由再分配机制向市场机制转型的过程中生产出来的？前述转型带来的独特的个体状态，又如何形塑了社会的生产？

　　正如已有研究指出，从马克思主义传统出发探讨公民社会有两种方式，第一种可以称之为"经典路线"，由葛兰西开创，着眼于各种社会组织的建

设对公民社会的意义；第二种可称之为"公民权路线"，多少溢于马克思传统之外，着眼于公民个人行动及相互联合的意义（沈原，2007：331）。本书以旧城改造导致的集体诉讼为案例，正是沿着第二种方式努力，旨在探讨转型期市民透过公民权利的抗争而构建公民社会的实践历程。

"公民权路线"的基本观点在于，将有无公民权的生产，看作能否促成公民社会诞生的关键。公民权在此引用了西方的传统，强调的是一种基于身份而平等的权利。当我们采用这一传统时，默认的基本条件是，个人作为独立的个体的存在。但事实上，如果联系中国历史上大一统的国家形态，以及计划经济时代趋于极致的全能主义体制对社会生活的全面渗透，与我们的历史/文化/社会脉络所对应的，恰是与独立个体相反的另一个极端：被国家包容吸纳的缺失主体性的个体。所以，若以个人与国家的关系来考量，公民权生产的关键在于，如何使个人从附属、被吸纳于国家权力之中的状态，变为与国家权力拉开一定的距离，直接或间接（通过市场）地重建自身与国家的关系，直至两者趋于独立、平等。为此，社会学视角下的解释援引了行动社会学的立场，将"公民的勇气"① 作为一个基本的动因，以激发公民权在如此先天不足的环境中生产，最终实现行动对结构的重塑。简言之，这是一种试图从全面覆盖的国家权力中抽离的力量。

由于本书得以对一个案例非常细致的展开，所以有机会可以进一步补充的是，真实的情况也许更为曲折而纠结。引入社会心理学视角可以使我们看

---

① "公民的勇气"（civil courage/zivil courage）最早由瑞典社会学家斯维德伯格在一篇有关经济学家维克塞尔（K. Wicksell）的传记文章中提出，其标准定义是指"为了信念而不惮于行动，即使冒着为其信念支付高昂代价的风险"（Swedberg, 1999）。斯维德伯格指出，不同于已成体系的对"服从"的研究，作为其背立面的"公民的勇气"，几乎从未进入研究者的视野，原因一则"公民的勇气"的个体特征过于明显而不利于社会学分析，二则对其分析易于偏入意识形态建构而非对该现象实质的讨论。而将这个概念重新引入社会学分析的意义在于，试图展现"公民的勇气"的群体或者社会的维度，讨论在何种社会与制度的条件下，个体能够获得不畏所面对的社会情境的艰难，站立起来保卫自身权利的力量。斯氏更关注的是"公民的勇气"在实践中的社会机制/社会过程，认为"公民的勇气"需要经过"慎思"（deliberation）——"行动"（action）——"制裁"（sanction）——"扩散"（diffusion）这几个步骤，每个步骤都嵌入于一定的社会情境之下，它们在概念上分立，在实践中交织。

到，中国传统文化中的"公"与西方理念中的"公共"的含义相距甚远。中国传统下的"公"是与国家权力的行使以及缺失主体性的个人对国家的呼应紧密结合在一起的。深厚的文化根基，无时无刻不在形塑着维权行动内部成员动员以及外部抗争空间营造的过程，这种已被深入内化的国家力量和体制逻辑，在行动者身上体现为其对维权过程中分寸尺度的精确拿捏和把握。因此，与前文所述的两种自我边界、双重国家—个人关系一脉相承的是，公民权/公民性（citizenship）的争取及社会的生产在当下也体现为两套逻辑交汇的状态，期间涉及的每一个过程中都存在双向的张力——既要与国家拉开距离从而实现维权抗争；又要对国家加以内化，以此获得对外的合法性并维续内部的动员——同样体现出一种嵌套式的结构。

一 公民性的双重维度：公共性与契约性

（一）中西语境下的"公"与个体的自我边界

在对"公民"概念在中国发展的考察中，中西方存在两个迥然相异的传统已得到普遍的共识。在西方传统下，公民从其在雅典城邦中诞生之日起，就与公共参与相关。公民作为一种身份，强调的是一种共同体的所有成员都享有的地位（status），所有拥有这种地位的人，在这一地位所赋予的权利和义务上都是平等的（Marshall，1992）。"公民"概念对应的是没有公民权利的外国人、奴隶等。公民参与公共事物是为了各自美好的生活，为了城邦的利益也就是为了自己所代表的团体利益，因此，这种参与是以有主体性的独立个人为基础的。

而反观中国的历史，在近代中国以前，只有的单独的"公"和"民"的概念，"公民"连成一个词语在传统中国并不存在。"公"一个会意字。小篆字形，上面是"八"，表示相背，下面是"厶"（"私"的本字）；合起来表示"与私相背"。许慎在《说文解字》中对"公"的解释是，"平分也。从八从厶。八犹背也。韩非曰：背厶为公"。"私"，在中文中为一个首位相衔的"自环"——"厶",指属于自己的民田,"自营为厶。背厶为公"。因此,中国传统中的"公",是作为与"私"相对的含义来理解的,从其本源的内容上,更接近于对利益或财物的考量,而缺少公共参与、政治参与的含义。

然而,有趣的是,在另一个意义上,"公"与"私"之间却又是交叠的。日本学者沟口雄三指出:"中国的'私'这个字,从字形的角度考察,构造它的'厶'也用来构造'公',显然,'私'与'公'共有'厶'这个字"(沟口雄三,1995:52)。举例来说,国家的公就是君王的私,公与私的边界是相通的,是以,"天下为公"的本质在于"天下为私"。"公"与"私"之间既相背又重合的根本原因在于,中国传统社会中并不存在西方那种独立的个人,个体是借由与其他人的关系来定义的,不是"自立"的,而是"立于人"的①。因此,公私边界的模糊不清同样是中国传统中边界渗透式自我(boundary-permeated self)特质的体现(杨宜音,2008)。对中国人来说,该将某件事物、某种行动界定为"公"还是"私",会因其与位于中心的个人所掌控的自我边界之间的相对位置不同,而时刻处于变化之中。

蕴含于这种公私边界的伸缩变化之中的,是中国文化中历经千年形成的与"公"有关的社会价值理念,如公道、公理、公器、公正等,以及与"国""官"相联系的"以国为公""国家至上"的含义。这种公私观不是围绕财产权所有制争论的,而是从政治文化角度进行价值判断,以"大公无私""以公灭私"为基本内容(刘泽华、张朋荣,2003)。因此,个人对国家或群体事物的参与或贡献,其含义就会有"牺牲小我、完成大我"的道德意义和服从上级、国家至上的政治含义(杨宜音,2008)。值得注意的是,尽管此时,中国传统中的"公"脱离了最初的物质含义,上升到道德和政治价值观念的层面,但它仍与西方传统下,独立、享有平等权利的公民个体,为了共同的福祉而参与到公共生活中的状态有很大的区别。其本质上

---

① 梁启超在为康有为《公民自治篇》所作按语中,提出,"公民者,自立者也,非立于人者也,苟立于人,必非真公民,征诸各国历史,有明验矣"。

的渗透边界并没有改变，赋予"公"以道德意涵的目的在于，通过自我边界拓展，个人由"私我"变成"公我"时能得到的一种道德驱动，使国家与个人之间产生一种以臣民的服从和国家的拉动而合二为一的机制，仍对应于传统社会结构中吸纳型的国家—个人关系。

因此，如果着眼于中西语境下对于"公"的不同含义，就会发现，探讨社会生产的"公民权"路线，基本上是借用了西方语境下对于公民和公民权利的定义，而尚未涉及中国传统中有关"公"的理念及其特定的国家—个人关系，对当前的维权行动是如何形塑的。在此，尝试引入社会心理学关于公民性（同为 citizenship，译法不同，以示与社会学对于公民权的理解的细微区别）的一些讨论，努力使之更接近于现实情况。

在社会学强调公民作为共同体成员的平等地位时，社会心理学视角更重视个人与共同体之间相互依存的关系。以此为线索所理解的社会，指公民参与政治过程的社会机制（林毓生，1999）。在此视角下，公民性被放置于群己关系的分析层次上来考察，更强调一种形成心理关联的动态机制。面对"公民性本身在中国的真实的实践过程"，杨宜音（2008）提出了公民性的公共性和契约性维度①，以此将公民的诞生与国家从大一统状态下分化出市场、社会和个人的转型过程关联起来。在这一分析框架下，个体与政治共同体（国家）之间形成某种心理联系的过程，在先前臣民的服从与国家的拉动这条单一路径（对应公共性维度，亦即中国文化传统中的"公"）之外，增加了另一条通过公民的认同与参与关联的路径（对应契约性维度，亦即西方语境中的"公共"），从而形成双路径并存的局面。

这一框架对本书所要讨论的案例有重要的启发意义。事实上，无论是社会学还是社会心理学，尽管其理解公民生成的切入点有所不同，但基于对转型作为一个大一统国家的分化过程的基本理解而达成共识的一点是：无论是个体作为共同体成员平等的身份地位的生产，还是个体与政治共同体之间心

---

① 根据这两个维度，杨宜音（2008）在研究中区分出当前中国社会的四种典型的行为类别：公民（高公共性、高契约性）、臣民（高公共性、低契约性）、商人（低公共性、高契约性）和熟人（低公共性、低契约性）。

理联系的形成，都必须同时具备市场和国家这双重面向。在面对市场时，这种新兴的机制更能调用西方脉络中"公共"的概念，树立起较为明确的契约理念和权利意识；而面对国家时，情况则更为复杂，既要在一定程度上抽离于国家，自我赋权，构建平等的主体，但在更多的时候，还必须呼应于千百年来的传统，受制于更广阔、更深层的文化和社会结构，其中，摆脱不了中国传统文化中对"公"的价值定义、道德判定及其关联的国家权力的实践过程。

因此，在中国当前的环境下，公民性的两个维度并存，构成社会的生产中两个交织互动的侧面：一方面，契约性维度与市场经济相伴而生，促使个体独立，生成紧实边界，是个体以平等身份所享有的公民权的生产建构机制；另一方面，公共性维度则调动了传统文化中的道德和价值理念，行动者循此对国家加以内化和呼应，将个人议题建构成公共议题——将对各家各户房屋土地财产权的维护，转化为对家国命运的关切，使之成为中国背景下，社会生产时一种独特的动员和保护机制。中国当前的维权行动，时刻处于这两股力量的相互形塑之中。

（二）法的实践含义：契约性与公共性的统一

通览当前中国的维权行动，抗争者对法律的运用是不容忽视的一个现象。然而，联系中国历史，法律在以儒家传统为主导的中国社会中并不具备深厚的根基。只有在法家传统中，韩非子提及过法律和公民之间的联系，认为中国老百姓普遍对国事淡漠，"公民少而私人众"的原因，就在于缺乏足够的法律保障①。尽管新中国成立以后，国家加强了社会主义法制社会的建设，但法律在很大程度上仍停留在书本上和文件上，并未真正融入人们的

---

① 原文载于《韩非子·五蠹》："民之政计，皆就安利如辟危穷。今为之攻战，进则死于敌，退则死于诛，则危矣。弃私家之事而必汗马之劳，家困而上弗论，则穷矣。穷危之所在也，民安得勿避？故事私门而完解舍，解舍完则远战，远战则安。行货赂而袭当涂者则求得，求得则私安，私安则利之所在，安得勿就？是以公民少而私人众矣。"韩非子代表的是法家的精神，宣称"法不阿贵，绳不绕曲。法之所加，智者弗能辞，勇者弗敢争，刑过不避大臣，赏善不遗匹夫"，是与儒家"礼不下庶人，刑不上大夫"的教义截然相反的。

日常生活和观念意识之中。换言之，文本上的法律并不存在一个"自我实现的机制"。因此，当下集体维权行动何以普遍采用法律，本身就是一个非常值得关注的现象。对此的解释或多或少都围绕着中国体制下维权与抗争的"合法性困境"（详见毕向阳，2006；应星，2007 等）展开。事实上，在各种维权实践中，法律已成为处于弱势地位的行动者首要的、甚至是唯一的武器。陈鹏（2010）通过对业主维权的不同案例的分析，总结出上访维权、诉讼维权和立法维权这三种不同的维权抗争类型，不仅代表了业主面对法律时的三种不同位置和运用法律的三种不同方式和策略，而且也意味着三种不同的法与社会（行动者）之间的结构关系，形成一个初步的"法权抗争"的解释框架，较为全面地诠释了法律如何从文本转变为现实中的抗争实践。

本书依旧关注法律的实践维度，即，行动者是如何使用法律的。从书中案例展现出的细节上看，不仅不同的行动者有不同的策略，即便是同一个行动的群体，在不同情景下，也会积极地拓展法律的不同层面。再深究一步，法律在当前维权行动中的凸显，不仅仅是出于合法性建构的需要，还有更深刻的原因。事实上，从本案例中展现出来的行动者对法律的理解和建构，是与中国当下的转型过程紧密相关的。具体来说，正如当前存在着新兴的市场机制和依旧强大的总体性权力的双重背景一样，法律在行动者的维权实践中，也被建构出与之相应的文本意义（"定义规则的文本"）和象征意义（"中央精神的化身"）这双重面向（详见第四章）。在此，法律的独特性体现在它本身具有中西合璧的潜力，一方面，它本源于西方的法治传统，能够调用契约理念、培育权利意识，适应市场规则；另一方面，"依法治国"又是我国伴随市场转型提出的主导意识形态之一，很容易被纳入与国家利益、中央精神相关的话语框架。换言之，通过对法律中不同内涵的挖掘，可以分别关联到中西语境下看似相距甚远的两种"公"的含义，从而同时满足公民生产的契约性和公共性的需求。

对法律的多样化运用是本案例的突出特点，通过"学法""用法""讲法""守法"的实践，市民们将各家各户的问题建构成一个公共议题。普法小组，作为其中最重要的实践形式，既动员了作为"自组织机制"的社会的形成，又为这个过程提供了必要的保护，实现了公民生产中"契约性"与"公共性"的统一。

1. 学法、用法：法律作为动员机制

"普法小组"是从个人诉讼到分诉集团诉讼再到最后的万人诉讼这一过程中最重要的动员机制，发挥着培育公民个体和促进社会联结的双重作用。首先，从内容上看，对法律的长期学习和研讨，从理念上培育了行动者的权利意识和主体意识；其次，从形式上看，"普法小组"援引了存在于平城市民记忆中的、新中国成立之初大举推行的"普法运动"，促成了面对同样拆迁问题的市民，以"学法"为目的走到一起。这个活动最初缘于几位早期学习法律的市民。

> 罗：我们当初就是几户讨论这个问题，小范围的。后来到拆平兴门那边，人家打听我们，有一个收旧货古玩的人，住牛庄那边，我们家就剩一户，他进来聊聊天，他们家也是私房，聊这个事儿。他就到处串去，说那边有人懂，拆迁的人大伙儿在一块儿聊，然后从平兴门到平成门，就有人自己过来找了，觉得有道理，也自己去买法律书看。原来都不认识。找来就聊呗，这样就起来了。（访谈材料：LT20050116）

随后，代表们开始有针对性地去各片被拆迁区域普及房屋拆迁及土地征用过程中的相关法律，"哪儿有拆迁我们就去哪儿"，使普法小组的活动迅速超越了地域的限制。此后，诉讼代表们开始有意识地"联合很多人"，普法小组从最初单纯的法律学习，转变为维权群体的动员机制。

> 罗：我说，咱们呀，加强学习吧，让更多的人明白，得让更多的人明白。这样，陆续的，哪儿有拆迁我们就去哪儿。骑车就去了，哪儿有拆迁我去哪儿。我也举个例子，八营那儿，那是平西区，1995年、1996年的时候，平兴门那块，平兴门属于银行街这片，还有平园这边，

就围着平西区转，平成门外。因为也比较近，也容易联系，知道哪儿拆迁了，我们主动去，老百姓特别喜欢听这个事儿，当然太费劲。……我们到处宣传这个事儿，因为这个法律必须宣传，我们有时候有针对地，我们必须宣传。（访谈材料：LT20050116）

贝：……必须得让大家知道自己受侵害了。但是老百姓又不愿意学习，所以得掌握住他们的心理，吃亏了，要有人挑头干这事儿，诉讼也好，游行也好，上访也好，必须有人挑头。罗先生就和我说，咱要干这事儿，必须联合很多的人，一块办这事儿，不要怕劳累，这就有思想准备了。（访谈材料：TY20050925）

代表们通过普法促成个体之间的相互联系的同时，非常强调"你的主张你必须自己提出来""必须根据法律来提主张""你的主张，别人无权说话，必须你说话"。这些话语，都展现出法律理念对公民权利和主体意识的塑造。

罗：我说，现在这样吧，咱们互相帮助，学法律，最重要的是，你的主张你必须自己提出来，别人替不了你，绝对替不了你。第二，你拿主张，必须把法律弄清楚了，根据法律来主张，不然你站不住脚，城镇拆迁费问题，你必须彻底弄明白，这是一个财产权问题，就跟你的工资收入一样，应该是你依法获得的，人民币就是财产，从这儿入手，你必须弄透了。研究这个拆迁行为，或者裁决行为到底合法不合法，从这儿入手，你给它破解了就行了。（访谈材料：LT20050116）

罗：这时候就改成，我们要相信什么，我们应该有什么样的主张，毕竟是你碰到的问题，不是人家碰到的问题，你碰到的问题不是我碰到的问题，当时讨论，如果遇到这样的问题，你应该怎么办？不能谈别的（安置补偿等），谈别的有时候没法集中，再一个，人家家里有意见。后来我说，这个财产权的问题，谁是主人谁有权利去法院，别人无权干涉，你怎么处理，那是你的权利，只要符合法律就成了。说你处理得好和不好，你是处理得不符合法律，你让人家骗了，让人家欺负了，别人也无法替你诉讼，无法替你拿主张，那是你的主张，别人无权说话，必须你说话。就这个就费了好大劲。（访谈材料：LT20050123）

在普法行动持续四五年之后，人员逐渐稳定下来，"普法小组"作为运动的动员机制，也在实践中形成了一个相对成熟的运作模式。以拆迁后安置最为集中的平文区为例，诉讼集团成员分为"基本原告——楼长/小组长——普法积极分子——万人诉讼代表"几个层级，每次普法都先由楼长或小组长安排地点、召集好成员，再约好诉讼代表前往讲解（具体运作过程详见本书第一章第二节"区内动员"）。值得注意的是，这一机制在后续的十多年中颇为稳定，成为行动者们面对拆迁引发的各种后续问题时的一个自然而然的互助机制，其所讨论的内容，也逐渐超出了单纯的法律范围。比如说，2001 年始连续数年，被拆迁居民被安置小区的物业起诉，大规模地陷入房租官司①，此

---

① "房租官司"是自 2001 年至今，在各大拆迁居民的安置社区内涉及面最广、持续时间最长的一起冲突。"房租官司"简单说就是拆迁安置小区内的物业起诉当地居民不交房租，但其中缘由颇为复杂。当初搬迁时，居民签署的是原住地的"安置协议"，并根据这份"安置协议"换一份新住地的"租赁协议"，也就是说，居民没有拿到安置房的产权。但与此同时，地方政府下属开发商对这片土地签署的只是对农民集体土地的用地转租协议，也不具备产权，也就是说，这成片的安置房的产权人是缺失的。当发生这样的"房租官司"以后，很多被起诉的居民惊慌失措，此时，万人诉讼原有的组织和动员机制又一次熟练地运作起来，2002 年和2003 年的夏天，平文区沿袭惯例，由分诉集团代表召集本集团的成员并安排好场地，然后请相关万人诉讼代表前来讲法的形式，连续进行了数月的"普法学习"。学习内容还是从法律出发，代表们认为，由于物业公司无法拿出相应产权凭证，故而不具备作为原告的主体资格，因此该案在立案程序上就无法成立，之后的起诉更是无从谈起。尽管官司最后还是失败了，但是居民们都认为，这与万人诉讼一样，是个更深远的社会问题，输只是表面的，自己在法律上实际是赢了。除了房租官司以外，这两三年来还遇到一系列类似事件：比如原住地不签发身份证以迫使百姓将户口迁到安置地；为了解决被安置居民拒交水电费的问题，物业公司在小区内强行更换插卡式的水电表等等。除去其中隐含的复杂的权力斗争和拆迁遗留问题不谈，单从社会运动的角度分析，我们可以看到，这一系列事件本是地方政府通过一系列派出机构给运动施加压力、破坏其合法性，或者制约分化行动集体的，但在最后，都经由一个特定的程序——先是代表们从法律入手找出破解方式，再通过运动原有的组织框架和动员模式大规模地普法，使之成为运动群体中共享的知识——在行动者的运作中被转化为了运动早已驾轻就熟了的动员机会。

时这一网络便运转起来，教市民该如何应对。随后，2004 年我进入田野做焦点访谈，2006 年清华大学团队进入田野进行问卷调查，这个网络再次被调动起来，一方面为我们找到了被访者，另一方面我们的介入，也被行动者们运作成了又一次巩固和学习法律的机会。这个初步稳定的网络，较为清晰地展现了有主体性的个体的萌生，及他们之间自发的相互联结的一个片段，体现出公民生产的契约性维度。

2. 讲法、守法：法律作为保护机制

在中国现行的体制背景下，实践中的法律除了被当作都市运动内部的动员机制外，在面对外部压力时，法律还充当了特殊的保护机制。"普法小组"的活动一般会有十几人甚至数十人的聚集，很容易被当地派出所视作敏感行为，此时，行动者便充分强调法律及普法活动在国家层面的象征意义，通过将法制宣传视作个人的职责，行动者呼应了公民生产中的公共性的脉络，创造出社会动员的合法性。

> 贝：我在九宫的时候，他们跟我说好了，一天晚上七点半我过去了，楼道里都是人，因为大家确实关心啊。结果，楼道里的人跟我说，召集的人里有警察在里头。我进去了，我说有什么事儿？他说你们这儿开会呢？我说不是开会，我宣讲一下国家法律。他说哦，那怎么也不跟派出所打个招呼？我说没这必要。你看这上面写的什么，"宣传法律是每一个人的职责"，什么叫职责，就是你必须干的。它不叫义务，叫职责，是一种工作，职责就是必须干好还不能干坏的。这有什么要汇报的？我们还不能宣传国家法律？他说我们怕你们出什么事儿。我说没有什么事儿。我说我给你介绍情况就这样了，如果你没有其他的事情就请出去。后来他就走了，他说你跟我上派出所，我说没必要，这个问题我已经回答得很清楚了。（访谈材料：TY051108）

公共性脉络的关键在于，个体保留渗透边界，通过将国家利益内化，从而实现对国家自下而上的呼应。这种呼应不仅体现在维权群体上述的对外宣称上，还体现在维权群体内部的自我约束上。在整个诉讼及后续举报过程中，行动者们步步遵循法定程序，强调自身的"耐心""克制"，以及对于"社会稳定"的主动维护。

> 贝：不上访，为什么不上访？我们相信中央，我们把举报信放上去了。举报这个没什么法律程序，规定中央什么什么时候要答复你，没有。中央知道了，就行了，老百姓非常耐心，克制。（访谈材料：TY20050821）
>
> 王：经租房的人认为这（诉讼）太平稳，我们认为就应该平稳，不给中央施加压力，而且不给坏人留空子。（访谈材料：TY20031123）

3. 两种机制的交织互动

"学""用""讲""守"这些动词，生动地展现出法律在该都市运动中重要的实践意义。代表们反复强调，集体诉讼的重要性在于，"维护我们权利，而且推动国家法律建设"。（访谈材料：TY051108）这一理念，将争取权利意识的契约性维度和内化国家利益的公共性维度，巧妙地合二为一。两者的融合与互动，使对于法律的阐释和集体维权的内容、目的、形式、策略合为一体，在如下的举报材料中，得到充分地表述。

> 在平城，最令广大被拆迁居民憎恨的是司法大腐败……司法的公权枉法长期得不到纠正，已严重破坏了执政党的威信，严重损伤和动摇了广大人民群众对依法治国的信心……
>
> 在平城，宪法和基本法没有权威和尊严，更谈不上贯彻实施。我们的万人行政大诉讼和万人举报不仅仅是为了维护我们自身的财产权、生存权和人身权，更深层次的是为了维护共和国宪法和基本法的权威和尊严，捍卫了党的"依法治国"的重大决策，推动了"依法治国"的历史进程，这是事实。
>
> 在平城，腐败分子最怕我们讲法、讲事实、讲执政党的一贯政策。

　　从 1995 年各户行政诉讼到后来的小集团诉讼和万人行政大诉讼、万人大举报，我们都是依法、依法定程序进行诉讼和举报，历经八年的历程，是我们学法、知法、用法、守法的历程。我们熟知宪法赋予我们的公民权利，也会使用这个权利，但我们必须和党中央保持一致，用我们的实际行动维护了平城的稳定，这是有目共睹的事实。

　　在平城，腐败分子最怕我们讲法、为什么？因为我国立法的根本宗旨是以人为本，老百姓（公民）的权利（包括义务）都在宪法等国家基本法中得到充分的体现和保护，不讲法你就没有权利，法律规定的公民权利，你不主张同样没有权利。法中有权，不讲法、不主张你就无权，这就是铁一般的事实。

　　……党的十六大报告中指出："坚决反对和防止腐败，是全党一项重大的政治任务。不坚决惩治腐败，党同人民群众的血肉联系就会受到严重损害，党的执政地位就有丧失的危险，党就有可能走向自我毁灭。"但我们坚信，在新一届党中央的领导下，这场反腐败斗争一定会取得彻底胜利，我们将继续紧跟党中央反腐败斗争的战略部署，将这场斗争进行到底，直到腐败彻底铲除，我们（公民）的权利彻底回归。（《违法土地批租暴力侵权跨世纪腐败大案》，2003：26 ~ 27）

二　社会的生产：横向联结与纵向呼应

（一）独立边界的个体和"公民的联合"

　　上述公民生产的"契约性"／"公共性"维度，与前文阐释的紧实式／渗透式自我边界，或是平等型／吸纳型国家—个人关系，实质上是一脉相承的，只是论述的侧重点有所不同，都显示维权行动在面对中国转型带来的双重制度环境时的两难困境：既需要对自我赋权、构建独立平等的权利主体（亦即现代意义上的公民个体），从国家权力中适度抽离，营造维权所需的抗争空间；同时，又需要对国家利益适度内化，以生产自身行动的道德意义，获得在当前体制环境下抗争的合法性。前文已述，面对这种困境，行动者在抗争实践中积累出的一个基本的适应机制，就是将自我边界"选择性固化"——针对不同的情境，有选择地建构平等型国家—个人关系与吸纳型国家—个人关系。相应地，在两种国家—个人关系下，个体之间的自组织联系也随之沿循两个维度展开：平等型国家—个人关系下，独立的个体之间形成横向的社会联结，个体因其对自身权益的关注而参与公共事务；吸纳型国家—个人关系下，个体又切换到自我边界可以伸缩通透的状态，此时的参与带有对国家自下而上纵向呼应的意味，行动者开始超越对个人权益的单纯关注，因"于国于民都是大事""关系子孙后代"而不断建构出维权的动力，对已形成的社会联结加以凝聚和维系。

事实上，尽管中国有着特殊的体制背景，但以集体形式进行维权抗争的现象并不罕见，对于在资源和能力上都处于弱势的市民、工人、农民，自发组织起来是其增强自身力量的重要方式。在此，本案例对于"社会的生产"的重要意义在于，他们对法律的坚守确实带来了一些实质的改变，基于常年法律学习带来的权利意识，以及维权实践带来的自我赋权的勇气，这些行动者之间的联结已经呈现出基于独立个体的"公民的联合"的一些迹象，而不再是由尚未分化的独立个体一拥而上形成的"乌合之众"（被访者语，主要称集体上访的群体）。这种迹象，首先在行动者对自身身份的重新界定中体现出来。

旧城的市民，在涉及与自家房产有关的情境时的称呼有很多，一般最基本的是按地域和产权划分，比如来自平文、平西和平东区，或者公房户/私房户。在旧城改造的实施过程中，又因其在拆迁过程中的表现，可以区分为顺迁户/强迁户。这些常见的称呼，其分类标准或是基于客观的信息，或是基于拆迁过程中个人无力掌控的局面，总而言之，都可以说是一种被动的定义，与个体是否为权利主体无关。维权实践为市民们带来的一个重要改变就是，他们以是否"有权利"、是否"行使权利"为标准，将原先的多种类别范畴统统抹去，而用"公民"与"草民"（或"臣民"）对遭遇拆迁的市民们进行了重新定义。

不行使权利，你是"草民"，行使权利，你就是公民。（访谈材料：TY20051108）

这种界定强调了市民作为权利主体的资格，在此基础上，具有独立财产权诉求的个体形成"公民的联合"，其最具特色之处在于，这是一种基于理念的联合，而并不拘泥于持有相同理念的个体是否一定要在某个具体的空间和时间上聚集成一个实在的集体。由此也就体现出该诉讼群体与其他上访群体最本质的区别。通观这十多年的维权行动，公民之间的联合至少出现了实体的、象征的和理念的这三种不同的表现形式。

1. 实在的"集体"。在学习法律的阶段，"普法小组"的运作涉及各个城区众多实在的"集体"，大家围坐在一起学习讨论。

> 罗：这期间我们这个院可就热闹了，因为我家大，也有空房，冬天就在两间空房里，插大电炉子，也没人管了，大家都讨论吧，夏天就在院子里，支着灯，门口就有标志，自行车、摩托车、汽车什么的，都以为我们家开会呢，房管局也知道，政府也知道。后来平西区政府1995年有一个内部通讯，威胁我们，说我们好像是一群煽动分子。（访谈材料：LT20050116）

1999年夏天，57位分诉集团代表在平文区的一套空房里，推选出7位万人诉讼代表的过程，也存在一个实在的"集体"（见图6-1）。

> 贝：就是这个屋子。当时我们这个区在座的都来了，还有其他区的呢，比如罗先生他们那个区，也来人了，来人了这个屋子装不下，很壮观，（一个分诉集团）就最多只来三个人，还不能来全体代表。……有分工，比如说我，负责平文区这一片儿，因为平文区当时有12个诉讼小集团，罗先生呢，他管他那一片，平东区他管他那一片，是吧，平武区呢比较少，大概划这几大块，由牵头人他们沟通，来通知，咱哪天哪

天，在哪儿聚会，也不叫开会，咱讨论一些问题。为开这么一个会，准备了很长时间，大伙儿商量这个屋能有多少人，怎么来进行，还有一个程序，这人还听不见还有坐那边的呀，我们还得给他拉上小喇叭，咱们就这条件，阳台上都满了。来了六七十人吧，我那儿都有签名，谁谁来了，都是代表。（访谈材料：TY20050821）

2. 象征的"集体"。在确定各区片的小组长、分诉集团诉讼代表、万人集团诉讼代表之后，虽然该维权行动最吸引眼球的地方在于自称并随后得到媒体认可的"万人诉讼"的标签，但在各种提交诉状、举报信的场合中，"万人"并非同时物理在场的，真实出现的只有3~9位的维权代表，其背后的万人或者千人集团，是一种"签名到场"的方式（见图6-2）。这种安排背后体现出行动者对维权影响力和维稳压力之间的张力的深刻理解。10人以内代表的"实体到场"和万人成员的"签名到场"，既最大化了维权的影响力，又不致对"安定团结"造成实际的威胁，从而体现了行动者一直宣称的"对中央的信任、理解、帮助"，体现了对象征性的国家权力的内化。

虽然实际发生的举报和诉讼多以象征性的"集体"出现，但这并不代表隐藏在签名和数字后面的个体可以搭便车，代表们一再强调，每一个人都应该知道自己的权利所在，能还原出被侵害的过程，亦即，依然保持个体的独立性，而不能由代表包办代替。

贝：当时开了一个扩大的会。甚至当时还有人反对这样，说，指着他们不行，他们不明白，他们永远明白不了，有我们（代表）就行了。我们说这样不行，这样是不正确的，因为社会在发展，法律，你要不用，一张白纸。法律放在新华书店里，哪儿都有，谁欺负你了，法律就会自己说话？不会。那么，咱们办这么大的一个事情，假设说，人家中央派调查组，调查到咱们每一个原告和咱们主张不一致，这样会出问题的。（访谈材料：20051108）

图 6 - 1　2000 年 2 月 22 日，7 名诉讼代表递交万人诉讼诉状

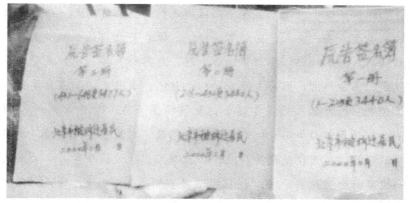

图 6 - 2　随诉状递交的 10357 名万人诉讼原告签名册（象征的"集体"）

3. 理念的"集体"。2006 年，最高人民检察院通过《关于渎职侵权案件立案标准的规定》，社会舆论重申反腐议题①；2007 年，高检院政治部、

---

① 这段时间中，若干媒体报道了土地批租中的反腐问题，被访者收集的媒体报道有：《土地清查问责'一把手'》《哪怕贪官已死，香港廉署也绝不放手》，《文摘报》（2006 年 10 月 8 日）；《怎样让腐败分子'倾家荡产'检察官建议完善相关法律》，《报刊文摘》（2006 年 09 月 22 日）；《反腐 57 年：从'运动'到制度》，《作家文摘报》（2006 年 08 月 15 日）；《检察长卷进天津房地产腐败》，《大家文摘报》（2006 年 07 月 21 日）；《陈良宇严重违纪立案检查》，《华夏时报》（2006 年 09 月 26 日）；《刘志华：官员免职的异型标本》，《作家文摘报》 （2006 年 06 月 23 日）； 《中纪委处分河南两高官》， 《京华时报》（2006 年 09 月 28 日）。

渎职侵权检察厅、控告检察厅、职务犯罪预防厅联合下发了《全国检察机关开展反渎职侵权宣传月活动实施方案》。"反渎职侵权举报"被市民们建构成一个新的行动机会。由于反渎职侵权涉及对具体官员个人的举报，因此，需要各家各户的具体案件，维权从先前的集体形式再一次分化为个体形式，但是代表们一再强调，虽然各人举报的具体事件和官员不同，但是社会问题是同一个。

> 罗：因为这个举报是每个人遇到问题的时间不一样，犯罪嫌疑人的对象都不一样。像我们和他们那个吧，批地都是市局批的，年头不一样，市局的局长不是一个人，地政处的处长不是一个人，所以都不一样。批拆迁这个，平东区和平西区拆迁科的科长就不是一个人，房管局的局长也不是一个人，全都不一样了。像我是政府强制的，有的是法院强制的，全不一样。但是事儿都一样，起因都一样。所以先学中央那个规定，立案标准，因为去年宣传一个月呢，成立反渎职侵权局，一年半了，现在。大伙儿通过学这个，能够提高一点，对原来的诉讼都提高了，有助于以后申诉、以后信访反映问题，都提高了一大块。其实挺简单的事儿，不用说复杂了，就这么点事儿。通过这个学习，最大的转变是变成社会问题去分析，要不然绝对不能凑在一块儿，说咱们都写啊，全触犯刑律了，全一样，正因为是社会问题，所以都一样，大伙儿都可以动笔写，遇到问题都一样。法院的问题也都一样，行政机关也都一样。（访谈材料：BJTY20081228）

除反渎职侵权的举报外，作为维权行动有机组成部分的个人诉讼，也是一样的逻辑：按照统一的财产权的框架来叙述各家各户的具体遭遇，使每个有名有姓的个案成为地方政府违背中央政府，地方官员渎职侵权的具体案例和证据，据市民们统计，这样的诉讼有上百起。

2011年11月正值又一次人大代表选举，在田野中，笔者见到了诉讼代表简要的个人履历及参选主张："维护宪法的尊严，推进法律的执行，监督公共权力守法，维护百姓利益。"由于参选的想法属于突发奇想，因此只有四五位维权代表参选。在访谈中，代表们表达了一些遗憾，认为这原本也是一个很好的行动机会，应该动员更多个人以相似的主张参加竞选。在此，我们又一次看到了基于有独立权利边界的个体的联合的理念。

（二）对国家自下而上的呼应

在基于独立个体的"公民的联合"如滚雪球般越滚越大的同时，各家各户所遇到的问题也被逐步建构为公共议题，引起了社会各界的广泛关注。但是，客观来说，城市化进程中的土地问题是一个敏感、重大，且不容易解决的问题。维权的真实过程一直是举步维艰的，时刻面临着外部的压力和内部的分化。为了凝聚和维系这来之不易的维权群体，代表们还需要重新引入中国传统文化中的道德和价值观念，将自我边界重新切换到伸缩通透的状态，重新唤醒维权市民基于对国家利益的内化而产生的自下而上的呼应。通过"对国家、对子孙后代，要负责任"的强调，行动者们再度强化了维权行为的历史意义，将其提升至一个道德高点。

> 刚才我们说公民，什么叫公民，就是对国家，对子孙后代，要负责任，说将来你们的后代不要再受这样的待遇，作为我们这一代人，有这个责任，对我们的子子孙孙，都是有意义的。你看宪法这么说的，公民学习宣传法律，是公民的职责，什么是职责，职责和义务不一样，义务是你得白干，职责是你必须干，而且还得干好了不能干坏了，这叫职责。假设说，每一个中国人都有公民意识，这国家就有希望了，很好办了。这是个漫长的过程，就必须从我做起。假如你要给这个社会多伸出一把手，这个社会就能把这个历程缩短一点，但是你从视觉上看不出来，但事实上就是这么回事，一个人到两个人，上千上万的人在发展，那就好办了。那我可以说，咱们这个诉讼也是尽到公民的职责了。（访谈材料：TY20051123）

我们都这么大年纪了，要了钱，能多活多少年啊？但是权利不一样，这是我们的责任，是我们必须做的事情，要不然后代会怪我们，事情是在你们这一代发生的，还留给我们去做？既得利益者不会主动放弃，自己的权利必须自己争取。这是一个不可逆的过程，早晚都会发生。（访谈材料：TY20060922）

后来我们为什么这么下功夫，我们不想让子孙后代一点权利都没有，为了我们子孙后代不再这么让人欺负，我们的问题都不重要，因为你法制总得越来往前走吧，我们就是下决心也得打这个官司，非得打到底不可！我跟法院讲就这么清楚，你给我驳回了我非得往下打，不打到底不罢休！我就跟二中院审案庭的人这么说的，我告诉他说我绝对不罢休！要不他怎么说我厉害呢。（访谈材料：TY20051116）

再从深层次来说，在我们有生之年解决不了都没有关系，将来老百姓，整个国家有希望就行了，这不是一个境界高。咱老百姓，每个人都希望国家好，不希望国家混乱，你说出现这种情况了，有可能还要糟糕的一种情况，比如发生战乱了，更糟，百姓更受不了。那现在还没发展到那个地步，经济上是混乱了，但咱们还能过生活，老百姓不至于遭受痛苦，比什么都强。保持社会稳定，咱们不愿意看到今天这儿游行明天那儿游行，需要社会稳定。（访谈材料：TY20051108）

你得平衡一下，必须准说什么，谁做什么，你必须受这个委屈，因为咱们做的都是大事，于国于民都是大事，不要光看着咱们家这点财产，还是那句话，欺负我们不行，欺负谁都不行。（访谈材料：LT20060108）

三　抗争空间：营造和被形塑

要讨论中国的维权问题，其所处的严密体制背景，是不容忽视的一个前提，能否持续营造出抗争空间，是维权行动得以产生和维续的重要条件。在此，社会的生产成为营造抗争空间的一个重要条件。

准确说来，公民的联合对于抗争空间的营造是把双刃剑，运动规模的扩大一方面为相关的框构（framing）提供了"问题化"的便利，另一方面，也使这起事件更为敏感，因此，更需要行动者在实践中小心翼翼地拿捏和把握。由此展现出的抗争空间也存在着双重形态，一方面，它由行动者积极建构、开辟于细微的制度缝隙之中；另一方面，它又是试探着制度的脉络攀缘生长，深受体制运行的逻辑所形塑的。从国家—个人关系来说，从中呈现出都市运动一个充满悖论意味的过程：个人为挣脱具体国家的摆布而维权的过程（抗争空间的营造），是以对抽象国家的控制的内化为前提的（制度对抗争空间的形塑）。

（一）抗争空间的营造

如前文所述，虽然行动者可以借助法律的力量，单方面地进行自我赋权，并用"行使权利"的实践重新界定自己的"公民"身份，但面对联袂登场的权力和资本，其力量毕竟是弱小的。因此，只有经历相似遭遇、秉持相同理念的个体联合起来，才能使这场以草根之力发起的对国家—个人关系的调整更有力量。社会维度的加入，使抗争空间的开辟出现了更多的可能。

1. 社会联结的形成

如上一节所言，独立边界的个体汇集在一起，是从横向维度上营造抗争空间，将个人议题提升成公共议题的第一步。这个过程尤其体现在维权初期，是推动代表普法、市民学法的动力。

> 贝：我跟王大姐说，咱们单独对他们没有威慑力，人多让它（维权诉讼）形成一个社会问题，才有威慑力。其实大伙都觉得冤，我说要形成一个能让大家发表自己意见，发泄的地方。胡乱发泄是要出问题的，比如原来他们的上访游行，虽然咱们没有参加，但要把他们争取过来，规范他们的行为，让他们按照咱们这条线路走（诉讼）。是吧？于国于民都有好处，这样才有这个动力的。

在普法进行了一两年之后，1999 年夏天，维权群体又经历过一次有意识地联结过程，使参与诉讼的原告从九千余人整合到上万人，形成"万人集团"。

> 罗：后来我们（1999 年）7 月份找了一个好地方，农村的地方，畅谈，来点矿泉水，在西三环那边找一个地儿，住几天。我说，咱们得推动这个法制进程，现在各个集团有一批在打，全都白打了。怎么打法？我说，我写一个申请书，给平城房管局写一个，写来就得根据这个东西。我们商量一下，必须巩固，千人诉讼和万人诉讼不一样，咱们要尽量地团结，因为现在咱们有基础了，这个影响是很当大的，对被告是个巨大的压力，对中央的工作是个巨大的支持。我就把东西写出来了，写出来之后，有主张的这些人，签上你们的主张，你们家里有主张，咱们就打官司。（访谈材料：LT20050123）

同时，维权网络的形成也有一些意外的过程，比如说，基于制度设定的联结——法院有关拆迁案件的公审，以及各区政府、信访办、国务院相关部门等地点，成了一个个意外的节点。

> 王：那天早上（1998 年 9 月 21 日，公审张老太家案件）六点钟就开始排队，平城一些城区全去人了，因为报纸上登了，它要公开审理。《生活时报》登的，当时有一记者，他特别关注这事儿。法院登了公开审理这案子，我们想公开审理能听啊，我们就去了，六点钟排队，呼啦呼啦地全是人。进去以后呢，那场子特别大，开始（法院）不想让进，后来一看不行了，就让进了。好些人进不去就在外头待着，说你哪样我哪样，这不就认识了吗？我记得当时大家就你哪区的呀，你哪的呀，互相留电话，就这样认识了。
>
> 贝：他起诉，他也起诉，大家都这么办了，那既然大家都这么办了，大伙儿就在法院碰上了，包括其他区的，平北区的、平南区的、平

东区的。……就是二中院，因为平城房管局有一个限定，因为按照诉讼法的规定，是行政机关在什么地方，就属于那个区域管理，平城房管局在平北区，归二中院管，所以大伙儿都去那里递状子了，包括平通区的。都这么一个模式，因为大家都走过信访了，没有办法了，都换回来了。（访谈材料：TY20051116）

另一种情况是"日常动员"，基于社区中特定的公共空间及其经营者。

孟：（五号地区）对，像我们这个地区，开始还真不是我找人。我有一个街坊，姓冯，他家住一层，又是修自行车的，所以特招人。我又老上班，很多人又找我，我说这样好了，你们找冯叔，找他签上字，说你自己是自愿，觉得我说的有道理，这样，我们就形成了。后来，形成了这个集团以后，我们就开始天天学法律。（访谈材料，TY20051117）

兰：（中石里地区）讨论有时候没那么大地方呢，就分南北两块讨论，有时候也都在一起，因为我们那儿有个便利的条件，有两个饭馆，这两个饭馆也挺积极的，说我们今天不开张了，提供这场地给大家伙儿讨论，有时候老贝来也是。两个饭馆都在南边，谁家有空就上谁家，大家伙儿都挺热情的。（访谈材料：TY20051114）

2. 抗争空间的开辟

初步形成的维权网络为都市运动积聚了一定的实力，随后，行动者充分运用了制度设计中对人数的敏感，在严密控制的体制缝隙中进一步开辟出抗争空间。

首先，众多的参与人数可以提升问题的严重性，开辟之前原子化个人无法进入的抗争空间。比如集体诉讼和个人诉讼在初审法院级别上存在差异：依据《行政诉讼法》第十四条管辖中规定，基层人民法院管辖第一审行政案件，但"本辖区内重大、复杂的案件"可由中级人民法院第一审管辖，因此，将被侵权个人组合成集体诉讼的形式、从土地批租的角度提起诉讼，使案件成为"重大、复杂的案件"，可使初审法院级别提高，从程序上更容易接近地方政府更难于控制的高级法院，避免行政诉讼由于"二审终审制"而被迫终止于初级法院。在实际发生的维权行动中，分诉集团诉讼和万人诉讼都因为人数众多，将诉状直接递至平城第二中级人民法院；部分集团诉讼还继之以"上诉""申诉"的程序，将诉状递至平城市高级人民法院，甚至最高人民法院。

> 贝：（平文大街 2 号地被拆迁居民 182 户 542 人行政诉讼）咱们说，从法律程序上说，头一个程序就是起诉和受理，那么我把诉状搁你那儿了，我完成我的使命了，我把我的工作做完了，我进入轨道了，如果说你不受理或者说你受理不给我立案通知书，这就是在你这儿出了问题，因为我就送诉状嘛，你要是不立案就给我裁定，驳回，或者不受理，你不能不理我这茬儿吧，等七天。后来他们来电话，你们来吧，交钱交了 80 块钱呢，过了三天，你们来，给你一个裁定书，我们知道。把这二中院的门给踢开了，后来陆陆续续都往上送，都领回一个不受理，这样呢，就有一个台阶了。也就是说什么呀，他们千方百计地不让老百姓进入这程序，我们就要千方百计地进入这程序，要不我们拿不到裁决书，就没有台阶，不能上上一级法院。过十天，我们又写了个上诉状，还交到二中院，他们给交到市高法。然后市高法，隔了有小一个月，后来给我打一个电话，记得特清楚，九点，（给我打电话的）审判员是个女的，你可以看这个，这是原件么，又给了一个这个，叫维持一审裁决。这已经是二审终审了。……然后我们又写了一个申诉，又往最高法院递了，向最高法院递的时候只许一个人进去，王大姐进去了。一个什么问题，剥夺诉讼权，谈不上拆迁实体问题，这是一个程序。这样送完以后，到现在了，不理不睬。（访谈材料：TY20050821）

> 罗：（平城被拆迁市民 10357 人行政诉讼）送诉状的时候特有意

思，我们七人代表都到齐了，那天特冷，冬天，我们在外面吃完早点，有一个国外的记者跟着，这全是他偷拍的，这是我们跟他交涉的时候。一开门我们就去的，因为去的时候他没开门，这是在铁事胡同，我们去的还是二中院的旧址呢。这个柏某是谁啊，是收案的负责人。那天我们去的时候，他在屋子里，有这个屋子两个大，一个一个格的，有个格子里有个法官处理问题，这儿是一个桌子，柏某在那个地方。去了，他问："你们什么事？"我说："诉讼，交诉讼状。"就把诉讼状给他了，很短的诉讼状。挠头，"多少人？"我说："你看看，一万多人吧。"一说一万多人，那里的法官全站起来了，"怎么回事？什么案子？"全都起来了，起码有四五六个法官，他们在小格子里，在办公，有的过来看。他就抓耳挠腮的，说："土地使用权是怎么回事？我也不清楚。"我说："这事儿不用你们清楚，我们告他行政不作为，跟行政机关说这个。""这个信访条例我这儿也没有啊，什么规定啊？你们能不能有？"我说："有没有你找去吧。"他就找辙了，"这个能不能你先回去，我们研究一下。""你先收我的东西你再研究，没有东西你研究什么？"他就想把它留下，但是旁边的人给他打电话，说："这个，你这个土地拆迁问题……"我说："不是拆迁问题，你仔细看看。"他就说是拆迁费的问题，他开始老打岔了。"我们告行政不作为，你收我们的东西，给个收条就完了。"后来我看他上旁边说去了，可能向他汇报来的，我估计，我们围着他的桌子，他走不了了。我们就几个人，你就受理吧，开条、开收据吧，完了我们就走了，给他放那儿了，这没辙了，他收下了，开了收条。（访谈材料：LT20050123）

其次，大量的个体汇集更有助于将一些政治指令结合自身的维权诉求加以问题化，这个过程尤其体现在万人诉讼后续的各种集体举报中。如上节所述的反渎职侵权举报，行动者们有很明确的通过联合建构成公共议题的意识，以使这起事件在诉讼无果之后还能持续引发关注。

罗：这个（反渎职侵权举报信）是给平城人民检察院反渎职侵权局写，看他的态度怎么样。不会太好，还可以给最高人民检察院，因为按照中央的部署，如果底下不办这个，要受到处罚，还可以往上告。当然政令不会那么通，大伙儿一定想开了，这事儿大，不会那么通。写到，如果够一定数量了，平城还继续保护这个触犯刑律的违法分子，我们再写举报信的时候，就通过附件就上去了，给中央了。对不对？这事实得成立啊。这么多触犯刑律的，我们根据中央政令追他，平城一概不立案。触犯刑律的都不能立案，这种腐败，怎么解决啊？根源还是违法批地呗。得积累了一定数量。现在送上去还不是太大呢，两个集团的上去了，剩下的是个人的。个人这儿不是正在写吗？个人送去我知道的有七八份吧。

刘：我去年给他递上去那个，现在还没回信呢。

罗：如果递上一百封，往中央一反映，你看什么劲头。（访谈材料：TY20081228）

除了将中央反渎职侵权的指示建构成行动机会以外，2010年1月29日和12月15日，国务院法制办在其官方网站全文公布《国有土地上房屋征收与补偿条例（征求意见稿）》及《对国有土地上房屋征收与补偿条例（第二次公开征求意见稿）》，两次征求社会各界意见。这一事件同样被建构成行动机会，行动者们分别于2010年2月10日及2010年12月29日两次递交署名为"平城5479名公民"的《对〈国有土地上房屋征收与补偿条例征求意见稿〉的意见》以及《关于立即废除〈城市房屋拆迁管理条例〉和制定征收法的建议》（详见第一章、第五章），由于联合人数众多，消息一出，即引起了社会各界的关注，《平城新报》（2010年12月29日）以"两民间万言书拟今日建言征收条例"为题对此做了报道。行动者们非常明确的一点是：尽管行动的形式、机会各不相同，但是背后的主张是始终如一的，是依据法律得出的。

罗：必须要用各种不同的渠道表达这种主张，其实都是一个问题。

到法院表达这个主张，假如去信访了，如果中央找你了，调查这个问题来了，主张只有一个，这是绝对不能变的，如果你们这种主张来回来去地变化，第一失去了中央的支持，你主张自个儿变了；第二失去了法律的支持，你的主张不是从法律出来的嘛，没依据，变成一个要饭的了，进入了地方的政策，所以挺困难的，但是必须清楚，究竟这事儿应该怎么表达，表达主张，诉讼中应该怎么办，或者信访，有人采访，我们应该怎么办，怎么反映这个问题，表达我们主张，必须保持一致。这个问题，我说，一个事儿，法律问题，必须通过宪法法律判断，不能出若干个结果，如果说若干个结果，肯定有一个对的，其他都不对，脱离法律了，所以我们必须坚持法律，立于不败在这儿呢。虽然判我们败，申诉给你驳回，不怕，谁看这个案子，错案，怎么错的，非常清楚，故意违反法律，违反法定程序，谁看都明白，不怕他输，但我们得推动这个事情。（访谈材料：TY20080807）

（二）制度对抗争空间的形塑

通过对社会联结的动员和运作，该行动得以不断地营造出维权所需的抗争空间，但同时必须注意的是，参与规模的扩大是把双刃剑，既为行动者带来解决问题的曙光，又使行动存在更大的潜在风险。因此，伴随着抗争空间不断地营造，行动者必须更加精细地拿捏分寸、掌握时机，强调对抽象国家的内化，使抗争空间体现出被制度和政治形塑的鲜明痕迹。

1. 诉求表达的路径

制度与政治对抗争空间的形塑首先体现在行动者对其诉求表达路径的设计上。行动者的诉求主要有两类，一类是基于最初的行政诉讼展开的诉求；另一类是在后续的维权过程中，响应中央各部门发起的阶段性指令，将其与房屋拆迁与土地批租关联，从中重申的权利诉求。这两类诉求，该以何种方式（诉讼、举报、上访），向谁表达，都需要行动者的精心设计和小心把握。在此，一个基本的逻辑是参照宪法规定的国家立法、执法、司法各部门之间的权力制约关系。在这套关系下，行动者对两类诉求的呈送都沿循以下路径：先地方，后中央；先相关具体责任部门，再各级人民代表大会；从中体现出行动者对中国政治体系为层级繁复的条块关系的深刻理解和灵活运用。

从图 6-3 可以清楚地看出，举报信的呈送对象是经精心选择的，时间临近的一簇事件构成一个事件集，其中各事件的呈送部门之间有由法律规定的明确的权力制约关系。依据宪法规定，人民代表大会是最高的权力机关，因此，呈送路线为平城房管局—平城法院—平城人大常委会—平城人大主席团。2001 年之后，历次举报信提交中纪委、总书记并中共中央政治局常委；反渎职侵权举报信提交市人民检察院反渎职侵权局；2010 年，两份《对〈国有土地房屋征收与补偿条例征求意见稿〉的意见》递交国务院法制局，同时，《关于立即废除〈城市房屋拆迁管理条例〉和制定征收法的建议》提交全国人大常委会。

若结合其他维权事例，我们不难看到，行政体系中纵横交错的组织架构很容易在实践中被各级政府构造为推诿空间，从而增大了维权成本、磨灭行动者信心；这一维权群体正是以极度的耐心和条理顺沿《中华人民共和国宪法》《行政诉讼法》《中华人民共和国组织法》等基本法律提供的线索，沿着法定程序将自身的权利理念缓慢而坚定地向前推动。

2. 诉求表达的形式

维权行动的诉求表达形式同样体现出明显的制度和政治痕迹。首先，从举报材料的文字内容和形式上。翻阅历次举报材料能发现，在十余年的抗争实践中，文本措辞已愈加清晰严格，口语化的内容几乎消失，而完全代之以接近法律文本、政府红头文件或官方媒体行文风格的话语体系；并且从文件的字体、字号等格式编排上，也显得更加肃穆和整齐，若不细看内容，甚至会让人误以为是某份官方文件。如图 6-4 所示的两张不同时期的文本图片展示了公民诉求表达的形式如何不断地向象征意义上的国家符号靠近。

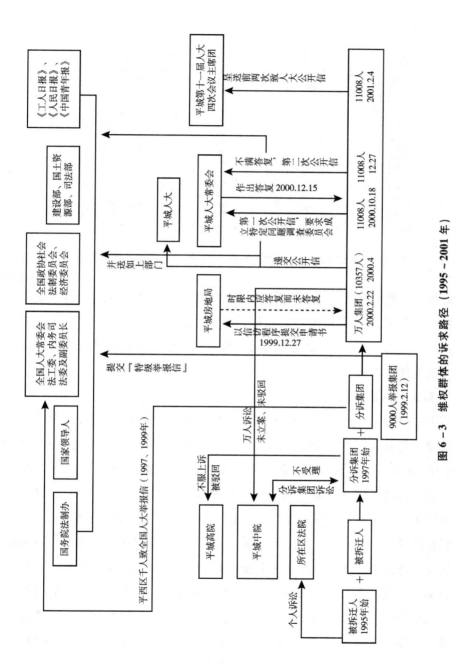

图 6-3 维权群体的诉求路径（1995~2001 年）

资料来源：根据《平城被拆迁居民万人行政大诉讼依法维权系列材料汇编》（2001）整理而得。

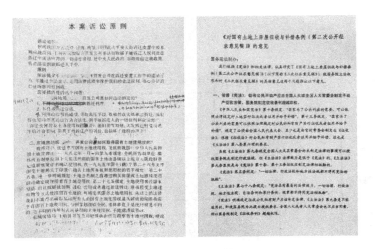

图 6 – 4　文本的演变（第一份大约在 1995 年，第二份在 2010 年）

此外，各种维权过程选取的形式也带有很强的国家烙印：如"普法小组"的动员形式沿用了新中国成立初期普法运动的形式；以"签名到场"形式出现的"万人集团"，也可以视为维权行动将维护安定团结同样视为国家基本利益加以内化。

3. 诉求表达的时机

行动者对诉求表达时机的选取再一次体现了制度环境对维权过程的形塑。每年 3 月份是全国人民代表大会召开的时点，另外，每年的 2 月、4 月、6 月、8 月、10 月及 12 月是全国人大常委会开会的时点，因此，这些月份便成为诉讼集团递交各类举报信、公开信及意见书的约定时点（详见第一章表 1 – 2，《万人诉讼集团历次举报记录》），政治会议时点被建构成一种常规化的维权时机。此外，历史地看，维权时机还因循着各中央级别行政部门发起的有关事件而被建构，尤其是 2001 年的后诉讼的举报阶段，例如上文已多处提及的 2005～2008 年进行反渎职侵权举报，2010 年提交的《对〈国有土地上房屋征收与补偿条例征求意见稿〉的意见》以及《关于立即废除〈城市房屋拆迁管理条例〉和制定征收法的建议》。2011 年 1 月 21 日，《国有土地上房屋征收与补偿条例》（国务院 590 号令）正式通过并公布，但行动者们认为该条例依旧存在侵害公民财产权的条款，行动又回到常规时点，进一步于 2011 年 3 月 5 日，向全国人大提交了一份意见书。

可见，在后诉讼的举报维权阶段，至少有两种关键时点的交织：一是以人大开会为基准的常规时点；二是跟随中央各行政部门相关举措而建构特定时点。两种时点的选择都以中央层级的、抽象的国家为参照，体现了行动者们对体制逻辑的深刻理解。

4. 间接反馈的解读

将抽象意义上的国家内化，为行动者提供了营造抗争空间的机会和维权的正当性，但随之而来的另一个问题是，抽象意义上的国家（中央、泛指的国家）不像具体行政机关那般可触可及。所以，行动者，尤其是代表，就必须建构出自身对抽象国家的理解，在此过程中进一步加深了个人对国家的内化。

> 贝：咱们说啊，中央很重视。咱们是通过什么发现的，中央纪委几次公报，对于土地批租房地产开发，要坚决予以纠正。中央纪委是中共中央的一个执行部门，这叫中央政令。（访谈材料：TY20050821）
>
> 罗：现在一再讲"依法行政"，你要不打官司，他提这个吗？你提出来了，中央觉得确实各级政府胡来，才提出来，你得让他慢慢改吧……这（诉讼）是咱们平城老百姓的一个共同财富，谁都不许破坏。咱们提的这个主张，是得到中央认可的，有的人老看不出来。中纪委几次会议公报都提这个，房地产开发土地批租中的腐败，中央认可的，不是不认可，但是你得给中央一定的时间啊。他得一点一点解决问题。（访谈材料：TY20051117）

因为很难得到中央直接的回应，因此，代表们需要充分利用可得的点滴细节，将其建构成一种反馈信息，以鼓舞士气。例如，给中央呈交举报信是一个单向的过程，没有直接的反馈程序，从田野材料中收集的一份《重大信息通告》中可以看出，行动者将收到挂号信的回执（如图 6-5）视为中央已经收到举报信的信号，并发出了"与党中央高度保持一致"，将"反腐、维权斗争进行到底"的号召。

> 平城城八区各行政诉讼集团：

> 我们城八区被拆迁居民 22304 人联名向胡锦涛总书记并党中央政治局各常委《第七次举报×××》和向中纪委《举报平城四个重大腐败案件》的万人举报信，于 2005 年 11 月 29 日正式寄出，并于 2005 年 11 月 30 日和 2005 年 12 月 1 日前后收到了收信人的回执。这个事实充分证明胡锦涛总书记、党中央政治局各常委、中纪委已收到了我们的万人举报信，特此通告各集团。

> 邮路通了，这是我们长期斗争的结果，也是法制的进步，我们将继续紧跟党中央的反腐败战略部署，与党中央高度保持一致，将平城这场反腐、维权斗争进行到底。

> 平城万人行政诉讼集团
> 2005 年 12 月 5 日

同时，单位或者街道沿用全能国家治理手段进行的"排查"，也被行动者认为是国家的一种间接反馈。

> 罗：我们万人诉讼起来之后，2000 年 2 月底、3 月初他就排查了，平城召开了市委扩大会议，我是平城机械局管内的职工，机械局的党委去开会，他把我们部门几位代表有关上级主管的领导找去开会，他先训斥房管局的领导，"你怎么搞的，拆迁这么多年，搞出这么大乱子，都告到中央去了，我都不知道"。实际上他知道，然后就排查，说我们这些人影响社会稳定，要做工作。……我作为万人代表，要公开这个东西，老贝也被排查了，有单位的单位找，没有单位的到家里找，我们没有商量，全都是这个口径。因为我们相信，这个事儿早晚得解决，不可能无限期地延续下去，这是中央多大的耻辱啊？这个问题中央不可能不解决。（访谈材料：LT20041212）

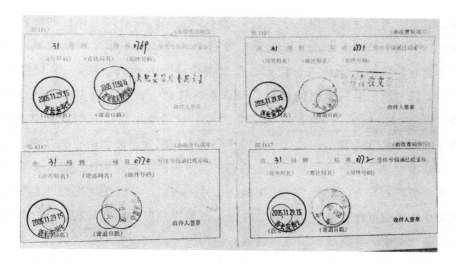

图 6 - 5 递交举报信的挂号信回执

注：上有"中央纪委信件专用章""全国人大报刊信件收文章"等，行动者以此确
认中央收到了举报信。

贝：我分析，我们递的材料他收到了。为什么这么说，派出所前些
日子来找我谈话了。很客气，就是问问。（TY20111121）

如上所述，营造于制度缝隙之中，却又同时受到制度形塑的抗争空间，呈
现出一种杂糅的复杂状态，行动者们非常谨慎地权衡各方面力量，在不断利用
政治机会创造抗争空间的过程中，对诉求以何种方式呈现做出及时的调整和完善。

小 结

本章在前几章对社会变迁中的个体转型的讨论的基础上，再度把分析层
次拉回到较为宏观的层面，重新回到对于"社会的生产"的关注，讨论经
上述"自我边界的'选择性固化'"带来的公民，如何独特地形塑了当前的
社会（自组织机制）形态以及维权的抗争逻辑。

对于现有的解释社会生产的"公民权"路径，本章从社会心理学的视

角，引入中国传统文化中关于"公"的不同定义，将缺失主体性的个人对国家自下而上的呼应带入分析视野，强调了"公民权"生产时所面临的深层文化心理结构上的约束。社会心理学视角将 citizenship 译为"公民性"，强调个体与政治共同体之间形成心理联系的机制，面对中国当前的转型实践，提出其生产的"公共性"和"契约性"这两个维度。在本案例中，公民性的两个维度并存，构成社会的生产中两个交织互动的侧面：一方面，契约性维度促使个体养成独立、紧实边界，与市场经济相伴而生，是个体获得平等身份、享有公民权的生产建构机制；另一方面，公共性维度则调动了传统文化中的道德和价值理念，行动者循此对国家加以内化和呼应，从而将个人议题建构成公共议题——将对各家各户房屋土地财产权的维护，转化为对家国命运的关切，使这一维度成为中国背景下，社会生产时一种独特的动员和保护机制。中国当前的维权行动，时刻处于这两股力量的相互形塑之中。

从国家—个人关系来看，这双重脉络也呼应于前文所述的平等型国家—个人关系与吸纳型国家—个人关系。因此，社会的生产和抗争空间的营造，在此也同样体现一种新兴的被包裹在传统之中艰难生长的嵌套式结构，这两重维度之间的张力贯穿本章始终：一种是基于平等主体的社会联结而生成、不断挑战既有制度、建构抗争空间的力量；另一种是基于缺失主体性的个人对抽象国家内化而获得、不断被既有制度形塑、为维权提供合法性的力量。这双重力量回应于都市运动的"两难困境"，体现了当前维权行动中难以解决的悖论。不过，在行动者的维权实践中，通过对"学法""用法""讲法""守法"的充分运用，既动员了作为"自组织机制"的社会的形成，又为这个过程提供了必要的保护，巧妙地实现了公民性生产中"契约性"与"公共性"的统一。行动者在这两种维度之间的精确拿捏，既展现了当下都市运动在实践中的复杂局面，也体现了由底层发起的、"在顺应中推动转型"的举步维艰，以及重塑社会结构与社会心理结构之间的平衡的努力。

再造城与民

　　　中国正在经历的大转型，是一个以大一统国家为起点，孕育市
场、释放社会的过程，截然不同于西方历史上以市民社会为起点、
生成市场、建构国家的过程。正是在这个过程中，"城"与"民"
的再造，体现出独特的"中国式"逻辑。

　　中西发展历程的差异，成为本书讨论时暗含的一个重要背景。着眼于转
型的过程，我们当下可被视为一个既有平衡和新平衡之间的过渡失衡阶段。
在此，平衡也有两重含义：第一重为社会结构诸要素间的平衡，在国家—市
场—社会三分框架下已有较多的研究，不赘多言；第二重可从社会心理学的
视角来看，平衡还包括社会心理结构与社会结构之间的呼应和契合，目前还
较被忽视。因此，引入此视角的意义在于，将"个人"作为微观分析维度引
入国家—市场—社会的宏观三分框架，将转型落实到最具体的承载者，看个
人如何通过自我构念的转型，直接或间接（以"社会"为中介）地重塑国家
—个人关系，使其社会心理结构再度呼应社会结构。不同于由国家主导的社
会结构转型，由市民推动的社会心理结构的转型牵连着历史、文化、政治和
社会中更为厚重的一端，使得整个转型的过程在这两种力量的形塑之下始终
体现出一种内在的张力，成为本研究试图解释的关键逻辑。

一　面对转型的"过程"：一个分析框架

较之苏东的"休克式"疗法，"渐进式"改革是中国转型的一个独特标志，至今已历时三十余年，使中国转型的"过程性"得到彰显。当前的转型研究大致可以分为以国家—社会或者体制内外加以区分的"结构论"和对转型前景加以设定的"目的论"两种取向，导致许多正在进行之中的社会实践与过程被排斥在这个既定的结构分析框架之外，没有得到充分关注（毕向阳，2006：1）。正是本着对转型过程的基本关注，将社会运动视作中国语境下一种独特的转型实践，本书提出问题的角度便与西方主流社会运动理论有了很大的不同。西方对于社会运动和集体行动的关注，有着他们的历史脉络，比如北美范式源于试图理解 20 世纪 60 年代风起云涌的学生运动，而欧洲传统中对文化、群体、认同的强调则带有二战时期纳粹对于犹太人犯下的令后人难以想象和理解的罪行这一抹不去的痕迹，这些理论背景与中国当前由于转型而带来的事件情境完全不同。此外，对于社会运动的控制，中西方也迥然相异。20 世纪 60 年代之后，西方社会运动进入一个专门化的时期，作为民意表达的一种常规渠道，社会运动形成一整套专业化的动员模式和组织架构，制度空间相对充分；但中国在全能主义/总体性社会的全面控制下，各种以草根动员为特征的都市运动、群体性事件是近些年才出现的，不仅毫无专业化和常规化可言，而且作为其发生背景的制度空间也异常狭窄。

因此，对中国问题的研究，必须回到问题发生的真实土壤。面对转型实践引入社会运动研究，在中国的背景下有更为重大意义。市民们在严密控制的体制环境中，营造抗争空间，追求平等的身份和公民权利的行为，凸显了行动者的主体性和公民的勇气，向我们展示了在全面主导的国家力量之外，另一种以行动改变结构、以草根之力推动转型的可能。透过对维权抗争过程的分析，本书尝试阐释的是一系列"于不可能之处生发可能"的问题：抗争空间何以在一个严密控制的制度环境内营造？公民何以在个体缺失主体性的传统下育成？作为"自组织机制"的社会又是如何在一个长久以来被压抑的环境下萌发？这些问题，都是以独立个体、市民社会为起点，基于以权利制约权力传统的西方主流理论，以及"政治机会结构""动员模式"和"文化框构"（McAdam et al., 1996）这些核心概念难以为我们完满解答的。

　　面对中国转型实践的问题意识使本书的关注和立场不同于西方已有的社会运动研究，与此同时，社会心理学的视角的引入，又使本书不同于当前国内其他对社会运动的研究。社会心理学视角，使本书可以观察到宏观的社会结构和微观的社会心理结构两极，尤其关注两者之间的因应机制，及其与转型实践之间的动态关联。社会心理结构涉及中国千年的文化传承，牵连着更厚重的历史根基，并内化于每个人的言行之中，是社会生活中更深刻、更稳固、更难以改变的部分。社会变迁对此带来的一个重要影响是，它打破了社会结构和社会心理结构之间的因应，破坏了原有的平衡。两者之间的失调，首要地体现为社会心理结构转型相较社会结构转型的滞后。具体来说，国家放权之下，由资本驱动的城市增长推动了社会结构的转型，地方政府从大一统的国家内分化，成为城市开发中的利益主体，先前作为国家代理人对个人所应履行的庇护职责被弱化；而与此同时，尚未转型的个体，则仍在社会心理结构上处于与大一统国家对应的状态，缺失主体性、内化并服从于国家权威。两者之间的不再对应，使旧城改造中的地方政府和被拆迁市民成为力量对比悬殊的两极，全面城市化得以在地方政府主导下、市民参与缺席的情况大举推进。随后频频出现的集体维权行动，从积极的意义上理解，则可视为个人对上述失调的回应。在维权抗争的实践中，他们通过法律进行自我赋权，重新定义了个人与地方政府之间独立平等的关系，使之与业已分化的社会结构协调重适。正是在这个过程中，一种历史上不曾有过的立足于自身、不具权威性、可以称之为"公民"的个体展露，一种围绕着"学法、用法、讲法、守法"的自组织联系萌生。因此，在本书中，"旧城的再造"（第二、三章）与"公民的生产"（第四、五、六章）构成两个彼此呼应的部分，既是平城城市更新中的两段重要历史，又体现了国家与个人之间相互形塑的一个过程。

综合这两个面对中国问题的独特视角，本书将转型过程设定为两个分析维度之间的演变和互动。在横向历史变迁的维度上，将转型视为从大一统的传统国家到职能分化的现代国家的演变过程；在纵向社会形态维度上，以宏观的社会结构和微观的社会心理结构为两个分析层次，尤其关注两者之间的动态呼应，从中探寻推动转型变迁的动力。国家—个人关系，在本书中包含三方面的内容——国家形态、个人形态（自我构念）以及两者之间的因应机制——成为贯通两个分析维度、描摹转型进程的概念工具。对应转型的起点与终点，两套国家—个人各成一体，而中间的牵扯分化，正是本书所着力解释的内容，这一分析框架如图 7-1 所示。

以改革之前的大一统的国家形态为转型的起点，本书中称之为"吸纳型"国家—个人关系。与此相应的是全面覆盖的国家权力，边界伸缩通透式的自我，即享有社会权利却缺失主体性的个体。两者之间形成的是一种包容合一的关系——以国家对个人的庇护和个人对国家的服从相互呼应，对应费老所描述的"差序格局"的形态。这种模式下，现代意义的个人和社会是不存在的，个人与个人之间的聚集，即使有，也更可能是因为受国家号召的拉动，是个人将"公"的政治价值观内化，服从国家至高无上的权力的结果。在转型的另一端，本书假设了另一个终点，以各司其职、民主、法制的现代国家为理想类型，本书称之为"平等型"国家—个人关系。与此相应的是分化出经济、社会职能之后，权力相对有限的国家与边界紧实的自我，即享有公民权利、具备主体性的个体，两者之间形成的一种平等独立的关系，对应费老所描述的"团体格局"（费孝通，1998）的形态。这种模式基于现代的公民理念，其社会联结基于独立个人对自身权利的理性判断，更接近于西方传统下的"公共"参与，呈现出与在大一统国家形态下的区别。因此，从起点到终点的转变，最重要的一点，就是要看国家的力量是如何抽离的——个人如何从将国家自觉内化、服从于权威指令的状态，转变为个人从国家中抽离、勇于与权威对话的状态。换言之，即如何从由权力而赋予权利的状态，转变为由权利而制约权力的状态。

从起点和终点这两个理想类型来看，当下的转型正处于两者之间的过渡

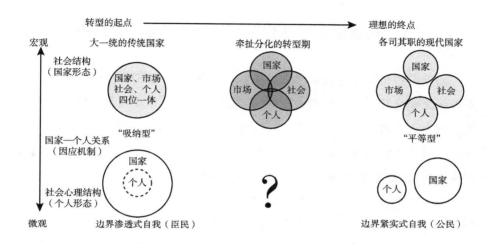

图 7 - 1　国家一个人关系：面对转型过程的一个分析框架

注：此图在杨宜音（2008）所展示的"一个分化的轨迹示意图"的基础上扩展而成。杨的图只涉及本图左上和左中两部分，旨在面对中国的转型实践讨论公民性的生成，强调国家一个人关系演变中的"身份协商"过程。与单纯的结构分析有所不同，该视角以个人为着眼点，将其与国家、市场、社会的互动纳入分析。因此，在成为公民的过程中，个人不仅需要与国家、市场厘清边界，其与社会的关系，即"群己关系"，也同样需要随自我边界的转变而加以协商。正如本书案例中展示的上访群体和诉讼群体，尽管都是有一定组织基础的人群聚集，呈现出"社会"的形态，但其对于自我边界、公民生产的意义是极不同的。因此，个人与社会之间同样会有一个分化的轨迹，需要用两个圆圈来表示。本研究补充了图中其余部分，正是试图将这个"身份协商"的过程更清晰地展现出来，并将其与社会结构的变化呼应起来，使转型的过程得到更立体地呈现。

交叠中，实际状态是非常混杂的，这两套理想类型所包含的各种要素正在其中交织、较量。这个至今已持续三十余年的转变过程，既扎根于中国传统社会形态和社会心理，有着厚重的历史文化根基，难以轻易被改变；又受全球化环境下外来资本的驱动，西方主导的现代化理念的引领；与此同时，还受到国家经济放开、政治控制的策略性塑造，起点和终点内在的不同使这个过程始终充满内在张力。在这众多力量之下，在社会中处于不同位置的主体是如何行动的，成为本书观察分析的主要内容。因此，以由国家主导的城市更新和由此引发的被拆迁市民抗争维权为案例，不仅旨在阐释公民生产和社会生产的可能，也同样是为了描摹中国独特的转型过程。

二　在顺应中推动转型：一个"嵌套"式结构

如此迥然相异的起点和终点，正是向中国当下的转型提出一系列"于不可能之处生发可能"的挑战的内在原因。在这标志着起点和终点的两类国家与个人之间，存在着截然不同的两种因应机制和权力模式，使得这个转变过程时时体现出两种形态之间的冲突和张力。这在本书所描述的这个有关城市更新的集体维权案例中，体现为各种悖论与困境。例如"拆迁悖论"——为何在官方话语中旨在改善居民生活、为了人民最根本利益的拆迁，在部分市民的表达中却成为令自己致贫、致病、居住条件越变越差的原因？又如"维权困境"——上访和诉讼是当前仅有的两条体制内诉求路径，但上访会面临"去老子那里告儿子"的无效，诉讼则会面对司法与行政之间的不独立，此外，集体维权还很容易因影响"安定团结"而被施加压力；面对如此困局，市民们要如何才能既有效地营造出维权的抗争空间，又有效地建构出维权行动的合法性，在表达诉求的同时保障自身安全？

将转型的起点纳入考虑，我们可以看到，这个向现代国家迈进，生成平等型国家—个人关系的过程并非在一张白纸上构筑的，它始终牵连着中国历史、文化、社会及现行体制中更为深刻、牢固、厚重的层面，因此，它始终是"嵌套"于更具有主导性的吸纳型国家—个人关系中，举步维艰地生长。换言之，这个面向未来的、将个人从国家中抽离的过程，始终是在连接过去的、默认个人被国家吸纳、对国家内化的前提下，一步步推进。这两股力量之间的拉扯，形塑了当前社会运动的独特形态，也诠释了中国转型的独特进程：这是一场由国家发起，由个人在顺应中推动的转型。

行动社会学和本土心理学为我们分析这两股力量提供了理论资源。行动社会学提出了行动者的主体性的概念，援引"公民的勇气"为解释，强调社会成员的行动可以产生出一种突破结构、重塑"历史质"的力量，推动个人从国家之中分化。同时，本土心理学对个人与国家之间因应机制的关注，又使我们看到，经由数千年的历史文化以及前三十年计划经济时期意识形态的塑造，缺失主体性的个人，对国家至高无上的权力有着深刻的内化和不假思索的服从；在这两者合一的形态上发展出来的"以国为公""国家至上"政治价值观，至今仍持续发挥着将个人吸纳于国家之中的力量。

本书的案例，因其与土地相关的特定议题、平城所特有的权力层级，以及平城市民对于政治话题、中央精神的敏感，使维权者对这两股相悖的力量的拿捏十分精准，体现出这个嵌套式结构的典型。在第二章至第六章中，本书从分别从国家、个人和社会这三个层面，从宏观到微观再回到宏观，对这一结构进行了逐层的分析。

（一）再造旧城：增长的"道义悖论"

中国的转型是由国家主导、以"稳定"和"发展"为两大意识形态、在策略上强调经济改革相对于其他改革的优先性（渠敬东等，2009）的"渐进式"变革。在城市建设领域，1990年初，国有土地有偿使用制度的推行和中央向地方的放权，成为在国家力量主导下引入外部资源，构造房地产市场的初始条件，中国全面的城市化进程由此展开。轰轰烈烈的"造城运动"以"旧城改造"为起点，迅速扭转了城市建设之初面临的无米之炊的困境，谱写了中国的"城市奇迹"和"经济奇迹"。随着城市日新月异的发展，因城市拆迁、土地征用而引发的群体性事件也持续增多。两者都引发了学界的大量关注和讨论。从本书的视角来看，这正是转型之初引发的社会结构（国家形态）与社会心理结构（个人自我构念）之间的失调，在地方政府和市民身上的不同展现。

从国家—个人关系的三个要素来看，新中国成立之后的第一个三十年间，尽管中国社会发生了翻天覆地的变化，但计划经济体制并没有在实质上触及传统的吸纳型国家—个人关系。反而可以说，正是中国文化深层结构中这种有着渗透式边界、缺失主体性、需要由相对于他人来定义的个体，造就了国家的全能和强大。单位制治理体系下，国家无所不包，个人依附服从，两者之间仍是俯仰呼应、包容合一的。

转型之后，国家有意识地释放出经济功能，先前吸纳型国家—个人关系下的因应机制被打破。中央放权、分税制改革以及国有土地有偿使用推行等因素，共同促成了持续至今的土地财政模式。在这种模式下，地方政府从先前大一统的国家框架中分化而出，成为谋求区域经济增长的主体，其原先作为国家代理人时的庇护职责弱化。但此时，尚未有力量推动社会心理结构一极的转变。个人仍维持着传统的边界渗透式的自我，对于国家权威有着全面的内化和服从。换言之，国家主导的社会结构分化在先，扎根于千年传承的社会心理结构转型滞后，两者之间的错位互嵌，造就了地方政府在置换土地、经营城市时的高效，但也同时使尚未生成主体性的个人遭受权力和资本的挤压，成为随后大规模社会冲突的根源。

平城早期旧城改造中的"开发带危改"阶段正是这一变化的写照。这一模式结合了"开发"和"危改"这两个本属不同性质的城市建设，其实质在于，要将内城原本合为一体的人和地分离开来，使其能分别更有效率地服务于城市经济和规模的增长。地方政府是这一模式的核心行动者，在面对市民和面对外资开发商时，同时分别扮演"代理型政权经营者"和"谋利型政权经营者"（杨善华、苏红，2004）这两种不同角色，以获取最大化的行动空间。具体来说，在面对市民时，通过对土地公有制的强调、危旧房改造与人民利益一致的强调以及城市发展作为举国梦想的强调，地方政府凸显了其作为国家名义上的代理人的身份，利用尚未转变的社会心理结构，创造各类合法性话语，结合行政强力，实现搬迁居民、清空土地；而在面对外资开发商时，地方政府则引入了市场经济的话语，以城市经营者的身份自居，以城市土地为最大资源引入资本，实现产业升级，增进地方税收。这一模式的精妙之处在于，利益上已然分化的地方政府，仍在实施危改、进行开发的各个环节保留，并积极建构自身上与国家、下与个人之间的合一关系。由此，抽象国家成为地方政府借以生产合法性和正当性的意识形态资源库，而原先大一统的国家下延续的不具备独立性的个体，则依旧被吸纳于权力之下，成为都市更新中必须服从于行政指令的被动承受者，且不具备参与土地市场、直接与开发商对接的主体资格。可以说，此时体现出一种国家行为层面的"嵌套"结构，转型之后地方政府对经济增长的需求，是嵌套于与尚未转型的、不具备主体性的个体对国家权威的服从、对"公"的政治价值观的内化中得到满足的，导致了这一阶段特有的"增长的道义悖论"——发展被简单化为经济增长，增长又被视为全面利益，在"以国为公""国家至上"的传统文化下被道义化，使行政力量的介入获得合法性，同时，有关发展的正义则被忽略。

盘活内城土地、推动产业升级、带动经济增长的另一面，是市民外迁之后空间福利的丧失、非正式经济形态的破碎、社会支持网络的解体以及房屋土地产权的被侵害，地方政府和被拆迁市民在危改中成为分化的两极。实际的利益分化，与弥漫于意识形态、官方话语中的被持续建构的"合一"之间的矛盾逐渐显露出来。对此的质疑，开始催生一种自下而上推动社会心理结构转型，使之与变迁中的社会结构再度相适的力量。

（二）锻造公民：自我边界的"选择性固化"

对造城运动最初阶段的梳理让我们看到，为了在有限的基础上得到最大的积累，在作为利益主体分化之后，地方政府事实上并没有主动推进国家—个人关系的相应转型，反而是试图保持甚至强化原有的吸纳型国家—个人关系，在两者的错位互嵌中获得最大的行动空间。由此导致了市民的日常生活受到权力和资本的双重挤压，成为引发市民维权、寻求国家—个人关系在中国传统之外的另一种可能的根源。因此，本书后半部分关注的焦点转向被拆迁市民，试图解答的关键问题是，现代平等型国家—个人关系是如何在处处受制于历史和现实的情况下，经由行动者对分寸尺度的精确拿捏，被小心翼翼地构筑。

平城被拆迁居民万人行政诉讼至今历时近 20 年，这一案例体现出构建现代平等型国家—个人关系的两个关键步骤。首先，行动者通过辨别法律的等级，并将法律的文本与实践进行对比，将原先大一统的国家拆分成抽象（中央）和具体（地方）这两个不同的治理层级；随后，在此基础上，针对具体的维权情境，行动者分别建构出不同的国家—个人关系来面对不同的国家层级，这在本书中被称为"自我边界的'选择性固化'机制"。与地方政府在旧城改造中未主动推进社会心理结构转型，而是试图维续传统的"合一"逻辑不同，这套机制的根本在于引入一种"分化"的逻辑，以使社会心理结构与转型中的社会结构再度匹配。通过将具体国家从抽象国家中分化，将关于土地的使用权能从所有权能中分化，将城市开发的经济职能从政治职能中分化，行动者在对吸纳型国家—个人关系承认的前提下，不断缩小其适用范围，并代之以逐步拓展平等型的国家—个人关系的适用范围。这一拆分及选择性建构的策略，正是行动者对过渡状态中各要素混杂局面精确权衡的体现，也是对于前述转型中暗含的内在张力的回应，充满了生活智慧和公民的勇气，有着非常重要的实践意义。

不过，必须强调的是，这个固化自我边界、构筑现代"平等型"国家—个人关系的过程对行动者而言举步维艰，无时无刻不受到既有的历史、文化、社会条件的牵连和限制：不仅在于五千年传承至今的、并不断被强化的国家至上的意识形态和道德观念，在历史上付诸阙如的权利意识和长期受到压制的自组织生活，还在于中国转型所采取的经济放开、政治控制的策略。因此，如何在默认的由国家自上而下对个人赋权的情况下，找到另一种由个人自下而上自我赋权的可能，成为行动者们必须考虑的问题，而法律成为他们"唯一的武器"。通过将对"权利"和"公民"的定义与"行动"相关联，他们将每一次维权实践，都转化为对自身公民权利的再一次宣称和赋予，在维权过程中生产出极具中国特色的"实践式"公民理念。在此理念上，行动者行使权利的过程，就是自我边界不断从渗透转化为紧实的过程，国家—个人关系不断从吸纳、服从转变为独立、平等的过程，也就是从底层发力、不断推动大一统的国家在意识形态、行政职能和市场职能这三个层面分化的过程。因此，在这里，个体不再是社会变迁单纯的承受者，而是体现出对于社会变迁的草根式介入和公民式参与，使转型带来的国家对个人的挤压，经由行动者对自我的重塑，重新回到个人对国家的推动。

因此，与铸就城市奇迹的内因相应，锻造公民的过程同样体现了一种嵌套式的结构：迈向现代的平等型国家—个人关系，是被"嵌套"于连接传统的吸纳型国家—个人关系之下才得以建构的。换言之，以国家和个人之间

的因应力量来看，这个过程中的"中国式的悖论"体现在：个人相对于具
体国家的抽离（建构现代平等型的国家—个人关系）是以个人对抽象国家
的内化（承认传统吸纳型的国家—个人关系）为前提的。这既是都市运动
应对当下特有的两难困境——必须同时生产出维权的合法性和抗争空间——
所创造出的独特的适应机制，又是对全书关注的、转型过程如何连接迥然相
异的起点和终点这一问题的一种解答。

（三）生产社会：抗争的"两难困境"

　　正如上述所言，都市运动在当前中国情境下面临着两难困境，行动者既
要生产出抗争的有效性，更要生产出抗争的合法性。自我边界的"选择性
固化"正是行动者针对这一困境，在维权实践中创造出来的适应机制。这
两套自我形态并存、嵌套的状态，如何形塑了公民之间以"自组织机制"
为本意的"社会"的生产，或者以社会心理学的话语言之，个人与政治共
同体之间心理联系机制的形成，成为本书最后要讨论的问题。

　　以社会运动为案例讨论社会的生产，沿承的是马克思主义传统的"公民
权路线"。其基本观点是将有无公民权的生产，看作能否促成社会诞生的关
键。公民权的生产，在本书的视角下，理解为一种行动者通过维权抗争，从
全面覆盖的国家权力中抽离，从而生产个人主体的力量。但同时，除了强调
这种分化抽离的力量之外，本书还关注到了另一股相反的、内化合一的力量。
通过引入中国传统文化中对于"公"的理解以及与之相应的政治价值观，本
书将缺失主体性的个人对国家自下而上的呼应带入分析视野，强调了"公民
权"生产时所面临的深层文化心理结构上的约束。因此，与上节所述锻造公
民过程中出现的嵌套式结构一脉相承，社会的生产，或曰，个人与政治共同
体之间形成心理联系的过程，在本书的案例中，同样有两个面向——契约性
和公共性——体现为维权实践中两个交织互动的侧面。一方面，契约性维度
与市场经济相伴而生，是个体获得平等身份、建构公民权的机制，促使公民
个体育成；另一方面，公共性维度则调动了传统文化中的道德和价值理念，
经由对国家的内化和呼应，行动者将个人议题建构成公共议题——将对各家

各户房屋土地财产权的维护，转化为对家国命运的关切——成为中国背景下，社会生产时一种独特的动员和保护机制。在对法律的充分实践下，行动者以"学法""用法"动员了作为"自组织机制"的社会的形成，又以"讲法""守法"为这个过程提供了必要的保护，实现了社会生产中这双重维度的统一。

处于这两股力量相互形塑之中的"社会"，也具有非常独特的形态。一方面，维权代表在动员过程中一再强调诉讼成员每个人都要有"自己独立的主张"，能叙述财产及公民权利被侵害的来龙去脉。由此，在此基础上形成的维权"集体"，是基于独立个体的"公民的联合"，不同于"乌合之众"。这种联合不局限于一般理解中的实在的集体，还出现了"象征的集体"和"理念的集体"等多种形式，使维权形式更为灵活。另一方面，在各种场合，维权代表们还不忘时刻回到对国家法制环境、公民责任等话语的强调，不断强化维权行为的历史和社会意义，重新唤起群体成员基于对国家利益的内化而产生的自下而上的呼应，凝聚和维系这来之不易的维权群体。

准确说来，社会联结的形成对于抗争空间的营造是把双刃剑，运动规模的扩大一方面为相关的框构（framing）提供了"问题化"的便利，但另一方面，也使这起事件更为敏感，更容易引来各方压力，因此，更需要行动者在实践中对分寸尺度小心翼翼地拿捏和把握。由此展现出的抗争空间也存在着一种双重形态，一方面，它曰行动者积极建构、开辟于细微的体制缝隙之中，例如从人数、形式各方面创造诉求表达的机会；另一方面，它又是探索着体制的脉络攀缘生长，深受体制运行的逻辑所形塑的，例如诉求表达的路径、形式和时机上都带有鲜明的政治和制度烙印。这种双重形态的根本逻辑在于，行动者始终要将诉求所表达的内容、范围和形式控制在既能挑战地方政府权力，却不至于挑战整体国家权威的分寸尺度之内。因此，他们在表达诉求的同时，还需要不断将自身建构成为了家国命运而抗争、坚守的负责任的理性公民形象。这同样体现出一种处于两股力量张力之中的嵌套式结构，展现了当下都市运动在实践中的复杂局面。

因此，如果结合旧城改造、都市开发的实践过程，从如上嵌套式结构的这三个层次中，不仅能看出从宏观到微观再回到宏观的视角切换，还能看出内在次序和动力机制上的关联。具体来说：转型启动后，国家主导的社会结构分化与仍滞后未变的社会心理结构并存，两者之间形成一个三角地带，体现了本书导言中所说的"双重失衡"，成为"城市奇迹"和引发大量冲突的"拆迁悖论"的同一根源（图7-2-［1］）；"双重失衡"放大了权力和资本对个人的挤压，引发当前各种"反应性"的维权行动和都市运动，这在本书中可以理解为个人对"双重失衡"的积极应对——通过重塑自我、锻造公民，行动者试图推动社会心理结构一极的转型（图7-2-［2］），详细过程可参照前文图5-2；在这个个人不断与国家进行"身份协商"，界定自身权利边界的过程中，现代公民初显，社会联结萌发，由此，自下而上地回应了由国家主导的社会结构变迁，推动了市场和社会从国家中的独立与分化，使社会结构与社会心理结构重新契合（图7-2-［3］）。

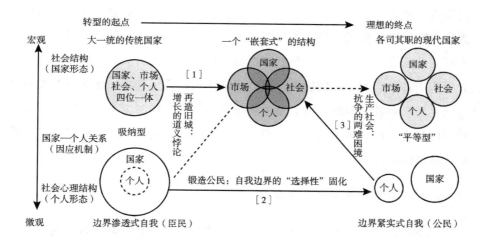

图7-2　在顺应中推动转型："嵌套式"的结构的三个层次

三　从底层推动转型："法"的全面运用

对法律的普遍运用是当下维权运动的一个鲜明特征，但早期的研究大多只是把它作为一种背景性材料或结论性用语加以使用。陈鹏（2010）对平城的业主维权运动进行了梳理，就法律本身在业主维权抗争中的内容、角色、作用、机制、特征和意义等进行了系统的探讨，提出了"法权抗争"的分析范式，并将之具体化为"上访维权""诉讼维权"和"立法维权"三个基本类型，区分了"文本的法"（law in text）和"实践的法"（law in practice），强调抗争实践对于两者的弥合，以及对公民与国家之间法律契约关系的重建。在这一分析范式下，法权概念体现出一个实践的概念、力的概念。本案例对这一视角的拓展在于，将行动者对法律的实践，与转型变迁的深层逻辑联系起来。

在毕向阳（2006）对平城都市运动的梳理中，本文案例处于最理性化、最接近社会运动的一端，其对法律的充分运用使其成为这一时期维权运动的一个典型。前述章节的分析已陆续展现出，在本案例中，行动者对于法律的运用有着非常丰富的层次：法律不仅是他们用以抗争的武器，同时也是他们进行自我约束的纲领；法律不仅有具体的内容，还被依据不同的层级赋予了不同的象征含义；法律不仅是赋权机制，而且还是动员机制和保护机制，充分展现了其动态和实践的层面。因此，从本书的视角来看，法律在本案例中已经远超出单纯的策略，或只是为获得合法性的单纯的工具性运用，而嵌入转型的过程之中，成了为底层赋权，推动社会心理结构变迁，使之与转型后的社会结构再度相适的动力。

（一）法的文本意义和象征意义

本书前半部分以城市化最初的旧城改造阶段为例，将城市奇迹的原因归结为社会转型在先，心理结构转型滞后所导致的错位互嵌。这种错位互嵌，我们可以在深化改革之后全面使用的发展话语中找到印证。发展话语是从强调"生计"的中国式"权利"观念（裴宜理，2008a）中生长出来的，但同时，出于转型初期对经济改革相对于其他改革的优先性的强调，以及"现代化"这一目标在实现过程中被片面地激活（陈映芳，2012），使得原本具备丰富含义的发展话语在实践中被简化，很大程度上被对效率的追逐左右，而丧失了对公平正义的考量。与此同时，地方政府在进行旧城改造的过程中，通过建构城市发展与国家利益的统一，调用传统文化中国家至上的"公"的政治价值观，强化尚未转型的社会心理结构，掩盖了自身分化的主体性，由此获得了强大的执行力，彻底改变了古都面貌。

在本节重提这一逻辑原因在于，从本书提出的转型的双重维度来看，维权群体普遍采用的法律话语与地方政府强调的发展话语具有一定的相通之处，都能够经由行动主体的建构，关联着社会结构和社会心理结构这两端。这样，通过对"发展"或"法"的话语建构，一方面可以满足行动主体自身的利益（地方政府）或权利（公民）诉求，推动社会结构分化；另一方面，又能将自身行为升华为与国家利益一致，激活尚未转型的社会心理结构，获得在中国情境下推行旧城改造或者进行维权抗争的合法性。因此，如果说发展话语是地方政府无所不能的令牌，"法"的话语则被相应地建构成行动者无处不在的武器，两者背后的逻辑是相通的，都能够在转型的过程中得到解释。

具体来说，行动者对"法"的话语建构首先体现在区分法的文本意义和象征意义。法的文本意义，即以文字展现的法律条款所包含的具体内容，是法最具本体性的意义，在抗争实践中，被行动者作为建构平等型国家—个人关系的依据。法的文本含义定义了政府职能、市场规则和公民权利，行动者据此将具体的行政、经济职能从大一统的国家中剥离分化，与之对应的是对个人权利理念的发展。换言之，以法的文本意义为依据，国家职能的化约和个人权利的成长交汇，法的文本意义也因而成为法在中国背景下各项其他含义的本体。

法的象征意义是在行动者将法律层级与行政级别对应的过程中建构而来的。与同时期的其他维权行动将所有来自官方的文本都视为法律不同，该案例的一个重要特点，就是严格区别中央及全国级别的法律法规和地方级别的政策细则。具体来说，前者主要包括《中华人民共和国宪法》《土地管理法》等基本法律，以及由国务院颁布的《房屋拆迁管理条例》（1991）等行政法规；后者中比较典型的有地方政府执行国务院条例、法令时的各类实施细则（如1991年颁布的《平城实施〈国务院房屋拆迁管理办法〉细则》），以及在行政过程中的各种公开或内部的文件、请示（如平城房管局 1995 年 7 月 21 日签发的平房地字〔1995〕第 434 号《关于拆迁城市私有房屋国有土地使用权是否补偿问题的请示》）。两者之间的不一致成为行动者营造抗争空间的重要着眼点。行动者严格地只以中央及全国级别的法律法规为参照，强调这类法律背后代表的中央精神，建构维权行动与中央精神的一致，并将其最后升华至对国家法制环境建设的推动。因此，通过对法的象征意义的强调，行动者得以单方面地与中央结成心理同盟，削弱地方政府代言国家意志的合法性，为拆分国家层级、分化出两种国家—个人关系做好了准备（详见第四章）。

因此，回到本书对国家—个人关系转型中两股充满张力的力量的关注，我们同样可以在法的这两种意义之间找到一个嵌套式的结构——可以说，法的文本意义是一种赋权机制，将个人从国家中抽离；而法的象征意义则是一种保护机制，持续使个人对国家内化。这两种意义的区分和建构，既解释了行动者运用法律的具体策略，也体现了独特的转型逻辑。

（二）法的实践意义

援自新中国成立初期官方运动的形式的"普法小组"，成为本案例最主要的动员机制。在维权代表以此为原形，前往各个旧城区，对被拆迁市民普及相关法律的过程中，上万名原告联结起来，形成松散的组织网络。并且，值得注意的是，这一机制在后续的十多年中颇为稳定，成为行动者们面对拆迁引发的各种后续问题时一个自然而然的互助机制，其所讨论的内容，也逐渐超出了单纯的法律范围（详见第一章、第六章）。在此，行动者对"法"的运用体现出更深刻和更直接的实践意义。

"普法小组"这一动员形式成为本案例在当前都市运动中一个非常独特的标志，其简单却行之有效的根本原因在于：以"普法、讲法"为载体，它恰好融合了上述法的文本意义和象征意义，既从本体上培育了公民理念，又在狭窄制度空间下获得了持续行动的合法性。换言之，它集行动者对"法"建构出的赋权与保护功能为一体，恰好应对了都市运动在当下面临的

"两难困境"，从而使之成为一种可以持续，并有可能推动深层变革的机制。

在"普法小组"的驱动下，独具中国特色的"实践式"的公民理念逐步形成。"实践式"公民理念，或曰，公民理念的实践形态，要旨在于将对"权利""公民"的定义和"学法、用法、守法"的"行动"相关联。这一理念是行动者在数年的维权行动中总结而成的，与西方"天赋人权"的传统迥然相异。这既是一个依据法律自我赋权、以行动争取权利的维权过程，又是一个时刻以法为纲、进行自我约束的过程，同样回应当前都市运动的"两难困境"以及国家—个人关系在嵌套中的转变。

因此，以转型过程为着眼点，行动者对法的全面运用，在本书案例中已经超出了单纯的策略，而成为连接转型起点和终点这两套不同的国家—个人关系的过程，转型中的张力同样在行动者对法律的层级、内容、形式的区分和建构中得到深刻展现。从全书的分析框架看，转型的过程以国家主导的社会结构分化始，尔后得到由个人发起对社会心理结构转变的回应，两者之间形成一个交替互动、彼此形塑的过程，而行动者对法律的全面建构，正是在其中发挥了穿针引线的功能，连接了可供观察的抗争形态与仍需探索的转型逻辑。

四　本书局限及今后研究

本书将当前发生的大转型视为一个国家主导下的放权、分化的过程，在社会结构上，体现为从传统的大一统的国家形态向现代的职能分化的国家形态的转变；对应地，在社会心理结构上，体现为从传统的缺失主体性的包容性个体，向现代的具备主体性的公民个体的转变。但是，这两者的转变并非同时发生，由国家主导的社会结构变迁不仅先于社会心理结构的变化，而且并不主动促成社会心理结构转型，由此导致城市化初期两者的错位互嵌，土地被商品化之后权力和资本对缺失主体性的个体的极度挤压。随后出现的维权抗争，是个人对其被侵占的财产权利的追讨，也正是由底层发起的、对社会结构和社会心理结构之间的失调的应对。他们通过生成独立的自我边界

（形成具有主体性的现代公民）来重塑社会心理结构，建立平等型国家—个人关系，从而回应社会结构的转型分化，使两者再度相适。值得强调的是，在这个理想的演变过程中，无论是在文化传统、意识形态、权力地位还是实际资源上，国家与个人之间都是力量对比悬殊的，因此，由个人推动的这一端的进程举步维艰，受制于更为深刻的社会、历史、政治、文化条件，体现一种新兴的被包裹在传统之中艰难生长的"嵌套式"的结构，使转型的过程充满张力。

本文选取了平城在 1990～2000 年间被拆迁市民的大规模集团诉讼作为典型案例，得以对该案例全面细致展开研究的同时，也具有一定的局限。首先，在于平城特定的地理位置，作为全国的政治中心，它一方面有着集中央政府和地方政府于一市的特殊的权力层级，使中央政府的形象在市民心目中更为可感可知，而不是如其他城市的市民看来的那么抽象，为行动者在维权中拆分国家层级、构建与抽象国家（中央）之间的心理同盟提供了潜在可供调用的大量资源。另一方面，平城又处在历次政治运动的风口浪尖，对此的亲身经历给了平城市民更大的冲击以及对此更深刻的记忆，也使他们在需要时能随时取用这些运动的社会遗产。其次，局限还在于维权群体的特殊性。2006 年时的问卷调查统计出维权群体的平均年龄在 55.58 岁，换言之，这一群体主要由"40 后""50 后"一代构成。与共和国共同成长的经历，赋予了他们对共产主义逻辑的深刻理解以及对于国家前途和命运的使命感。综合这两点，也许可以说，这一案例中的行动者，可能是对新中国成立之后的历史和社会主义的体制逻辑最为熟谙的群体，这些集体记忆和生活智慧，使他们对维权过程中的分寸尺度的拿捏最为精准，对两种不同的国家—个人关系之间的张力的把控也最为到位，使本文提出的嵌套式结构呈现得最为明晰。而在平城的其他时期的案例中，或者其他城市的相关案例中，这一结构可能在不同程度上存在，但未必如此明晰。因此，与在不同地理位置、权力结构背景下的其他维权行动的对比，可以是进一步努力的方向。

此外，20 世纪 90 年代开始全面铺开的城市化进程，起始于本书所呈现的"旧城改造"，并进一步演变为持续至今的"造城运动"，其所涉及的范围也从最先的中心城区，不断扩张到郊区或者乡村。因此，将这一案例置于整个中国城市化进程中来看，还可以有进一步的追问。第一，本案例着力呈现国家主导下引入房地产市场的最初阶段。市场机制的引入，使这一阶段与20世纪70年代和80年代的"危房改造"有了本质区别，正是在其中呈现出的转型逻辑，使本案例尽管只写了最初的十年，但对之后的城市化进程也具有一定的解释力。但同时，我也必须承认的是，从20世纪90年代至今，尽管推动城市化进程的主导线索大体未变，但城市发展的具体策略和形态已经有了诸多变化。以平城为例，就危改而言，"开发带危改"阶段之后，又推出了"房改带危改""危改与古都风貌保护结合"几个阶段。再比如说，在当前正在进行的平城最中心的平前地区的改造，已经完全摒弃了之前大拆大建的模式，而尝试"微循环"的更新模式，以居民"自愿腾退"取代之前的成片拆迁。那么，这些具体形态变化的背后，是否体现出转型逻辑上的本质变化，还是仅仅是源于不同的具体情况（尤其是在城市发展的不同阶段，地方政府在实施更新时所面对的空间和人口结构的具体条件）？此外，市场机制除带来"自由流动的资源"外，同时也会带来自由、平等的契约理念和法治精神，这些精神对民众的日常生活的进一步渗透，是否确会给国家与个人之间，经由市场和社会的博弈带来新的变化？这些都是需要进一步关注的。第二，土地议题是城市化进程中不可忽视的重要方面。现在出于对"土地财政"关注的研究多着重于农村地区，本书主要提供了一个大城市中心城区"旧城改造"的案例，其与郊区扩张、农村城镇化之间的对比，也是今后进一步努力的方向。

再者，从分析框架上，需要澄清的是，本文设定了转型的起点和终点两套国家—个人关系的理想类型，借用费孝通提出的"差序格局"和"团体格局"为基本的理论模型，基本上是基于中西传统的两种粗略划分，若要细究，也存在以偏概全之嫌。毕竟，在中国也有法家的传统，其理念就比较接近西方对于权利和公民的认识，而在西方经典的渊源之下，也同样存在很多种不同的国家形式和民主形态。因此，出于我本人能力所限，书中仅列出这两种区别最为显著的理想类型作为对比，着重在于论述这迥然相异的两端对于我们当前所处的中间形态产生的内在张力，以待方家指正。

另外，还值得讨论的一点是关于转型的过程性走向。本研究总体持对转型的乐观态度，假定当前的转型过程是迈向一个以现代国家生成、公民育成以及平等型国家—个人关系形成为标志的终点。因此，当前过渡阶段的特征就在于社会结构与社会心理结构之间的失调，而转型的重任之一就在于使其在新形态下重新相适，两者之间的平衡得以再度回归。但也有研究指出，目前中国正在遭遇一个"转型陷阱"（清华大学课题组，2012），利益集团对结构定型的意图使转型趋停滞，并不再走向假定的法制、民主、市场经济的终点。倘若转型陷入这样一个过程，那社会心理结构的转变将会沿着怎样的方向发展，行动者能否以及如何发展出相应的自我构念来抗衡利益集团的碾压，重塑自我和社会的命运，还有待进一步讨论。

参考文献

毕向阳，2006，《从"草民"到"公民"——当代 B 市都市运动调查报告》，博士学位论文，清华大学社会学系。

布洛维，麦克，2007，《公共社会学》，沈原等译，北京：社会科学文献出版社。

蔡金水，2010，《我经历的北京危房改造》，《当代北京研究》第 1 期。

陈鹏，2010，《当代中国城市业主的法权抗争——关于业主维权活动的一个分析框架》，《社会学研究》第 1 期。

陈映芳，2008，《城市开发的正当性危机与合理性空间》，《社会学研究》第 3 期。

——，2012，《"转型"、"发展"与"现代化"：现实批判与理论反思》，《南京社会科学》第 7 期。

费孝通，1998，《乡土中国生育制度》，北京大学出版社。

方可，2000，《当代北京旧城更新：调查·研究·探索》，中国建筑工业出版社。

沟口雄三，1995，《中国的思想》，赵士林译，中国社会科学出版社。

郭于华，2006，《转型社会学的新议题——孙立平"社会断裂三部曲"的社会学述评》，《社会学研究》第 6 期。

郭于华，沈原，2012，《居住的政治》，《开放时代》第 2 期。

哈维，大卫，2010，《巴黎城记》，黄煜文译，广西师范大学出版社。

华新民，2009，《为了不能失去的故乡：一个蓝眼睛北京人的十年胡同保卫战》，法律出版社。

北京建设委员会、北京国土资源局，2004，《北京房地产年鉴》，中国计量

出版社

"北京危旧房改造的发展态势与政策选择"课题组，2002，《总报告：北京危旧房改造的发展态势与政策选择（摘要）》，载《北京经济杂志》8月刊。

姜赟，2014，《产权界定的权利实践》，载郭于华、沈原、陈鹏主编《居住的政治》，广西师范大学出版社。

李荣荣，2012，《美国的社会与个人：加州悠然城社会生活的民族志》，北京大学出版社。

林毓生，1999，《论台湾民主发展的形式、实质与前景》，载瞿海源、顾忠华、钱永祥主编《自由主义的发展及问题：殷海光基金会"自由、平等、社会正义学术研讨会"论文集（1）》，桂冠图书公司。

刘子曦，2010，《激励与扩展——B市业主维权运动中的法律与社会关系》，《社会学研究》第5期。

刘泽华、张荣朋，2003，《公私观念与中国社会》，中国人民大学出版社。

马克思、恩格斯，1972，《马克思恩格斯全集》，第25卷，人民出版社。

米尔斯，赖特，2005，《社会学的想象力》，陈强、张永强译，北京：三联书店。

牛凤瑞，2005，《2005中国房地产发展报告》，社会科学文献出版社。

潘家华、牛凤瑞等，2009，《中国城市发展报告》，社科文献出版社。

裴宜理，2008a，《中国人的"权利"概念（上）》，余锏译，《国外理论动态》第2期。

——，2008b，《中国人的"权利"概念（下）》，余锏译，《国外理论动态》第3期。

——，2008c，《中国式的"权利"观念与社会稳定》，阎小骏译，《东南学术》第3期。

清华课题组，2012，《中等收入陷阱还是转型陷阱？》，清华大学凯风研究院社会进步研究所，北京，2012年1月。

丘海雄、徐建牛，2004，《市场转型过程中地方政府角色研究述评》，《社会学研究》第4期。

丘延亮，2002，《导读：希望的主体——杜汉的社会性运动论诘与台湾社会性蜕变》，载亚兰·杜汉《行动者的归来》，舒诗伟译，麦田出版社。

渠敬东、周飞舟、应星，2009，《从总体支配到技术治理》，《中国社会科学》第 6 期。

沈原，2007，《市场、阶级与社会：转型社会学的关键议题》，社会科学文献出版社。

施芸卿，2007a，《机会空间的营造——以 B 市被拆迁居民集团行政诉讼为例》，《社会学研究》第 2 期。

——，2007b，《抗争空间的营造——以 B 市被拆迁居民集团行政诉讼为例》，硕士学位论文，清华大学社会学系。

——，2012，《自我边界的"选择性固化"：公民运动与转型期国家 – 个人关系的重塑——以 B 市被拆迁居民集团行政诉讼为例》，《社会学研究》第 2 期。

——，2013，《增长与道义：城市开发的双重逻辑——以 B 市 C 城区"开发带危改"阶段为例》，《社会学研究》第 6 期。

孙隆基，2011，《中国文化的深层结构》，广西师范大学出版社。

孙立平、王汉生、王思斌、林彬、杨善华，1994，《改革以来中国社会结构的变迁》，《中国社会科学》第 2 期。

孙立平，2003，《断裂——20 世纪 90 年代以来的中国社会》，社会科学文献出版社。

——，2004，《失衡——断裂社会的运作逻辑》，社会科学文献出版社。

——，2005，《结构先于制度定型与改革逻辑的变化》，来源：作者博客，http：//blog. sina. com. cn/s/blog_ 48b91372010003dg. html。

——，2006，《博弈——断裂社会的利益冲突与和谐》，社会科学文献出版社。

孙秀林、周飞舟，2013，《土地财政与分税制：一个实证解释》，《中国社会科学》第 4 期。

梯利，查尔斯，2008，《欧洲的抗争与民主（1650 ~ 2000）》，李辉、熊易寒译，格致出版社。

图海纳，阿兰，2008，《行动者的归来》，舒诗伟译，商务印书馆。

肖林，2009，《土地价值与社会约束：以北京市崇文区旧城改造为例》，博士学位论文，清华大学社会学系。

杨善华、苏红，2002，《从"代理型政权经营者"到"谋利型政权经营者"——向市场经济转型背景下的乡镇政权》，《社会学研究》第 1 期。

杨宜音，张曙光，2008，《社会心理学》，首都经济贸易大学出版社。

杨宜音，2008，《当代中国人公民意识的测量初探》，《社会学研究》年第 2 期。

杨中芳，1991a，《试论中国人的"自己"：理论与研究方向》，载杨中芳，高尚仁，《中国人，中国心——中国社会与人格篇》，远流出版公司。

——，1991b，《回顾港台"自我"研究：反省与展望》，载杨中芳，高尚仁，《中国人，中国心——中国社会与人格篇》，远流出版公司。

应星、晋军，2000，《集体上访中的"问题化"过程——西南一个水电站的移民的故事》，载《清华社会学评论》第 1 辑，清华大学社会学系主编，鹭江出版社。

应星，2002，《大河移民上访的故事》，生活·读书·新知三联书店。

——，2007，《草根动员与农民群体利益的表达机制——四个个案的比较研究》，《社会学研究》第 2 期。

余英时，1993，《群己之间——中国现代思想史上的两个循环》，《明报月刊》，转引自金耀基《中国的现代转向》，牛津大学出版社。

阎云翔，2011，《导论：自相矛盾的个体形象，纷争不已的个体化进程》，载贺美德、鲁纳编著，许烨芳等译《"自我"中国：现代中国社会中个体的崛起》，上海译文出版社。

——，2012，《中国社会的个体化》，陆洋等译，上海译文出版社。

张泰苏，2009，《中国人在行政纠纷中为何偏好信访?》，《社会学研究》第 3 期。

赵鼎新，2005，《西方社会运动与革命理论发展之述评——站在中国的角度思考》，《社会学研究》第 1 期。

——，2006，《社会与政治运动讲义》，社会科学文献出版社。

周飞舟，2006，《分税制十年：制度及其影响》，《中国社会科学》第 6 期。

庄文嘉，2011，《跨越国家赋予的权利？对广州市业主抗争的个案研究》，《社会》第 3 期。

邹谠，1994，《二十世纪的中国政治：从宏观历史和微观行动的角度看》，牛津大学出版社。

Burawoy, Michael, 2000, "A sociology for the second great transformation?" *Annual Review of Sociolgy* 26: 693 – 695.

——, 2003, "For a Sociological Marxism: The Complementary Convergence of Antonio Gramsci and Karl Polanyi," *Politics and Society* 31: 193 – 261.

——, 2006, "Sociology and Fate of Society," Lecture in Tsinghua University, Beijing.

Drury, John and Reicher, Steve, 2009, "Collective Psychological Empowerment as a Model of Social Change: Researching Crowds and Power," *Journal of Social Issues* 65 (4): 707 – 725.

Goldman, Merle, 2005, *From Comrade to Citizen: The Struggle for Political Rights in China*, Cambridge: Harvard University Press.

Ho, Peter, 2005, *Institutions in Transition: Land Ownership, Property Rights and Social Conflict in China*, USA: Oxford University Press.

Hsing, You – tien, 2010, *The Great Urban Transformation: Politics of Land and Property in China*, USA: Oxford University Press.

Markus, Hazel and Kitayama, Shinobu, 1991a, "Culture and Self: Implication for Cognition, Emotion and Motivation," *Psychological Review* 98: 224 – 253.

Markus, Hazel and Kitayama, Shinobu, 1991b, "Cultural Variation in the Self-Concept," In *The self: Interdisciplinary approaches* edited by J. Strauss and G. R. Goethals, New York: Springer – Verlag.

Marshall, Thomas. H, 1992, "Citizenship and Social Class," In *Citizenship and*

Social Class edited by T. H. Marshall and Tom Bottomore, London: Pluto Press.

McAdam, Doug, McCarthy, John D. and Zald, Mayer N. , eds 1996, *Comparative Perspectives on Social Movements*: *Political Opportunities*, *Mobilizing Structures and Cultural Framings*, Cambridge: Cambridge University Press.

O'Brien, Kevin J. and Li, Lianjiang, 2006, *Rightful Resistance in Rural China*, Cambridge: Cambridge University Press.

Reicher, Steve, 1984, "The St. Pauls Riot: An Explanation of the Limits of Crowd Action in Terms of a Social Identity Model," *European Journal of Social Psychology* 14: 1–21.

Sampson, E. , 1988, "The Debate on Individualism: Indigenous Psychologies of the Individual and Their Role in Personal and Societal Functioning," in *American Psychologists* 43 (1): 15–22.

Swedberg, Richard, 1999, "Civil Courage (Zivilcourage): The Case of Knut Wicksell," *Theory and Society* 28 (4): 501–528.

Tilly, Charles, 2004, "Contentious Choice," in *Theory and Society*, *Special Issue*: *Current Routes to the Study of Contentious Politics and Social Change* 33 (3/4) .

Yang, Y. Y. , Chen M. Q. , Chen W. Q. , Ying X. P. , Wang, B. , Wang, J. X. & Kolstad. A, 2010, "Effects of Boundary-Permeated Self and Patriotism on social participation in the Beijing Olympic Games", in *Asian Journal of Social Psychology* 13: 109–117.

媒体报道

安平，2004，《一个记者眼中的拆迁》，《新远见》3 月 30 日。

方可，1998，《北京房价为何居高不下》，《人民日报》8 月 24 日，第九版。

郭宇宽，2003，《首善之都的公民形象》，《南风窗》第 24 期（年终特刊：年度人物奖——为了公共利益年度榜）。

华新民，2012，《中国城市土地所有权的梳理和追问》，《东方早报》11 月

27 日，C08 版。

李舸，1999，《全国人大代表胡亚美向九届人大提交"特级举报信"》（摄），
　　《人民日报》，1999 年 3 月 17 日，"民主与法制"版。

刘刚、田卫华，1996，《关于房屋所有权和房屋使用权的有关法律问题》，
　　《北京青年报》，6 月 16 日。

刘润华、高炜，1999，《危改为城市发展让路》，《精品购物指南》7 月 23 日。

吕京，1998，《北京 114 户私房主状告房管局：法院三年不受理是何道理》，
　　《中国改革报·时代周刊》6 月 18 日。

吕晓晶，《历史遗留的个人私有房屋的土地使用权依法不应获得经济补偿》，
　　《北京日报》11 月 4 日，第 5 版。

孙文鹰，2002，《修典：还私有财产尊严》，《人民法院报》12 月 4 日。

王小霞，2003a，《学者直言北京房地产业五大问题》，《中国经济时报》6
　　月 11 日。

王小霞，2003b，《国家征收将被严格限制商业拆迁再难假公济私》，《中国
　　经济时报》11 月 12 日。

魏永刚、刘伟，1998，《百姓与学者对话（一）：私房土地使用权该不该补
　　偿》，《中国改革报·时代周刊》6 月 18 日。

魏永刚，1998，《百姓与学者对话（二）：私房土地使用权该如何补偿》，
　　《中国改革报·时代周刊》，具体时间不详，复印件由被访者提供。

吴狄，2009，《崇文区购房数千套用于危改安置》，《新京报》1 月 1 日。

萧瀚，2003，《拆迁法治及公共行政伦理》，《21 世纪经济报道》9 月 29 日。

谢光飞，刘春，王小霞，2003，《问题多多积怨深深北京将全面停止危房改
　　造工程》，《中国经济时报》4 月 23 日。

谢光飞，2003a，《土地使用权之劫》，《中国经济时报》5 月 21 日。

——，2003b，《拆迁官司催动城市土地使用权立法》，《中国经济时报》6
　　月 11 日。

——，2003c，《1380 亿哪里去了？专业人士计算土地批租黑洞》，《中国经
　　济时报》10 月 15 日。

颜志刚，1998，《地产投机不容忽视》，《经济日报》6 月 24 日，第 1 版。

阴奋立、鲍玉慧、魏民峰、马宁鹏，2001，《拆迁同心曲系列报道之七——搬进新居乐事多》《北京日报》2 月 28 日。

张捷、方进玉，1998，《老太太告房地产管理局，私人产权该怎样保护》，《南方周末》10 月 30 日，第 1 版。

张静、郭少峰，2010，《两民间万言书拟今日建言征收条例》，《新京报》12 月 29 日。

甄荤，2002，《北京旧城改造利诱香港地产大鳄》，《北京青年报》4 月 29 日。

鲍玉慧，2001，《以危改带动全区发展访崇文区区长》，《首都建设报》4 月 6 日。

未刊材料

平文城区发展计划委员会编，2001a，《平文区国民经济和社会发展"十五"计划前期调研报告汇编》（二），未刊稿。

平文区发展计划委员会编，2001b，《平文区国民经济和社会发展"十五"计划前期调研报告汇编》（下），未刊稿。

平文区发展和改革委员会编，2006，《平文区国民经济和社会发展"十一五"规划前期调研报告汇编》，未刊稿。

中共平城平文区委宣传部、平城平文区新闻中心编，2006，《记录平文》，未刊稿。

平文区政府、平南区政府、市房管局，1999，《平文区政府、平南区政府、市房管局关于拆迁有关事宜的答复》，2 月 5 日。

平文大街迁往平辛县红星供销社集贤四队宿舍楼的拆迁居民，1999，《上访信》。

平城被拆迁居民万人行政诉讼集团，2000，《致平城人大的公开信》。

——，2001，《土地批租中的腐败 平城拆迁无法无天——平城被拆迁居民万人行政大诉讼依法维权系列材料汇编》（以下简称《材料汇编》）。

——，2003，《违法土地批租暴力侵权跨世纪腐败大案——平城万人行政大诉讼和万人举报×××背景材料》。

平城被拆迁市民，1999，《特级举报信》，载《材料汇编》1~19页。

平城被拆迁市民10357人，1999，《申请书》，载《材料汇编》20~30页。

——，2000，《万人行政上诉状》，载《材料汇编》31~33页。

——，2000，《平城万人行政大诉讼背景材料》，载《材料汇编》34~30页。

平城被拆迁市民11008人，2000，《致平城人大常委会公开信：要求依法成立〈特定问题调查委员会〉解决平城广大人民群众反映强烈、社会影响极大的两项重大问题》（第一次公开信），载《材料汇编》43~75页。

——，2000，《致平城人民代表大会常务委员第二次公开信》，载《材料汇编》76~80页。

——，2001，《致平城第十一届人大四次会议主席团的信》，载《材料汇编》83页。

平西城区广大被拆迁居民，1997，《1997年平城平西区被拆迁居民致全国人大常委会举报信》，载《材料汇编》84~92页。

平城5216名公民，2010a，《对〈国有土地上房屋征收与补偿条例征求意见稿〉的第一次意见》。

——，2010b，《关于立即废除〈城市房屋拆迁管理条例〉和制定征收法的建议》。

平城城乡5479名公民，2010，《对〈国有土地上房屋征收与补偿条例征求意见稿〉的二次意见》。

其他田野中收集的材料

平城各区房管局下达的《城市房屋拆迁纠纷裁决书》若干份

平城各区政府下达的《责令限期拆迁决定书》、《强制执行通知书》若干份

平城各级法院出具的《行政判决书》、《行政裁定书》若干份

《中华人民共和国建设用地规划许可证》及附件一份

《平城城镇建设用地批准书》及附件一份

再造城民

《平城城市房屋拆迁许可证申报审批表》一份
《房屋拆迁许可证》若干份
《平城城市房屋拆迁公告》若干份
《国有土地使用证》（上盖"平城房屋土地管理局临时土地使用证专用章"）
　　一份
平城被拆迁市民集团行政诉讼万人签名册一份
平城被拆迁市民提交至平城各级人民法院的行政诉讼状、上诉状、申诉书若
　　干份。
平城被拆迁市民提交至平城各区各级房屋土地管理局的申请书若干份
平城被拆迁市民《推举诉讼代表证明书》若干份
平城被拆迁市民保存的房屋房契地契若干份
平城被拆迁市民保存的房屋产权变更登记、产权证明若干份
平城被拆迁市民向各级纪检部门递送的举报材料若干份
平城被拆迁市民致中央和平城领导的反映信若干份

相关法律法规政策文件列表

附表-1　宪法、基本法及其他中央级别的法令法规

名称	颁布机构	时间
中国人民政治协商会议共同纲领	中国人民政治协商会议	1949 年 9 月 29 日
中华人民共和国宪法	全国人民代表大会	1954 年 9 月 20 日
中共中央批转中央书记处第二办公室《关于目前城市私有房产基本情况及进行社会主义改造的意见》	中央书记处第二办公室	1956 年 1 月 18 日
国家房产管理局、财政部税务总局答复关于城镇土地国有化请示提纲的记录	国家房产管理局、财政部税务总局	1967 年 11 月 4 日
国家房地产管理局致国务院《关于私有出租房社会主义改造问题的报告》	国家房产管理局	1964 年 1 月 13 日
最高人民法院对广东高院《关于经租房的业主实际上丧失所有权》的批复	最高人民法院	1964 年 9 月 18 日
中华人民共和国宪法	全国人民代表大会	1982 年 12 月 4 日
中华人民共和国全国人民代表大会组织法	全国人民代表大会	1982 年 12 月 10 日
中华人民共和国民法通则	全国人民代表大会	1986 年 4 月 12 日
中华人民共和国宪法修正案	全国人民代表大会	1988 年 4 月 12 日
中华人民共和国土地管理法	全国人民代表大会常务委员会	1988 年 12 月 29 日
关于确定土地权属问题的若干意见（〔1989〕国土〔籍〕字第 73 号）	国家土地管理局	1989 年 7 月 5 日
中华人民共和国行政诉讼法	全国人民代表大会	1989 年 4 月 4 日
中华人民共和国城市规划法	全国人民代表大会	1989 年 12 月 26 日
国家土地管理局关于城市宅基地所有权、使用权等问题的复函（〔1990〕国土〔法规〕字第 13 号）	国家土地管理局	1990 年 4 月 23 日
中华人民共和国城镇国有土地使用权出让和转让暂行条例	国务院	1990 年 5 月 19 日
城市房屋产权产籍管理暂行办法（建设部令第 7 号）	建设部	1990 年 12 月 21 日
城市房屋拆迁管理条例国务院〔1991〕令第 78 号	中华人民共和国国务院	1991 年 1 月 18 日

名称	颁布机构	时间
国家土地管理局关于对贯彻《中华人民共和国土地管理法实施条例》几个问题的答复（〔1991〕国土函字第53号）	国家土地管理局	1991年4月8日
国务院关于发展房地产业若干问题的通知（国发〔1992〕61号）	国务院	1992年11月4日
国家土地管理局《关于对土地权属有关问题请示的答复》（〔1993〕国土函字第33号）	国家土地管理局	1993年2月3日
国家土地管理局《关于变更土地登记的若干规定》的通知（〔1993〕国土〔籍〕字第33号）	国家土地管理局	1993年2月23日
关于正式使用建设用地批准书的通知	国家土地管理局	1993年3月5日
中华人民共和国城市房地产管理法	全国人民代表大会常务委员会	1994年7月5日
确定土地所有权和使用权的若干规定（〔1995〕国土〔籍〕第26号）	国家土地管理局	1995年3月11日
国务院法制局对《关于拆迁城市私有房屋土地使用权是否予以补偿问题的函》的复函	国务院法制局	1995年9月4日
人民法院审判人员违法审判责任追究办法（试行）	最高人民法院	1998年9月3日
国务院关于加强国有土地资产管理的通知国发〔2001〕15号	国务院	2001年4月30日
最高人民检察院关于渎职侵权犯罪案件立案标准的规定	最高人民检察院	2006年7月26日
中共中央纪委关于严格禁止利用职务上的便利谋取不正当利益的若干规定	中共中央纪委	2007年5月29日

附表－2　地方政府颁布实施的办法、细则及政策文件

平城军事管制委员会布告规定处理本市房屋问题办法	平城军事管制委员会	1949年5月16日
平城城区房地产权登记暂行规则（府秘一字第1748号令）	平城人民政府	1950年4月25日
修正平城城区房地产权登记暂行规则（地登字第5485号）	平城人民政府	1951年10月20日
平城私有房屋暂行管理办法	平城人民委员会第二十三次行政会议	1958年2月25日
平城私房改造领导小组对私有出租房室进行社会主义改造几个具体政策问题的规定	平城私房改造领导小组	1958年6月4日

关于私人房地产交给房管局以后有关房地产税负划分问题的通知	平城税务局	1966 年 10 月 26 日
关于处理机关部队挤占私房进一步落实私房政策的通知(平发〔1980〕140 号)	平城市委	1980 年 9 月 18 日
平城实施《国务院房屋拆迁管理办法》细则(平城人民政府令 1991 年第 26 号)	平城人民政府	1991 年 9 月 16 日
关于危旧房改造现场办公会会议纪要(平政办发〔1991〕19 号)	平城人民政府办公厅	1991 年 4 月 9 日
平城人民政府关于外商投资开发经营房地产的若干规定	平城市人民政府	1992 年 11 月 20 日
平城人民政府发布平城出让国有土地使用权基准地价的通知(平政发〔1993〕34 号)	平城人民政府	1993 年 7 月 14 日
平城实施《中华人民共和国城镇国有土地使用权出让和转让暂行条例》办法(平城市人民政府 1993 年第 6 号令)	平城人民政府	1993 年 5 月 18 日
关于在本市危旧房改造及诚征成片开发区办理建设用地划拨手续时收取土地使用权出让预定金的通知(房地字〔1993〕第 524 号)	平城房地产管理局、平城财政局	1993 年 9 月 1 日
平城人民政府办公厅转发市建委关于进一步加快城市危旧房改造若干问题报告的通知平政办发〔1994〕44 号	平城人民政府办公厅	1994 年 6 月 10 日
关于拆迁城市私有房屋国有土地使用权是否补偿问题的请示(平房地字〔1995〕第 434 号)	平城房地产管理局	1995 年 7 月 21 日
平城房屋土地管理局职能配置、内设机构和人员编制方案(平政办发〔1995〕33 号)	平城人民政府	1995 年 5 月 11 日
平城第十届人大五次会议平类第 1529 号建议的办理报告	平城房屋土地管理局	1999 年 9 月 29 日
关于审理和执行房屋拆迁行政案件若干问题的意见(试行)(平高法发〔1995〕106 号)	平城高级人民法院	1995 年 4 月 12 日
关于市政建设重点工程有关规定的通知(平政办发〔1998〕18 号)	平城人民政府办公厅	1998 年 10 月 26 日
平城城市房屋拆迁管理办法(市政府令第 16 号)	平城人民政府	1998 年 10 月 15 日
平城加快危旧房改造实施办法(试行)(平政办发〔2000〕19 号)	平城人民政府办公厅	2000 年 3 月 23 日

平城人大常委会办公厅对罗某等 7 人要求成立特定问题调查委员会公开信的答复	平城人大常委会办公厅	2000 年 12 月 15 日
平城人民政府办公厅转发市土地房管局关于解决本市各项工程建设拖欠占地补偿款问题意见的通知(平政办发〔2002〕2 号)	平城人民政府办公厅	2002 年 1 月 9 日
平城人民政府关于调整本市出让国有土地使用权基准地价的通知(平政发〔2002〕32 号)	平城人民政府	2002 年 12 月 4 日
平城城市房地产转让管理办法(平城人民政府第135 号令)	平城人民政府	2003 年 9 月 2 日

后　记

　　这本小书只讲述了一个故事，这个故事从发生至今已经维续了将近 20 年，而我接触它至今也将近十年。在过去的两年间，我尽力修改对它的表述，试图使这个牵扯到宏大历史的个案更能落于实处。在接近付梓之际，我蓦然发现，数年来支持鼓励我完成这项研究的最主要的人——我的两位导师、我的被访者、我的父母，竟都是"50 后"一代。这个巧合使我对完成这个研究有种注定感。透过这个故事，成长于改革开放时期的孩子试图理解与共和国同龄的父母一辈的坎坷经历和他们所做的努力，看见这代人在变迁中的坚忍、胸怀、胆魄和智慧。

　　感谢我的两位导师，清华大学社会学系沈原教授和中国社会科学院社会学研究所杨宜音研究员，是他们引领我走上学术道路，并启发我逐渐触摸到面对中国转型和中国社会时所需要探索的真问题的脉络。他们对社会的责任感和对学科发展的使命感，令我受益终生。正是因为遇上了这两位良师，使十年前未曾预料的负笈北上，改变了我的人生。

两位导师不仅有着学术上的真知灼见与大家之范，令我心存感激的还有他们对待学生的宽厚与真实。甫进清华，沈原老师及孙立平、郭于华几位老师就教导我们作为社会学者，要有面对底层的社会关怀。这个选题最初来自沈老师的课题，做调查时常常要斜穿整个城市，路途遥远，公交车上就要花费四五个小时，沈老师常常记挂我们吃饭和交通情况，时刻注意我们的安全；我做访谈时曾夜宿被拆迁户家中，他得知消息后即刻给收留我的老奶奶打电话致谢与叮嘱；在形成成果时，沈老师不仅给予清晰系统的指点，还鼓励我作为独立的个体发表论文，为今后的学术道路打下基础。师从杨老师之时，我已经在中国社科院工作，杨老师不只当我是学生，更把我当成同事，没有要求我一定要跟着她的课题走，而是给了我足够的空间支持我把这个研究继续下去，同时又在我需要的时候，能随时坐下来和我讨论。正是有了杨老师的指点，我才能以社会心理学的视角，对这个案例做出更充分的解读。杨老师眼睛做过手术，视力不好，可是每当我写完一篇文章征求她的意见时，她都会仔细阅读，甚至逐字修改。在他们身上，我体会到学者的真性情与责任感，以及对"人"的真切关心。在此，也感谢两位老师在百忙之中为这本小书写序，这既是对我过往的肯定，也是对我前行的鞭策。

感谢我的被访者，尽管在此不便详细列出他们的名字。我在沈老师的带领下与他们初次相见，随后就自行拜访。他们谈吐从容，逻辑缜密。看见他们，让人想到的是"忠厚传家久，诗书济世长"的古训，而很难与媒体报道中的刁民联系在一起。他们对法治信念几十年如一日的理性坚持让世人感动。不过，我更有体会的一点，还在于他们对我的坦诚、理解和保护。尽管他们可以获得的资源极其有限，前行路上举步维艰，但他们丝毫没有把我及我的学校或单位当成可以扩大影响力的资源或机会，而是非常恳切地与我交谈，从不给我施加压力。他们称我为"忘年交"，对我既有朋友的坦诚，又有长辈的关心。由于他们的身份有一定的敏感性，每次访谈结束，他们都会坚持送我到车站，看我上车才放心离去。

作为一项在职期间完成的研究，中国社科院社会学所的诸多老师和同事们是本书得以完成的坚实后盾。我自 2007 年入所至今已有 8 年，感谢李培林副院长、陈光金所长、张翼副所长多年来在学术上给予的指点，感谢赵克斌副所长、刁鹏飞博士和黄丽娜女士在科研事务上给予的指导和支持。至今仍记得，进所之初，正是因为赵克斌老师的鼓励，我才有勇气以当时的硕士学历尝试国家社会科学基金青年项目的申请，使研究得以顺利地继续下去。感谢汪小熙书记多年来的关注，回望我入所之后每一步的成长，都能回想起她的温暖笑语；感谢孙壮志书记以及陆会平、吕红新、傅学军和吕志敏等各位办公室老师给予的关心和帮助，让我很快有了归属感。感谢渠敬东教授、吴小英研究员为我学术成长树立的榜样和给予的鼓励，我很怀念那段围坐高谈的时光，那些一推门就能随意请教的日子。

感谢青少年与社会问题研究室的诸位。感谢单光鼐研究员对我的研究议题的长期关注，感谢陈昕博士给我研究的充足空间，感谢朱蕊老师对我生活的各种关切，总记得给我绿植让我悦目养心；感谢李春玲研究员适时调整课题组工作安排，让我可以集中精力完成书稿的写作；感谢孟蕾一直以来的陪伴，无论在研究上还是生活上，她总能用她独特的视角，给我莫大的力量，她以对待学术精益求精、厚积薄发的态度，鼓励我最终完成书稿的全面修改；也感谢田丰、赵联飞、吕鹏和朱迪等各位同事在日常工作中的理解和分担。

感谢肖林博士，由于研究领域相近，时常叨扰他，而他无论多忙都会细致地给我反馈，时常给我发些与我研究相关的信息，还毫无保留地分享他尚未发表的田野材料给我，让我深感无以为报。感谢社会学所青年小组的诸位，尽管在此无法一一罗列名字，但我想说，与你们的各种正式或非正式的聚会和讨论，既是心灵的放飞，也是灵感的来源，这本小书的每个字，都是与你们共同成长的印记。

本书的一些章节曾以学术论文的形式在《社会学研究》发表过，在此，也衷心感谢《社会学研究》编辑部的罗琳老师和闻翔博士在论文发表时提出的严谨中肯的建议，对论文不足之处的耐心修正；感谢杨典博士和杨可博士为其中一篇论文翻译成英文发表在 *The Journal of Chinese Sociology* 时所付出的辛勤工作；也感谢张志敏老师一如既往的支持和鼓励。

感谢美国加州大学伯克利分校的邢幼田教授、上海交通大学国际与公共事务学院的陈映芳教授和英国圣安德鲁斯大学的 Stephen Rechier 教授在本研究的不同阶段给予的指点和帮助。这些学者分别从政治与经济地理学、城市社会学及欧陆传统的社会心理学视角，启发我对个案做出不同的解读，让我充分领略到思维的乐趣。

感谢在清华社会学系就读期间，毕向阳、姜赟、史云桐、常爱书、徐小涵、刘洋等在本研究的早期阶段给予的帮助。感谢在中国社科院研究生院就读期间结识的同学，与吴莹、饶印沙等一起参与的社学心理学读书会给我打开了看世界的另一个窗口；感谢郝彩虹，是她的尽心帮助使我以在职的状况完成博士学位的全部琐碎要求，并在论文写作期间相互启发和支持。

此外，还要特别感谢社会科学文献出版社社会学编辑室童根兴主任在繁忙的工作之余抽空为我的初稿提出了细致的修改意见，他的审慎与谦逊让我获益良多，他丰富的编辑经验与极强的专业素养是本书得以顺利出版的保障。感谢本书责任编辑孙瑜博士，她有着非常敏锐的感触，能捕捉到我因浸淫其间太久而忽视的一些细节。正是她的有条不紊、平和从容，使本书得以在较短的时间里将各项细节不断完善，与她的合作，有着美好而熨帖的感受。

最后，感谢家人的支持。我的父母和公公婆婆，以及我的先生尤寒，他们以各自的方式全力支持我的工作，尤其是在孩子出生以后，给予我最真实的温暖依托。没有他们，很难想象我在这手忙脚乱的两年，能有敲下只言片语的片刻安宁。

以此书献给我的女儿小语晴。鸟临窗语报天晴，你的新生与本书初稿的成形继踵而至，带给了我新的生活。尽管从你出生之后，我的书房不得不转移到家门口的麦当劳，为了改书稿，有时还不得不与你分离，但只要思路一中断，你那顾盼的眼神就会浮现在我的眼前。你是我最好的一件作品，这只是最好的作品之前的那件，愿你喜欢。

施芸卿

2015 年 3 月 9 日于北京

图书在版编目（CIP）数据

再造城民：旧城改造与都市运动中的国家与个人/施芸卿著.
—北京：社会科学文献出版社，2015.5（2021.1 重印）
（当代中国社会变迁研究文库）
ISBN 978 - 7 - 5097 - 7451 - 9

Ⅰ.①再…　Ⅱ.①施…　Ⅲ.①旧城改造 - 研究 - 中国
Ⅳ.①F299.276.5

中国版本图书馆 CIP 数据核字（2015）第 086832 号

·当代中国社会变迁研究文库·

再造城民
——旧城改造与都市运动中的国家与个人

著　　者 / 施芸卿

出 版 人 / 王利民
项目统筹 / 孙　瑜
责任编辑 / 孙　瑜　刘德顺

出　　版 / 社会科学文献出版社·群学出版分社（010）59366453
　　　　　地址：北京市北三环中路甲 29 号院华龙大厦　邮编：100029
　　　　　网址：www.ssap.com.cn
发　　行 / 市场营销中心（010）59367081　59367083
印　　装 / 北京虎彩文化传播有限公司

规　　格 / 开　本：787mm × 1092mm　1/16
　　　　　印　张：19.75　字　数：291 千字
版　　次 / 2015 年 5 月第 1 版　2021 年 1 月第 4 次印刷
书　　号 / ISBN 978 - 7 - 5097 - 7451 - 9
定　　价 / 68.00 元

本书如有印装质量问题，请与读者服务中心（010 - 59367028）联系